組織体経営の
理論と技能

数家鉄治 著

文眞堂

はしがき

　本書においては，経営学の重要文献との関係を明示的に示していない部分が少なくないが，それらの重要性を低くみているからではなくて，いくつかの拙書を参照していただければ，そこに論じられているからである。紙数を節約する面もあるが，文献的研究とは異なって現実のなかから問題意識を提示して，必要に応じて文献を参照するという研究スタイルをとっている。理論と現実の橋渡し，理論の枠に現実をはめ込んでいくのではなくて，現実を解明するために現実と理論をすり合わせていくスタイルをもって論じている。それは裁判所の民事調停委員や市の行政改革委員として実践にかかわって，具体的に問題，コンフリクトを解決することを優先してきたからである。実践的にして理論的というのは意外にむずかしいことであるが，裁判所の調停ではこのスタイルで調停を担っている。裁判所の調停では申立人も相手方も弁護士代理人がつく場合が多いので，現実的な解決をめざしても論理性を欠かせないし，調停委員も弁護士の人が多いからである。

　このことは市の行政改革において交渉相手になる行政幹部に対して，一定の行政的な専門知識を有していないと，踏み込んでの議論にはならないし，その必要性は高いのである。ここ10年近くはこのような勉強におわれて組織論的研究を十分にやっていないが，本として上梓するからには，文献とのすり合わせを欠かせず，その分出版するまでには時間がかかっている。

　理論と実践と交互に論じることはむずかしいことではないが，両者を組み込んだりすり合わせするのは，なかなかむずかしいことであって，意図は大きくても，現実の成果ともなるとしぼんでしまうのが現実であろう。しかし本書はそのような試みのひとつであって，開拓に一石を投じている。

　地方自治体を経営学的な行政経営の視点から考察してきたのであるが，交渉や調停という切り口はきわめて少ないと思われる。そして行政組織を組織間関係やコンフリクト・マネジメントの視点で考察している。

1970年代はミシガン学派の組織行動論をベースにして経営組織を研究したのであるが，今でも古典としての輝きを失っていないC. I. バーナードやM. P. フォレットが軸になっていて，裁判所の調停や地方自治体の行政改革にそれらの理論と技能を活かしている。フォレットやバーナードは理論だけではなくて実践的な技能を与えていて，それらの技能は理論によって裏づけられている。

　こうして40年以上の歳月を組織論研究に従事してきたが，企業組織以外に行政組織を研究する機会を与えられて，あらためて組織間関係の重要性に気づくのである。連携，ネットワーキングという視点で市場と組織とを関連させて考察してみると，経済学の産業組織論と経営組織論は学問的枠組みが異なっていても，密接に関係している。そして行政組織は財政改革で示されるように財政学と大いに関係しており，減損会計や原価償却というコンセプトはないけれども，会計学の思考，とくに連結会計の思考が求められている。地方財政健全化法もこれまでの単独の決算ではなくて，連結の財務状況の表示を求めている。

　こうしてみると研究テーマがどんどんと拡散していくのであるが，能力的にも広範囲の領域を研究できないので，研究対象と研究方法を限定せざるをえないし，的を絞るために撤退もやむをえない。年齢という壁が厚く覆っていて，小さくてもまとめざるをえない。下原稿は膨大になったが，それを整理してまとめるうちに，気になる部分もあって，予定よりも時間がずいぶんかかってしまった。

　ただ，ジェンダーやコンフリクト・マネジメントの視点から論じえたのは本書の特色になっていて，この領域の研究に新鮮味を与えるであろう。この立場から行政経営を論じており，しかも企業経営と行政経営の相補性に注目して，一方的に行政経営を企業経営の劣位に置く手法はとらない。また，文献的研究に凝り固まることなく，実践的な視点を内包させている。多くの前提条件をおく理論とは違って，無前提の現実を切ることはむずかしいことである。ジェンダーバイアスも多くのところで存在して，女性労働の本格化を妨げている。ジェンダー・コンフリクトの解決のための実践的運動をしてきたわけではないが，それでも裁判所の調停では解決に関わってきた。職場のセクシュアル・ハラスメントは若干論じてきたが，パワーハラスメントを含めて現実には多くの問題がある。このようなことは行政組織の方が企業組織よりも一歩先んじて改

善されてはいるが，潜在化しているケースも少なくない。

　企業組織と行政組織の比較のもとで行政組織，行政経営，行政改革を論じているが，まだまだ未開拓な領域だけにパイオニア精神なくしては前に進めない。場合によっては道なき道を歩んで，先が全く洞察できない場合もある。そのために時間をかけたわりには未解決の問題も多く含まれていて，次の機会に挑戦したい。

　このような研究であっても多くの方々の学恩のお陰であって，あまりにも多くて一人ひとりのお名前を記せないが，大学院のころから同門として共に学びあい励ましてくれた角野信夫教授（神戸学院大学元副学長）の学恩は忘れがたい。ゼミの恩師の故渡瀬浩先生（元京都大学経済学部長）には学問の厳しさを教えていただいた。今でも努力の大切さを肝に銘じている。故小平隆雄先生，故鈴木和蔵先生，故武部善人先生，そして福原行三先生，長尾周也先生には，全く違う道を歩もうとする私に，学究への道に導いていただいた。今思えば，とても学究の道を歩めるような能力はなかった。恩師とは本当にありがたいものである。なぜかこうして学究として生き延びてこられたのが不思議と思えるのである。鈴木和蔵先生にはドイツ経営学を教員になってからも学んだが，それがアメリカ経営学に若干距離をおいて日本の現状を見ている理由のひとつになっている。C. I. バーナードもヨーロッパ的教養のもとではその学問的評価を異にしている。長尾周也先生には対立・抗争，コンフリクトの存在を直視することを学んだ。ともに感謝の気持ちで一杯である。

　職場の大阪商業大学の故谷岡太郎先生（理事長・学長）や現理事長・学長の谷岡一郎先生には自由な研究の機会を与えていただいて大変に感謝している。職場の先生や職員の方々にも公私にわたって支えていただいてお礼を申し上げます。妻や兄夫婦の支援にも感謝している。

　文眞堂の前野ご兄弟には再度出版の機会を与えていただいてうれしい限りである。多謝。

　　　2013 年 5 月 6 日

　　　　　　　　　　　　　　　　　　森林と湖のきれいな大和・榛原にて

　　　　　　　　　　　　　　　　　　　　　　　　　　数家　鉄治

目　次

はしがき ………………………………………………………………………… i

序章　日本的システムの改革に向けて ……………………………… 1
1. はじめに ………………………………………………………… 1
2. M. P. フォレット・経営学の古典に学ぶ …………………… 4
3. 行政組織と改革 ………………………………………………… 10
4. おわりに ………………………………………………………… 15

第1章　行政組織と組織理論―地方自治体の行政経営に向けて― …… 17
1. はじめに ………………………………………………………… 17
2. 行政学的組織モデル …………………………………………… 18
3. 「ルース・カプリング型」組織 ……………………………… 25
4. 地方自治体の行政組織 ………………………………………… 31
5. おわりに ………………………………………………………… 37

第2章　行政組織と地方自治体―U市の合併の経営組織的分析― …… 40
1. はじめに ………………………………………………………… 40
2. 市町村の合併協議 ……………………………………………… 41
3. 合併交渉の分析 ………………………………………………… 49
4. 交渉理論的な学習 ……………………………………………… 57
5. おわりに ………………………………………………………… 64

第3章　行政組織と行政職員―地方自治体の組織論的考察― ……… 67
1. はじめに ………………………………………………………… 67

2. 行政官僚制　対　M. P. フォレット ………………………………… 69
　　3. 現行の行政組織 ………………………………………………………… 73
　　4. 行政職員への誘因─貢献関係 ………………………………………… 84
　　5. おわりに ………………………………………………………………… 90

第4章　行政改革と行政組織─地方自治体の枠組みの変革─ ………… 93

　　1. はじめに ………………………………………………………………… 93
　　2. 自治体改革への問題意識 ……………………………………………… 94
　　3. 行政組織 ………………………………………………………………… 98
　　4. 行政改革 ………………………………………………………………… 102
　　5. 行政と住民の協働 ……………………………………………………… 111
　　6. おわりに ………………………………………………………………… 116

第5章　行政改革とコンフリクト・マネジメント
　　　　　─財政赤字下の地方自治体と行政経営─ ……………………… 120

　　1. はじめに ………………………………………………………………… 120
　　2. 行政とガバナンス ……………………………………………………… 121
　　3. 市立病院経営 …………………………………………………………… 128
　　4. 改革とコンフリクト …………………………………………………… 137
　　5. おわりに ………………………………………………………………… 140

第6章　組織間交渉の理論と技能─異文化とジェンダーの視点─ …… 144

　　1. はじめに ………………………………………………………………… 144
　　2. 組織間関係と交渉 ……………………………………………………… 144
　　3. 組織間交渉 ……………………………………………………………… 150
　　4. 異文化間交渉 …………………………………………………………… 158
　　5. おわりに ………………………………………………………………… 166

第7章　職場のジェンダーバイアスとジェンダー・
　　　　　コンフリクト ……………………………………………………… 169

1.	はじめに	169
2.	男女のジェンダーバイアス	170
3.	職場のハラスメント	177
4.	ジェンダー・コンフリクト	184
5.	おわりに	191

第8章　男女協働参画経営の実現に向けて
―ジェンダー・コンフリクトとWLB― ……… 195

1.	はじめに	195
2.	男女共同参画社会と経営	196
3.	ジェンダー・コンフリクトの解決	201
4.	ワーク・ライフ・バランス	206
5.	男女協働参画経営	211
6.	おわりに	218

終章　ジェンダーと女性労働 …………………………… 221

1.	はじめに	221
2.	ジェンダー視点	222
3.	女性労働の本格化	226
4.	ジェンダーと女性の労働市場	230
5.	ワークとライフの相互浸透	233
6.	おわりに	236

あとがき	239
事項索引	243
人名索引	248
初出一覧	250

序章
日本的システムの改革に向けて

1. はじめに

　研究対象の拡散と収斂の動態的プロセスがあればよいが，現実は対象が拡散してピンボケして掘り下げての研究を欠いている。年齢的なこともあってここらで収斂に徹して研究をまとめることに力を入れたいが，行政改革委員などの仕事によって現実にかかわって拡散してしまうことを繰り返している。やはり学究として研究を収斂させていかねばならないし，集中力を発揮して下原稿をまとめていきたいが，現実と関わるとそうはいかないことも少なくない。たしかに学究としては現実を知ることは大切であって，そこでの「創造的経験」に期待したいが，「便利屋」的に費消されてはそうもいかないのも現実であって，理論と現実の橋渡しはむずかしいことである。ただ M. P. フォレットや C. I. バーナードはそれが可能であって，われわれもそれに依拠して論じているが，長年の地方自治体の行政改革委員としての経験を理論づくりに活かせたとは思っていない。改革を担ってきた経験というのは暗黙知的なことが多く，それを形式知として言語で表現するにいたっていないからである。

　これまで執筆してきた下原稿は大量にあるけれども，内容が多岐にわたっていて，整理に多くの時間を要する。それに加えて行政から与えられた，あるいは入手した資料は膨大であって，しかも現実の諸問題にかかわっているので，テーマは多様で論理的に整合されているわけではない。そのために論考として利用しにくいが，われわれは組織論的アプローチを用いてその観点から利用しているが，それは多くの住民の観点とも違っていて，行政組織を論じるむずかしさも感じる。企業組織と比較して言えば，論点が多すぎるのであって，あえて対象を限定せざるをえない。組織の有効性，組織目的の効果的な達成とは何

かという原点に戻っての考察も必要とする。

このように行政組織を論じるに当たって，これまでのわれわれの研究を下敷きにして論じてはいるが，一つ一つの参考文献を表示していない場合もあるので，拙書を参照していただきたい[1]。

それにしても行政組織は大規模複合的組織であるだけに，組織目的も多様化していて，タテ割り行政が部分的合理性の追求をもたらしている。目的の多様性のために全体的整合性の得にくい組織であるが，目先の現実的課題を優先せざるを得ない面がある。小さな市ほど利害関係者の声が大きくなるが，そこには市長，議員も含まれるので，政治的プロセスを抜きにして行政組織を論じることはできない。事実，行政幹部はポリティカル・マネジャーであって，議員との政治的交渉を上手くやらないと，予算執行もままならなくなってしまう。

そのために市の行政改革も多様な要因を含んでいて，交渉すべき相手も多く，その既得権益に切り込んでいくことは，まさに紛争の種になる。火の粉をかぶってリスクの大きい仕事に着手しなければならないから，財政危機が大きくて破綻しかねない状況にいたるまで，利権に切り込むのは大変な努力を必要とするが，そのわりには功績の少ないものだけに多くの人にとって勇気，決断力を欠くようになってしまう。リスクを大胆にとるというのは言葉ではいえても，現実的な実践的課題になることは行政組織では少ない。このことは行政改革委員においても同様であって，その委員相手に交渉しなくては，具体的な行政改革は推進されない。首長といえども政治家であって，利害代表の議員の同意を得なければならず，自己の後援会の意向に反することをやれば落選してしまう。利害状況を抜きにした理想論ではうまくいかない。この点で改革は不合理，不条理を内包したものである。

日本的システムをジェンダー視点で論じたことがあるが，今日の複雑な状況にある日本的システムを制度的，組織的に論じることはむずかしい。その中心をなすのが企業経営と行政経営であるが，その両者の連携が大きな課題になっている。行政の施策によって企業経営が大きな影響を受けるのが今日の状況であって，市場原理主義者のように市場を絶対視して，行政の役割を軽視することはできない。企業経営と行政経営とは相補性を有していて，そこに注目して組織間関係的に論じる。行政経営においても民営化，外部委託，民間資金を導

入したPFIなど公私の共同企画などの民間の活力を利用した地域振興策の対象領域は広い。

　これらの多様な連携にしても，連携をもたらす交渉力が必要であって，交渉の理論や技能を高める重要性は高まっている。そして企業経営と行政経営は類型を異にして同型ではないので，コンフリクトももたらされるが，そのコンフリクトを整合的に解決するコンフリクト・マネジメントが必要であって，調停の理論と技能が欠かせない。

　本書では，従来手薄であった行政経営にウェイトをおいて経営学的手法を用いて論じるが，そこではつねに企業経営を意識しており，企業組織と行政組織を組織間関係論的に考察している。ここで言う行政組織は市町村という地方自治体であるが，そこでのテーマは行政改革（財政改革と組織改革）である。これまでの行政改革は歳出を削減する財政改革に偏していたが，われわれが求めるのは行政組織の枠組みそのものを変革していく行政改革であって，行政職員の思考様式，行動様式の変容にも及んでいて，そのために組織文化の改革にも及んでいる。それゆえ組織機構・組織図の改編に終わるものではない。行政職員の人事考課マニュアル，人事評価などにも改革が及んでいて，それは企業会計部門だけではなくて，全職員に及んでいる。

　このように研究対象領域が広いので，凡人にとって苦労の多いことであるが，これまでの拙書6冊等とM. P. フォレットやC. I. バーナードなど古典をベースに論じている。とくにフォレットに依拠してコンフリクト・マネジメントや行政経営を論じており，フォレットの今日的意義を問うている。歳月を経てもフォレットの切れ味は鋭く，その調整し，整合し，統合していく動態的プロセスは，今日の諸問題の解決にも役立っている。とくに調停の理論として高く評価されるものであって，水平的，機能的な power with（みんなともに力をあわせて）のやり方は，組織間の紛争解決に大いに役立っている。裁判所の調停にも同様に役立っていて，弁護士もフォレットに注目することであろう。法理論だけでは紛争は解決しないと言えるし，調停の基礎理論としてこの領域で実践的に役立つことであろう。

　行政組織はこれまで行政官僚制にもとづいた行政学者の研究領域であったが，公共経営学や経営組織論においては経営学的に研究されていて，いわば経

営学の新しい研究領域になっている。ここに開拓者精神をもって挑んでいるが力不足なのは否めない。

さらにジェンダーの視点を欠かせないのがわれわれの研究の特色であって，WLBや男女協働参画経営の構築をめざしている。それは少子高齢化や女性労働の本格化に対応したものであるが，仕事労働と家事労働の両方を重視したジェンダー的な見方である。ジェンダーバイアスの克服，ジェンダー・コンフリクトの解決に努力しており，ここでは生活者の論理，ケアの論理と密接に関係している。地方自治体の介護保険策定委員（委員長代理）をして市場の論理，組織の論理とならんでケアの思想と生活者の論理，家事労働は密接な関係性を有していて，それぞれ本源的経営と言える人間の営みを学んだのである。

2. M. P. フォレット・経営学の古典に学ぶ

われわれがさらにフォレットやバーナードを学ぼうとしたのは，物事の本質を見抜く力を身につけたいからであって，古典を読み考え抜いてこそ本質を見抜く力がつくと考えている。ただ論理性だけでは十分ではないので，洞察力，想像力，直感，感受性などの支援は必要だろうが，それを双方向に磨き合いフィードバックさせて，あるいはフォレットの言葉を用いれば「意味と意図の循環的応答」の繰り返しをつうじて，鍛え磨き合う関係性を構築してのことである。その場をわれわれは裁判所の調停委員や市の行政改革委員としての実務的経験を通じて，そしてその一部の「創造的経験」をつうじて，理論と実務の橋渡しという大それたことはできなくても，その関係性を追及している。

もちろん今のところ，その関係性を不十分にしかとらえていないが，そのような場を持てたことはラッキーなことであり，実践をフィードバックする機会を与えられている。

行政改革においては実験の場であって，既得権益を一挙になくして，それを一点に「選択と集中」するということは実践的にはありえない。メリハリをつけて重点主義を実施するにしても，一定の財政的余力を持って特定の項目に多く配分することはできても，他の既得権益のあるところを大幅にカットするよ

うなことは交渉理論的にも実現はきわめてむずかしい。ただ物事の本質を見抜く眼力は必要であって，それは論理性を欠かせないが，それだけではうまくいかない。洞察力，想像力は必要であって，この想像力を欠くと解を求めての落としどころがわからなくなってしまう。結果をあらかじめ洞察しておかないと，コンフリクトの対応にしくじり，泥沼に陥ったりする。面子や体面の問題ともなると，もはや合理的にいくら説得しても，それはむなしい努力になったりする。それゆえ想像力，直感力は欠かせないのが実務の世界である。

　バーナードは素晴らしい組織科学を論じたが，アカデミックな第 1 級の学究との相違は，実務とつなぐ豊かな洞察力，直感力，想像力を組み込んで論じているからである。これが学究にとっての論理展開の大前提を疑い，大前提を公理として動かさない学究との研究態度の違いである。これはパラダイム変革をもたらすような態度であって，そのために苦渋の選択を繰り返していくという苦難の道を辿るのである。フォレットも概念や前提も動態的プロセスとして〜ing として考えるので，建築学的な構造はもたず，まさに事象の出来事として組織をとらえている[2]。ここで組織は名目か実在かの大問題にぶち当たるが，組織体というのは実在に関わって論じている。経営資源を動員していく組織的能力を高めたり，人材育成に力を入れているが，すべてを個人に還元するような方法論は用いていない。組織の本質をとらえる考え抜く考察を欠くのか，今のところ二つの組織の併存を考えている。

　われわれの認識では，近代組織論の源流は M. P. フォレットであって，それを C. I. バーナードや H. A. サイモンが引き継いで発展させている。フォレットの『ダイナミック・アドミニストレーション』(1941) が示すように，動態的で整合的な組織観を示した。この意味でフォレットはバーナードやサイモンにも影響を及ぼしていて，バーナードやサイモンもコンフリクトの存在を軽視したわけではなくて，対立－統合モデルといえよう。それゆえわれわれは，フォレットだけではなく，バーナードやサイモン，J. G. マーチからもコンフリクト・マネジメントを学んでいる。この系譜において交渉や調停と言う言葉はほとんど用いられていないのは，調整やコミュニケーションという用語で代替しているからである。バーナードのいう協働体系はわれわれの言う組織体であるが，その中核をなす（公式）組織は，企業経営や行政経営に共通した組織概念

であって，その概念的枠組みを捉えて学習すれば，病院経営，非営利組織においても有効な武器として用いることができる。経営の一般理論といえるものであるから，体制，時代，地域を問わず民主主義を踏まえて論じうる領域であれば，その適用範囲はきわめて広い。そしてそれらの理論的精緻化も大切なことだが，われわれはその実践的有用性に注目している。現に裁判所の民事調停委員として調停や市の行政改革委員としての行政改革に活かしている。まさにフォレットやバーナードを企業経営や行政経営という現実に活かして，その理論的前提条件に配慮しながら，その切れ味を試している。

　すべての組織体に共通するバーナードのいう（公式）組織概念と，組織体を指す協働体系の二つのコンセプトを研究対象に応じて使い分ける方法は，現実の行政組織体を論じる場合にも有用である。（公式）組織は企業組織と行政組織においても何ら変わらないし，経営学で学んだ知見が大いに生かせる。ただ住民の位置づけは異なる。行政組織体においては住民はガバナンスの担い手として重要な意義を有している。それゆえ一般に行政組織体とは行政組織という協働体系であって，慣用にしたがって行政組織として表示するが，行政改革にしても行政組織体の改革を意図している。さらに市の現実の行政改革を担うわれわれとしては，組織体という協働体系レベルの考察を実践的命題にしている。

　H. A. サイモンは行政学者でもあって，バーナードの権限受容説を理論的土台として認めながらも行政組織の実践的命題としては階層組織を認めて，上位権限説にもどっている[3]。このことの方が現実の行政組織を説明しやすいし，対象を事実的前提の世界に限定して論じたので，実践的には利用しやすくなっている。そのこともあって行政職員にとってはバーナードよりもサイモンの方が現実的に理解しやすいし，その理論にもとづいて現実の諸問題の解決に役立つといえよう。行政改革の推進においてもサイモンの方が理論的価値を共有しやすいし，行政学者もそのようにしている。

　だが行政経営を論じるわれわれとしては，ガバナンスを担う住民の承認，受容を重視するからバーナードの思想や理論を活用して，行政組織の組織体メンバーとして住民を内包して，その受容へと駒を進めたい。組織の境界を開放的にとらえることによって，住民主権を明確にして，これまで閉ざされた行政組

織に住民視点を取り入れてバーナード的な受容を現実に有効なものにしたい。
　行政組織においてはコンフリクトが表面化しないのは，あらかじめコンフリクト状況を想定して，サイヤートとマーチのいう余剰というべき「組織スラック」を有していて，従来のプログラムのままでの収拾を可能にするからである[4]。あるいは取引，交渉によって利害を調整して解決しうるが，その場合も「組織スラック」あってのことであって，とりたてて交渉力がすぐれているというわけではない。フォレットの統合的解決では，探索活動によって新たな代替案を見出し，プログラムの改定もしくは枠組みの変更をもたらすが，このような革新的で戦略的な解決方法は，ほとんど既存の枠組みを超えた発想を必要とするので，行政組織ではきわめて少ないケースである。行政改革が目指すのはこのような方向であっても，現実には行政組織のたるみというべき「組織スラック」を隠していて，それを吐き出すやり方である。
　フォレットの「統合的解決」というのは，たしかに二律背反するような問題に対して，解決を求めるものであるが，しかし静止画的な二次元発想ではなくて，動画的な三次元発想（3D）にもとづいていて，しかも経験知，実践知，行動知を活かしている。矛盾克服こそフォレットの真骨頂であって，今日で言うソリューションズに力を入れている。その手法は部分知，分析知にとらわれることなく，全体的整合性を求めての各部門の位置づけであって，部分最適化の弊害を克服している。そのフォレットの思考はプロセス思考なので，プロセスを経ての時間軸というものを導入していて，そこではステップを踏んでの対応であって，手順の飛躍を求めるものではないところが論理的かつ整合的である。これには一定の構想が必要であるが，その概念，枠組みを固定的に考えるのではなくて，やはり動態的プロセスとして思考している。ここには実践知としての動態的プロセス思考がある。
　フォレットにおいては，実践面での新機軸を打ち出すために経験知を軸とした「意味と意図の循環的応答」を求めている。フォレットは技術と組織の問題を論じなかったけれども，経験知となれば技術導入が必要であって，技術を無視しているわけではない。たしかにわれわれの経験知というのは，暗黙知にすぎず，厳密なデータにもとづいて科学的に証明された客観的知識ではなく，主観性の強いものである。しかし人間協働においては主観的認識も大切であっ

て，共感，了解，相互承認ということは協働意欲を高める。とくに高度の頭脳を必要とする労働集約的な産業では，まさに知的創造性を必要とし，三次元的なコンフリクト・マネジメントにおいてもそうである。

　だが，われわれには先入観，思い込みがあって，その枠で相手を位置づけてしまう。大して論拠もないのに相手のちょっとした態度によって敵と位置づけたり，排除の対象にしてしまう。相違が違和感になって不快になり，不快だから見ない，関与しないというふうにして，やがて排除しょうとする。違和感がコンフリクトをもたらすという感覚であって，組織人として組織人格のもとで行動する人もこのような思考様式・行動様式になりやすい。

　フォレットは相違の建設的意義を論じたが，同質的社会，組織一体化モデルの下では，多様性を許容しうる幅が狭く，異質を抱き込むことはしても，異質性との統合的プロセスを欠いている場合が多い。多様性管理を内包した組織のアイデンティティではないから，単一的な組織一体化モデルの下で異質を抑圧してしまうことになる。抑圧された人にとっては排除の対象と認識するから，自ら「退出」していく場合が多い。

　このような排除構図に対して，フォレットは抱き込み的な包摂ではなく，異質との統合的プロセスを論じている。異質とのコンフリクトにも建設的意義を認めていて，生産的な「建設的コンフリクト」にいかに対処して解決していくかがフォレットの手法である。

　フォレットは民主主義的なガバナンスを担う包摂の論理を内包させていて，相違を受け入れている。コンフリクトとは相違であって，しかも生産的な「建設的コンフリクト」の意義を見出している。われわれも裁判所の調停などを担って，コンフリクトの解決に努力してきたが，必ずしもフォレットの言う統合的解決にこだわったわけではないけれども，紛争当事者双方が満足する「統合的解決」をめざすべき実践的命題として指向している。

　もちろん裁判所の調停では，調停に応じない相手方もいるし，調停不成立で裁判になるケースも少なくない。妥協と譲歩を重ねてやっと調停が成立したケースもあって，後味の悪い思いもしばしばである。それでも実践的命題としてフォレットの「統合的解決」の意義を十分に理解しているし，規範論として考えているわけではない。調停の担い手として，もう少しコンフリクト解決の

力量があればと思うことがしばしばである。相違を的確に分析して識別していくプロセスに自己の力量のなさを感じる。対立を調整し整合し統合していく動態的プロセスを時間的制約もあって、十分になしていないと自覚することはしばしばである。フォレットの言う「意味と意図の循環的応答」の動態的プロセスを短期に打ち切ったりして、効率主義的な感覚ではよくないのであるが、その枠にとらわれてきたこともしばしばである。しかしフォレットの「統合的解決」は実践的命題として位置づけているし、規範論として突き放すものではない。

むしろフォレットの「状況の法則」にもとづく全体的状況を捉えきれておらず、そのことが解決の糸口を見出しにくいことにも気づくのである。明確に自覚しているわけではないけれども、フォレットの power with（共有的権力）でも対立構図上の相手を必要以上に警戒して、恐怖に基づく排除をもたらす場合もあるが、その対立構図を乗り超えての共有的権力であって、まさしく水平的、機能的に「みんなともに力をあわせて」コンフリクトの解決をめざすのである。

裁判所の調停においても「みんなでともに力をあわせて」コンフリクトの解決をめざすことはしばしばであって、申立人と相手方のそれぞれの弁護士代理人と調停委員、裁判官、書記官が力をあわせて、フォレットの言う「創造的経験」のもとで解決の糸口を見出すのである。そこでは妥協、譲歩というよりは総力をあげて知恵を出し合って、「統合的解決」をめざしているといえよう[5]。意図に反して妥協してもらうこともあるが、本人にしてみれば妥協したというよりは主体的に譲歩したといえる状況であって、自己の置かれている文脈を理解したのである。これまで相手を「怖い人間」として身構えて、恐怖心が要求をエスカレートしたりして、敵対的行為を加速化させていた関係であった。異なる意見・主張を持つ相手に過剰な要求をふっかけてくるであろうという相手に対しての勝手なイメージのために、不信感を増幅させてきたのである。調停に付するまで、紛争当事者は対話や理解をはじめから捨てて、自己利益のために相手を攻撃することに専念してきて、なんともしようないので、裁判所の調停ということになるケースも少なくない。

対話や理解しようともせずに相手をともに攻撃することに専念していたので

は，当事者同士の紛争の解決はきわめてむずかしい。しかし裁判所の調停においてはそこからスタートして紛争解決に power with するのであって，判決のように power over するわけではないから，裁判所は支配的権力と共有的権力の二つの部門を有していることになる。この意味で裁判所は世界に先駆けて水平的，機能的な power with にもとづいて，上からの目線ではなくて当事者の目線で「みんなともに力をあわせて」コンフリクトを解決する調停制度を確立したことになる。ここでは現実にフォレットやバーナードの世界が導入されているといえるし，フォレットやバーナードをよりよく理解することによって行為主体的に問題が解決しうるといえる。このようにコンフリクト解決においてはメアリー・パーカー・フォレットは偉大であって，法務的調停理論においても歴史上の巨人といえる。

3. 行政組織と改革

　行政改革というのは対立構図を生みやすく，とくに論敵を「怖い人間」として身構えさせる。恐怖心は対立構図を先鋭化させて，負の連鎖を加速化させてしまう。しかし M. P. フォレットが論じるように，対立は相違であって，区分し分析し識別して，対話を重ねていかねば，住民，行政職員を含めて，われわれは異なる意見を持つ相手に勝手なイメージを押しつけて，不信感を増幅させる傾向がある。対話や理解をはじめから捨てて，論拠もなく相手を攻撃することに力を注ぐことが利害関係団体にも見られる。まさに予断や偏見から脱して，フォレットの言う「意味と意図の循環的応答」の動態的プロセスを経てこそ，この悪循環から脱することができる。
　たしかに既得権益者との対立構図は存在するけれども，相手に勝手なレッテルを貼って，不信感ばかりを強化していては，フォレットの世界とは対極のものになる。調整し整合し，統合していく動態的プロセスを経る対話や対論や意味理解を深めてこそ，住民に支持される行政改革が推進される。首長や行政幹部を軸にして権力統制によって行政改革が推進されるけれども，それは住民に抑圧や妥協を強いて，行政と住民の協働（power with）の精神に反して，住民

だけの犠牲を当然のものとしてしまう。住民と行政職員との対立は合わせ鏡のような構図があって，両者が相手を「怖い人間」だと身構えさせて，バッシングを加速させては，まさに行政改革の阻害要因になる[6]。

行政経営にはかなりの法律的知識が必要なのだが，われわれ経営学者は一般に法律学科出身ではなく，経済的知識は豊富であっても，経営戦略を制約している法律的諸条件についての関心も薄い。われわれは幸いにして，裁判所の民事調停委員として20年にわたって裁判官や弁護士やその他の専門家と共に裁判所の調停を担ってきて，法律にも接してきて，あるいは裁判官の講習を受けたりして，複眼的視点をもてるようになってきた。そのことが地方自治体の諸問題を論じるのに役立っていて，経済と法律，そして組織論をベースにした行政経営が論じられるようになり，行政経営の視点から市の行政改革委員・会長として改革の実践の場が与えられている。実践したことと論考にズレがあるのは，行政改革委員と学究の二重性を有しているからである。

行政幹部はポリティカル・マネジャーでもあるので，必ずしも論理的，合理的に行動しているわけではなく，政治家としての首長，議員とも執行上のすりあわせが多いので，改革の推進に賛成してくれても，その中味に変容をきたしたりして，われわれも政治的判断を必要とする。利害関係者の利害対立，権力依存関係，既得権益者の圧力もあって，理路整然と行政改革が推進されているわけではない。マーチとオルセンらがいう「ゴミ箱モデル」のように錯綜した「るつぼ」のような面もあって，行政改革は研究対象としては複雑なものであるとともに，病院，介護施設，教育機関など広範な領域に及ぶので，関わったことを本書では部分的にしか論じられていないのが実情である。

そこで現実を抽象化して，一定の絞り込みのもとで論じることになるが，理論と現実との橋渡しは難しい課題であって，われわれも苦心し，時間もかかったのである。ほぼ原稿を書き終えてから1年の歳月をかけて再考したのであるが，そのすり合わせ，全体的整合性をえることはむずかしく，理論と実践と言う複眼的視点から現実を照射している。

地方自治体は法的には地方分権やその主体性を尊重されているが，現実には過度に地方交付税に依存して，自由裁量の幅が小さくなっている。ルールにもとづく行政と言うのは建前であって，行政指導の力は大きい。この行政指導は

既得権益擁護型・現状追認型の政策をもたらす弊害があっても，それに逆らうことは自治体にとってリスクの大きいことになる。行政指導に従うのが無難であって，それにしたがって検査マニュアルが実行されているといってもよいから，それに精通していない首長は余計なエネルギーを費消することになる。暗黙の要請も少なくない。

　明確なルールにもとづかない国の行政指導的な要請によって，地方自治体の行政経営的判断をゆがめるようなことをすれば，将来への不確実性が高まり，かえって自主・主体的な行政経営行動を歪めたり，萎縮させたりするだけで，自己責任意識を欠くようになってしまう[7]。

　目的が正しければどのような手段であろうと，正当化されるものではない。明確な法的論拠にもとづかない行政指導的な政策誘導は，自治体にとって「命令」に等しくして，しかも責任の所在をどちらもあいまいにしてしまう。

　行政改革を推進するに当たってその方向が，国の行政指導的な政策誘導とは逆のことも少なくない。地元産材を大いに用いて小，中学校の校舎を建設しょうとしても，補助金，地方交付税交付金をもらえないようなことは貧乏自治体にはできない。U市でも大いに小学校の統廃合を進めたが，今度は合併して4つの中学校になったので，地元の反対が強くても旧町村の利害対立があっても，中学校の統廃合を進めざるをえないし，また耐震化を考えると財政的に4校すべてには無理なので，統廃合をせざるをえない。教育委員会としては校長のポストも減るし，教員の昇進意欲を刺激しにくいので反対しようが，国の行政指導的政策誘導であれば，財政的に逼迫しているので，その方向に改革していかざるをえない。中学校の統廃合は住民の反対も強くて苦慮しているが，これに関しては行政改革委員としては国の路線に従うことには異存はないし，財政を考えて率先して統廃合に向けて世論を誘導している。

　ただ，何でも行政指導的政策誘導によって市町村が競わされて，その方向に強いられては，自治体の行政経営的能力に逆行してしまう。また首長は執行権，人事権を有しているので，その命令に行政職員は従わざるをえないが，しかし思いつきとか明確なルールにもとづかない政治指導的な介入によって，行政組織の自主的な行政経営判断を権力的に歪めることは問題であって，行政職員の組織行動を萎縮させたり，無気力に従うだけになったりする。

たしかに首長はガバナンスの担い手として大きな権限を有していて，議会を掌握していれば政治的影響力も大きい。いわば大統領的な位置づけになり，その恣意的な権力行使に対しても行政職員は面と向かって反対できにくい。しかし行政改革委員は明確なルールにもとづいて理性的判断のもとで行政改革を住民，職員のために推進しているのであって，首長に迎合するような立場ではない。全体的整合性のある改革を推進して，いかに首長がトップ・リーダーシップを発揮しようと，それが既得権益擁護型・現状追認型の枠での改革という政策スタンスであれば，コンフリクトが生じて当然である。首長の意向に反する改革の方向づけもあろうし，行政改革委員が首長に迎合したり，支配されてはいけない。将来への不確実性を低めるべく，合理性，合理的な視点のもとで，既得権益者の利害状況を離れて，明確なルールのもとで，既得権益者の利害状況を調整し折り合わせて，改革を推進しているのであって，首長に干渉されるものではない。意見の対立は調整し整合していくが，恣意的な政治指導的介入に対しては抵抗せざるを得ないし，志，信念があれば首長と対立的立場になってもやむをえない。そうでなくても行政改革は多くの利害がからみあっているので，政治的に揺れやすい。

　それゆえ行政改革委員は明確なルールにもとづいて改革を一環させる必要がある。首長が交代しても，その首長の意向は考慮しても迎合するわけではないから，自主的な行政経営判断を大切にしている。行政改革委員は改革に向けて主体的に判断して意思決定しているのであって，独立した委員会として存在し，首長に支配されているわけではない。このように認識していないと，改革はぶれてしまう。何ら自己利益を追求しているわけではないから，またほとんど金銭的報酬というものを得ているわけではないから，退任を何ら恐れるものではない。そうでないと業界団体，既得権益者の代表の意見，反対に巻き込まれて改革が挫折してしまう。信念なくしてやれないのである。

　ただ行政改革委員が正義の味方ぶって独善にならないように自戒は必要であって，そのために利害関係者の利害調整や利害対立の調停には力を入れていて，外在的に一定の路線を推し進めようとしているわけではない。住民，首長の意向に対して良く聞いて理解することに努めていて，調整し，整合するプロセスの反復は惜しまない。無私の精神を大切にし，そして利害関係者とのコ

ミュニケーションを保っても，癒着ということは全くない。それは行政職員，行政組織に対しても言える。われわれが献身的価値を内包しているというわけではないが，使命や改革意欲をもたなくては，利害対立の渦の中におれないし，火の粉をかぶらざるをえない仕事である。

　今日の地方自治体を取り巻く環境は大きく変わりつつある。IT，コンピュータの発展がすでに一部の人々の労働を代替しうるようになり，産業構造，労働需要の大きな変化をもたらしている。これまで多くの人数を要した仕事も省力化できて，コンピュータで代替しうる職種の仕事は人数を減らしている。このことが行政組織にも及んでいて，解決もパターン化されているので，コンピュータが代替しやすい。たしかに無限の選択肢から組み合わせを選び出す，すなわち枠を超えて突拍子もない発想で新しい組み合わせを生み出す能力を担う高度人材は必要であるし，コンピュータによって代替されない。しかし行政の仕事の多くは組織ルーチン化され，戦略的組織ルーチンも形成されている。国基準のマニュアルに従えばやれることも少なくない。しかも行政組織の人事評価システムも組織ルーチン化されている。階層的な組織構造の中では，行動がマニュアル化され客観化された指標にもとづいて評価されがちである。これはコンピュータと代替性の高い作業や意思決定を生み出し，人員削減の余地を大きくしている。

　それゆえ行政組織を政策官庁へと脱皮していくには，既存の枠組みでは疑念をもたれる斬新な発想で新しい組み合わせを生み出していく高度人材を必要とするのは事実である。この方向へと行政職員の組織的学習や職業訓練を含めて多岐にわたる仕組みを大きく見直していく必要があるが，ITがもたらす豊かな働き方を実現していくのに逆行している人の処遇をどう考えるかである。組織内配置転換ですめばよいが，場合によっては，職員を適切な形でより能力が発揮できるところに組織間移動をどうさせるかという問題が生じる。その短期的な調整には政府の支援が不可欠であるが，終身雇用自体を自己目的化すべきではない。知的労働でも蓄積した大量データから学ぶ「機械学習」によるコンピュータの発達は，そこそこの知的労働をこなすようになっていて，人間の能力の奥深さを示す高度人材は別として，コンピュータの知的労働領域の代替性が高まっている。このことは行政職員の人数を減らしてもやっていける代替可

能性を高める領域をふやしていて,「組織内失業」をもたらしかねない。「楽な仕事」はかなり IT, コンピュータが代替しうると考えられるし,非正規メンバーでもコンピュータを使いこなして正規メンバー以上の仕事ができる人がふえている。また外部委託業者はコストダウンのためにコンピュータを大いに活用するであろうし,行政組織の仕事で外部委託業者が代替しにくい仕事は少なくなっている。守秘義務にしても契約で遵守させることは,法的にも可能である。このことを行政職員はどの程度に自覚的に認識しているであろうか。ガバナンスを担う行政幹部や首長も行政組織を政策官庁へと脱皮させるためにも,斬新な発想をする職員を育てて,コンピュータ的知的労働と棲み分けをしていく必要がある。そうでないと行政の終身雇用の弊害が大きくなって,住民の反発,不満を大きくするであろう[8]。

4. おわりに

　われわれはガバナンスのあり方や経営権のあり方も問うている。行政と住民の協働というのは,住民が義務として貢献活動をしているというよりも,自己の持つ貢献心をベースに権利として行政をつうじて社会貢献をしたいのであって,特定の反対給付を求めるものではない。H. A. サイモンは「利他主義」として協働意欲を論じているが,奉仕,貢献というものが人間の本源的な貢献心にもとづくならば,それは利他主義というよりも貢献心にもとづく行為といえよう。

　ただ全人として大きな貢献心を有していても,組織人格を背負う部分人としては徹底した利潤追求もあろうし,利潤追求そのものをビジネスとしている人も少なくない。市場原理主義のもとで徹底して利潤を追求し,利ざやを抜くことに徹していても,そのことをもって,その人が全人として文化人ではないとは言えない。宗教においてもそうであるが,貢献心の方向づけも考えなければならない。ほぼ組織のみの貢献心もあろうし,逆に家庭・ライフのみの貢献心もあろう。また人によって貢献心の高低があって,無気力でほとんど貢献心のない人もいる。

経営学は人間協働を研究対象にしているので，誘因－貢献関係にもとづく貢献意欲，貢献心というものを踏み込んで論じなければならないし，権利としての貢献心は住民が行政になすことに見られることであって，行政経営ではこのことを考慮に入れている。住民はガバナンスの担い手であるとともに，権利としての貢献心を発揮する場を求めている。バーナードの誘因－貢献図式は二項対立方式をとるので，本源的な貢献心は宗教と哲学の問題であるのかもしれない。われわれは作曲家バーナードに対しての編曲者として貢献できることを願っている。フォレットはつねに動態的プロセスのもとで対立も相互浸透させるから，二項対立的バランスから脱している。ワークとライフもバランスではなくて相互浸透させるので，両者はシーソ的バランスではない。H. ニックリシュは家庭を本源的経営，企業を派生的経営として論じているように，ワークとライフはともに活かしあう関係である。WLB 施策もこのようなフォレットの視点から考えたい。

注
1）　数家鉄治『経営の組織理論』白桃書房，1980 年。その他，巻末の拙書を参照のこと。
2）　Follett, M. P., *Creative Experience*, Peter Smith, 1924.
3）　Simon, H. A., *Administrative Behavior*, The Free Press, 1945.
4）　Cyert, R. M. and March, J. G., *The Behavioral Theory of The Firm*, 1963.
5）　Follett, M. P., *The New State*, The Pennsylvania State University Press, 1918.
　　M. P. フォレット『新しい国家』（三戸公監訳，榎本世彦・高澤十四久・上田鷲訳）文眞堂，1993 年。住民のガバナンスを論じるに当たっての，必読の本と言える。「政治が人間の最高度の活動であるなら─実はそうあるべきなのであるが─政治は創造的なものとして明確に理解されねばならない」（p. 7, 邦訳 5 頁）。
6）　山口智美・斉藤正美・荻上チキ『社会運動の戸惑い』勁草書房，2012 年。
7）　隅田川「大機小機」『日本経済新聞』2013 年 5 月 2 日。
8）　柳川範之「経済教室」『日本経済新聞』2013 年 5 月 2 日。

第1章
行政組織と組織理論
―地方自治体の行政経営に向けて―

1. はじめに

　われわれは組織論研究をつうじて企業組織を主な研究対象としてきたが，地方自治体の行政改革委員として行政機構の改革を担ってからは行政組織にも視野を拡大して論及している。行政改革委員・会長として市の行政改革の原案の作成にも関与するようになってからは，① 事務事業見直し，② 組織・機構の改革，③ 財政の健全化，④ 定員の適正化と給与の適正化，⑤ 住民協働，⑥ 職員の意識改革という広範な領域を検討するようになった。市の行政改革実施進捗状況では 72 項目に及んでいて，議論が拡散するので本章では論点を絞るが，これらの細部をおろそかにしないという問題意識を有していて，現に具体的に実行している。

　このような経験をつうじて行政組織を理論を踏まえて組織論的に考察して[1]，若干の知見を論述しておきたい。行政組織は企業組織とくらべて目的が多様で多義的であり，立場によって意味解釈も異にしているので，行政改革においても議論が拡散しやすい。しかし地方自治体として価値が緩やかに共有できないと言うわけではなく，合併した市でも地区エゴがあっても，ひとつの市としてのコンテキストを有している。歴史的，社会的，文化的な文脈もすり合わせられていくし，行政官僚制としての共通点もあり，中央集権の日本の行政機構ではその傾向が強かったのである。

　そこで，行政官僚制，行政学的組織論を理論的に検討してから[2]，現実の行政組織とのギャップを論じて，具体的な行政組織の改革の方向を見出すものである。そのためにステップを踏んで分割して論じるが，行政と住民の協働とい

うガバナンス改革をもたらす行政経営にいたる。男女共同参画行政経営や自己変革のできる自己組織系の行政経営を論じるが，行政組織の職員の意識改革はまだそこまでには至っていない。

　行政職員の意識改革として，① 各種研修の実施，② 職員提案制度を導入し，潜在能力や創造的能力の向上を図る，③ 人事考課・人事評価制度導入の検討，④ 自己申告・自己評価制度導入の検討，などが論じられているが，行政組織観が大きく変わるわけではない。そのことに論及するためにあえて，主流でない組織理論に論及している[3]。

　行政組織の多義性を縮小することも行政改革の目的であったが，強い労働組合のもとでの行政組織は改革に労使のコンフリクトが生じやすく，さらに多様な利害団体とのコンフリクトも生じるので，交渉や調停を柱にするコンフリクト・マネジメントが不可欠である。このことも順序だてて論じるが，これまで交渉や調停を論述されることはきわめて少なかったのである。行政改革においては交渉力は大きな役割を果たしていて，深く踏み込んでいかなくては行政組織の改革はかなり時間のかかるものになってしまう。

2. 行政学的組織モデル

　行政学で論じられている組織モデルは，官僚制的組織に基づく組織構造論が多く，組織変革論は非常時のことであって，むしろ継続性・安定性を中心にして論考がなされている。C. I. バーナードやH. A. サイモンも論じられていても，法体系をベースにしているので，むしろ古典的な組織論に近く，A. エチオーニの言うフォーマル組織重視の構造学派に近いと言えよう[4]。行政学的組織モデルはP. M. ブラウなどのフォーマル組織論（インフォーマル組織を要素として有してもフォーマル組織重視）と言えよう。もちろん行政組織も環境変化によってオープン・システム論的な視点を導入していても，基本的にはクローズドな合理性モデルと言えよう。ただ近年ではオープンな自然システム的な見方も増えていて，むしろ自然，人間らしさにもかかわるので，オープンな自然システム的な見方が，行政組織にも官僚制的組織モデルの修正として取り

入れられている[5]。

　R.マインツはドイツ行政社会学を論じたが（レナーテ・マインツ『行政の機能と構造』懸公一郎訳，成文堂，1986），行政の自律化傾向があるとしても，組織用具説を貫いている。それは，「手段としての行政の規範の力点は，特に民主主義において政府が規則的に交代し，別の政党が政権を担当する点にある。正当な支配者と行政が人格的に一致すれば，支配者の意志を実現する上で行政の有効性が高まるのは疑いない。しかし民主主義においてそのような結びつきが生じれば，結果としての行政は，新政府に対して旧政府の場合ほど唯々諾々とは服従せず，その活動の有効性が低くなる。それゆえ行政が単なる手段に尽きるべきとすれば，行政は，民主主義において政治的に中立たるべく努め，公選によるどの政権に対しても同等に作用する手段として利用されねばならない。忠誠の規範と並んで，政治的中立性の規範も官僚の職業的エトスの一つとなる」（66-67頁）という。もちろんマインツは，「一国の行政が完全に中立的手段として活動することは稀である。この点は，歴史上の経験や体系的な実証研究の成果が証明している」（67頁）という。

　またマインツは，行政組織が官僚制的組織であるが故の問題点を論じる。「規制への拘束に加えて権限の固定という官僚制の特徴も，マイナスの副次効果を持つ。業務分担計画で権限を固定すれば，官庁幹部の負担が軽減され，官庁内部の分業が透明となり，任務分担をめぐる対立が回避される。しかし権限の固定は，狭量な権限思考を助長し，責任の感覚を自分の限られた業務領域に限定する。同時に複数領域にまたがる任務での協力を困難にし，官庁任務の変更に際し適切な対応を妨げる」（114頁）のである。

　官僚制的官庁組織の秩序行政は，環境変化の激しい今日では，もう過去のものになっている。すなわちマインツは，「秩序行政よりも現代の給付行政や計画行政に関わる目的プログラムにしたがって活動する行政では，本質的に任務は複雑であり組織の適応創新能力が重要である」（118頁）。ただし「官僚制的な構造要素は今日では決して不必要ではなく何らかの機能を果たしている。これは，一旦生まれた官僚制組織が常に変革に抵抗するのとでは全く別に，官僚制の基本型を維持し常に再構成さえする傾向を生んでいる」（119頁）からである。R.マインツは行政学的な組織モデルの一つの典型を示していて，それ

が行政組織の組織文化や文脈と言うものの根強さを行政学的に論じている。

次にわが国の代表的な行政学者が行政組織をどのように行政学的に理論展開しているかを見てみよう。西尾勝教授は（西尾勝『行政学』有斐閣, 1993），「行政活動に対する関心は，対内的活動に係わる管理技術の側面よりも，官僚制組織とその環境との相互作用に係わる行政技術の側面に向けられてきているのである。これが管理主義の更なる発展を意味するのか，いまのところ定かではないが，ここ十数年来の行政改革論議は行政学にその再構成を迫るものであった」（323頁）という。

今日の行政改革は行政と住民の協働というように行政参加の制度化である。かつての行政活動においても，「行政機関と対象集団・利害関係者の関係を円滑にするために，政策の立案・決定・実施の過程に対象集団・利害関係者の参加を要請し，あるいはこれを許容するさまざまな方式が案出されてきている。もちろん，この種の参加の場の多くは諮問機関であり，参加の手続の多くは聴聞手続に属するものであって，そこでの発言ないしは決定が行政機関の意思決定を法的に拘束する意味を持つわけではないので，それは制度的統制の諸制度とは明らかに異なる。だが，この種の事実上の拘束力の存在に目を閉じるのは不適当であろう。何故なら，この種の事実上の拘束力をどの程度まで制度化すべきかという問題こそ，現代の行政統制をめぐる最も重要な論点のひとつになっているからである」（337頁）。

行政改革委員はいわば外在的統制，非制度的統制を担っているが，危機的状況下の行政組織ではこのような拘束力が組織変革を推進する原動力として実質的に機能しやすいのである。それは情報開示請求による統制，住民を含めて利害関係人の事実上の圧力・抵抗行動，そして専門家グループの評価・批判や，マス・メディアによる報道による組み合わせが，行政組織に改革へのインパクトを与える。そして，「当該の制度・政策について事前に諮問すべき審査会が設置されている場合にこの諮問の手順を踏まずに政策決定をすること，また審議会において大方の同意を得られなかった政策を採択することは，事実上困難になっている」（342-343頁）のが現状である。

ここで注意したいのは，行政責任のジレンマ状況である。行政職員には制度的内在的な統制に加えて，多種多様な非制度的統制が加えられている。「担

当の行政官・行政職員には多次元な機能・団体からさまざまな統制・期待が寄せられているのであるが，これらの統制・期待は相互に矛盾し対立しているのがむしろ常態であるように思われる。このような場合に，担当者はいずれの統制・期待に応えて行動すべきなのであろうか」（334頁）である。このようなジレンマ状況を解きほぐし克服する責任が，行政職員が直面している行政責任である。かくして，「現代国家の行政活動に対する民主的統制を強化するためには，新しい行政統制の諸制度を多次元に整備充実し，これらを総合的有機的に組み合わせて活用しなければならない。そしてまた，それと同時に，行政官・行政職員の情熱と洞察力と責任感を涵養する措置を講じなければならない」（335頁）と西尾勝教授は論じている。

　さらに今村都南雄教授が論じているように（今村都南雄『行政学の基礎理論』三嶺書房，1997），「組織変動もしくは組織変革はそれ自体で優れた政治的な事象であり，その脈略で問われる有効性や能率性の問題も，いったんそれが誰のため，何のための有効性であり能率性であるかを問い直せば，やはり政治的解釈が必要となる。この点で，行政組織も民間企業も変わらない。フェッファーの表現を借りるならば，『組織デザインは，つまるところ，組織のガバナンスとコントロール，報酬と便益の配分，特定利益の奉仕を決定づけるものであるから，デザインとその変更は組織内外のさまざま集団と下位単位間での政治的争いの結果である』（J. Pfeffer, *Organizational Design*, 1978, pp. 175-176）。しかし，組織構造の再編成に際して自己の権力地位や影響力に関する政治的理由を直接持ち出したりすることはできないうえ，その再編成の必要性を単一の要因もしくはその単純なセットによって割り切って主張することができないために，誰にも受け入れやすい有効性や能率性のレトリックがますます効果的となる。こうして，組織変動の『政治的要因』（political causes）を解明しようとする努力のなかで，あらためてその『管理的要因』（managerial causes）が果たしている独自の役割を見きわめることが必要になってくる（Pfeffer, pp. 189-190）」と今村教授は論じている（237-238頁）。われわれが主に論じているのは「管理的要因」であるが，地方自治体の行政改革には議会の議員との協働も必要なので，「政治的要因」の考察は欠かせないし，行政組織の幹部は「ポリティカル・マネジャー」として議会・議員とも交渉しているのであって，そ

こで生じるコンフリクトを行政改革委員・会長として調停をしており，いわば改革を推進するための交渉や調停の担い手となっている。

さらに西尾勝教授が論じたことは，「サイモン＝マーチの業績は，フォーマル組織による分業そのものに部省間紛争の根本原因を見出した。分業の不回避的な帰結として，下位組織は操作可能な下位目標を設定する。そして，下位目標の設定はその達成のためのコミュニケーション回路を限定し，これによる視野の限定が下位目標への固執を増幅する。これが部省間紛争の根本原因であるというのである。そして，下位目標への固執を紛争に転化させる要因として，部省間の相互依存度，下位目標間の矛盾度，コミュニケーション回路の機能障害による誤認などをあげ，ことに最後の誤認という認識要因を重視している」(87頁) のである。

また西尾勝教授は，「行政と組織」と言うテーマで組織理論についても論じている。「アメリカ行政学の系譜は，むしろはじめから，行政理論と組織理論という二つの系統の流れからなり，この二つの系譜がときには結合しときには分離した発展史として理解した方が適切であろう」(65頁) と言う。ここでの「行政理論というのは，統治過程における官僚制の位置づけをめぐる考え方である」(63頁)。また，「民主の統制と官僚制組織が固執している行動原理との間に乖離がある限り，規制と脱法行為の悪循環が積み重ねられていくだけである。また，自立的責任をいくら強調してみても，官僚制組織の側にこれを容認し促進していくような組織条件がないかぎり，それは発現しようがないであろう」(369頁)。

行政管理と行政経営の区分は明確になされていないが，われわれの認識では行政官僚制の論理が貫く行政管理の領域であって，法律，ルール，手続きによって自由裁量の余地が小さくなるように工夫されている。それに対して行政経営は行政組織を経営学的に考察して，その能動性，主体性に注目していて，ガバナンス改革も指向しているから，行政管理よりも自由裁量の余地が大きく，改革にも熱心である。そして行政管理が平面的な考察であるならば，行政経営は立体的な考察と言ってよく，コーポレート・ガバナンス，経営戦略にも意識的に力を入れて，行政組織そのものの活性化にも取り組んで，それは制度改革や制度づくりにも影響力を及ぼす。このように行政経営は行政官僚制の枠

にとらわれるものではなくて，行政組織そのものを変革していく経営学的な視点を有している。したがって制度や組織を固定的にとらえないのである。

行政管理は行政官僚制の論理にしたがってリスク回避に力を入れるが[6]，行政経営は環境変化によるリスク負担は当然のこととして，場合によっては大胆にリスクをとる場合もある。行政経営的行政改革ではコンフリクトの発生を予想して，交渉や調停を通じてのコンフリクト・マネジメント，コンフリクトの具体的な解決に力点を置く[7]。行政官僚制に基づく行政管理では固定的なルール，手続きに依拠して組織運営がなされているので，交渉や調停を論じることが極めて少ない。行政経営はガバナンス改革を含めて改革を常態化して常なる新たな組織づくりを意図して，環境変化に機敏に対応していくように構造を創り変えていく。このように行政経営では変革の論理を内包していて，そこでは発生するコンフリクトを回避するよりもコンフリクトの解決に力点が置かれる[8]。

このように行政経営では経営学的手法を行政組織に大胆に取り入れて，行政組織そのものの活性化を図る。そのために行政法，行政組織法など法的なしばりもあるので，行政学者と経営学者等が協力して，地方自治体の統合的なマネジメントを担う。特に地方自治体の統合的な全体的状況の把握に力を入れて，部分最適化にとらわれない M. P. フォレットの言う「状況の法則」の下で全体的整合性をえられる対応をしていく[9]。行政組織では野球でいうと得点を入れることを目的として，試合に勝つことを忘れることが少なくない。R. ミヘルスのいう「目的の置換」が生じやすい部門主義を打破して，部門間のコンフリクトや組織間のコンフリクトを恐れずに，行政経営を担うので，コンフリクト解決能力を高める工夫に力を入れて環境変化に対応している。そのために行政経営は企業経営とも連携するし，指定管理者制度のようにアウトソーシングしたりして，クロズドな合理性モデルから脱却している。

これまでの行政組織は特殊行政的な能力の育成と言うことで組織一体化モデルの典型であり，個人の思考や行動様式もワンパターンになりやすく，それが知力の相乗効果を働きにくくしていた。行政官僚制の論理が性別や年齢と言う外形的属性の多様化を抑圧していたし，個々人の思考内容や表明される意見・見解の多様性を押さえるシステムにしている。ジェンダーバイアスの克服とは

組織全体に多様化をもたらし，そのために個人の意識改革を求めるが，行政経営はこのように同調性過剰からの脱皮をめざしていて，自分が主張すべきと考えても周囲に合わせて，主張を控えたほうが良いという組織文化にも風穴を開ける方策を指向する。人材を多様化し個の質量を充実させて，さらに組織システムの知力の相乗効果を高める多様性管理も必要になってくる。ダイバーシティマネジメントはジェンダー・コンフリクトを解決するだけではなくて，正規と非正規の二極化問題を解消して，階層の固定化にも歯止めをかけて，人生のステージに応じて働き方を転換できる環境づくりの契機になりうる（樋口美夫「今を読み解く」『日本経済新聞』2008 年 8 月 24 日）。

　行政官僚制の論理を貫く行政学的な行政管理とは違って，自己組織的な自己変革のできる行政経営では，組織一体化モデルによる同調過剰を排して，個々人に内在する意見や見解の多様性を生かすシステムづくりをなすと共に，経営資源を動員していく組織的能力につなげていく。そのつなげる仕組みがあってこそ，性にとらわれない人材の活用になるし，知力が相乗効果を発揮して，行政組織としての成果を向上させていく。行政経営では仕事と生活の両立支援，男女共同参画経営の実現のために柔軟な働き方を容認して，ダイバーシティの考え方を行政経営に組み込んでいくのである[10]。ジェンダー問題の解決，多様性こそ行政効率を上げるという戦略的発想のもとで，多様性管理を推進するのがこれからの行政経営である。

　行政組織目的達成への各人に対する機会と処遇の公平性は行政経営では特に留意すべきことであるし，マイノリティー特有の事情により組織目的に貢献できないことがあれば，それをケア・支援していく支援システムの構築も求められる（同）。

　男女共同参画社会の実現に向けて，地方自治体も住民ニーズが変質してクローズドな思考では対応できなくなっている。組織的能力の向上をもたらす人材の多様的活用が求められ，男女老若を問わず個人一人ひとりのもつ様々な違いを受け入れて，多様性を生かさなければ，新しい環境変化への対応が難しくなっている。これまでの行政管理では個々人のもつ知力の相乗効果を生かすことは難しいし，環境適応能力を削いでしまう。行政経営では正義，公正を担保にしながらも，組織目的の効果的な達成には一層の尽力を払うし，多様性を許容す

るように個人の意識改革を求めている。

3.「ルース・カプリング型」組織

　これまで地方自治体の組織は典型的な官僚的組織として論じられてきたが，果たしてそうであろうか。国家官僚制の下部機関としての地方自治体は，地方分権，地方自治のスローガンのもとでも大きな自由裁量を持つ行政組織とは考えられてこなかったが，全くの国の下部機関というわけではない。その支配・統制のメカニズムは行政組織内部を貫徹していると言うわけではなくて，ガバナンスを担う市長等が完全に権力を一元的に統制していると言うわけでもない。官僚制的組織は集権であるという思い込みが強いが[11]，現実には経営権限はかなり分散されているのであって，市立病院にいたっては外部の大学の医学部の医局が医師の人事を支配している。行政組織の内部の部局においても，トップ・リーダーが部局を完全に支配しているということではない。実態は緩やかな結合している「ルース・カプリング型」の組織として見れる側面もあって，「タイト・カプリング型」組織であると行政組織を規定する必要はない。
　われわれは地方自治体の行政改革委員として10年以上にわたって行政改革を担ってきたが，現実の行政組織は外部の干渉を嫌うけれども，決して硬直的な組織ではなくて，人が介在して変化していて，それが行政組織が巨額の財政赤字を累積させた原因の一つであって，その政治的動向が企業会計の事業体の財政・会計を膨張させたのである。このように現実の行政組織の官僚制的組織はテキスト的な標準化されたものではないし，介入を許す余地もかなり大きい。建設入札談合にしても，不正に対して強力な制裁措置を科すという市町村は少ない。官僚制厳罰主義は内部に対しては寛大であるといえよう。
　実際に運営されている行政組織を行政改革していくのであるが，一枚岩の組織であれば石の目のようにそこにエネルギーを結集すれば改革はうまくいくはずである。だが現実はタイト・カプリングのように共有パラダイムが貫徹されておらず，多様性を有していて，「もぐらたたき」のようにちぐはぐな改革に各部門が反応していくのである。

逆に行政組織をルース・カプリング型として捉えてみると[12]，どのような知見を与えてくれるのであろうか。企業会計部門の事業体を含めて考察すると多塊的な側面を有していて，一気に行政改革をしていけると思うのは夢想であって，取り扱う領域が広いだけに，画一的な手法で行政改革を推進できるものではない。ここにまた規模は小さくても地方自治体の行政改革のむずかしさがある。事業体を管轄する国の省が違うので，一方が財政支出を大幅に減らしているのに，他の部局は財政支出を膨張させたりして，なかなか行政改革の枠にはまらないのである。

　ここでいう「ルース・カプリング型」組織は，「典型的な官僚的組織」と規定されていた行政組織をルーチン化した組織であるという先入観を脱して，その現実的な非合理性を含む「あいまいさ ambiguity」を長所と考える見方である。J. G. マーチと J. P. オルセンによれば，官僚制的なタイトな結合の組織と比べて，ルース・カプリング型の組織は各部分が自律化しているので，むしろあいまいな環境の変化に機敏に対応しうる。各部分が緩やかに結合されているので，それぞれがパラダイム的な環境変化に応じて解釈枠組みを進化させることができるから，多様な事業を営む地方自治体にとっては組織全体の共約性を高めうるならば，市立病院，保養センターなどの企業会計の事業体を含んでいることもあって，ゆるやかな結合の方が環境適応に適切になりやすい。

　たしかに「ルース・カプリング型」では，意思決定の仕方が分散しているが，しかし単位事業体ではルースではなくて，むしろ緊張感は高い。「あいまい経営学」は，「組織化された無秩序」ということで集権単一化のものではないが[13]，それぞれの事業体は責任ある自律的単位として，迅速に意思決定をし，その責任を負っている。現実的に，それぞれの事業体の内規によって運営されていて，統一基準がないからあいまいと見られるかもしれないが，地方自治体としての一定の共通基盤（理解共約性）があれば，コンフリクトがその事業体間に発生しても，調整，調停は決して難しいものではない。ただここでもコンフリクト・マネジメント能力は必要であって，行政職員にこの訓練は欠かせないのである。

　官僚制組織を普通とする地方自治体にとって，「ルース・カプリング型」の組織は異端と見えるかもしれないが，現実は市立病院は大学の医学部医局の支

配下にあって，公設公営であっても，ハコだけを提供しているような形になっている。市が病院の人事権や給与決定権があるように見えても，大学の医局の都合によって医師は異動し，本人が残留したいと希望しても，医局の人事に左右されるのである。そのことによって裁判沙汰になったこともある。ただ「無秩序」に見えたとしても，首長たる市長の「ラスト・ワード」という決定権とコンフリクト処理能力があれば，コンフリクト，トラブルの解決は「ルース・カプリング型」の組織であっても決してむずかしいことではない（J. G. マーチ・J. P. オルセン『やわらかな制度』遠田雄志訳，日刊工業新聞社，1994）。

われわれは行政組織をタイト・カプリングの官僚制的組織であるという先入観を持つ必要はない。指定管理者制度によって公設民営化もふえている。公設公営のホテル・保養センターにしても，市の職員の直接的介入が強すぎると，ヒューマン・サービスが劣化して，さらに累積赤字をふやしていく悪循環に陥りやすい。逆に「ルース・カプリング型」の自主主体的な組織経営にして，自由裁量の幅を大きくして行政当局と緩やかに結合させるほうが経営の効率を高めうる。顧客・利用者も温泉に入って食事をし，宿泊したりしてヒューマン・サービスを求めており，おもてなしの心も必要である。観光資源というのはあいまいな領域であるから，ルールも状況に対応して変わるから，ルール間の調整も必要である。市の職員に経営的センスがあれば別であるが，肩書が階層的に上だからという理由で事業体を支配しては，変化の激しい時代での日常的な学習棄却ができないし，コストを抑えることのみを考えて，事業体としての能動的活性をなくしてしまう。なまじっかな経験，知識が流動化社会，リスク社会では，次のステップの足枷になってしまうことに特に注意すべきことである（マーチ・オルセン『組織におけるあいまいさと決定』遠田雄志・A. ユング訳，有斐閣，1986）。市の部門である事業体の長は，このような学習棄却の重要性を強く認識しなければならない。そのことが事業体としての長期持続性につながるのである。そして保養センターのようなホテル事業では，市の幹部ではなくて総支配人・格の人に大幅な権限を移譲して，野球でいえば球団オーナーは野球監督に試合についてはゆだねるべきであろう。豊かな観光資源があるのに，累積赤字の原因を環境変化のせいにしていては，事業体としての経営は失格である。

地方自治体の行政改革委員を10年以上担ってきたが，市町村というのは住民と直接的に接する部門が多く，そのために住民の声が反映しやすい行政組織になっているはずなのに，現実にはフィードバックがむずかしいのである。個々の住民は色々なことを言っているのに，行政組織はそれを集約して対応しているというわけではない。行政改革委員には市の連合自治会の会長や副会長がメンバーとして存在するけれども，行政の責任で行政改革を推進せよというような態度であって，会議では住民の要望が具体的に捉えられないのである。もっとも連合自治会というのもルース・カプリングで会長や副会長が何もかも掌握している訳でなくて，むしろ各自治体の自治権が尊重されていて，「ゆるやかな結合」の典型である。ただ各自治会を結びつける「理解共約性」に難があるのは事実であって，地方自治体の合併によって市が形成されて数年しか経ていないので，横串を入れる一定の共通基盤の形成が旧町村のように容易でないのは事実である。そのために連合自治会の副会長は3人もいるのであって，そこでの話し合いがなされていても，「タイト・カプリング」のようなわけにはいかないのである。

　町村が合併した市では，「ルース・カプリング型」や「タイト・カプリング型」のどちらでも選好できるのであって，合併のいきさつから旧町村に区長が置かれて区長制度の下で行政が行われていたが，市の財政危機が表面化して，区町制を廃止して，全区域が一丸となって行政改革を推進していかねばならなくなって，一部では市庁舎に権限を集中して「タイト・カプリング型」に変更されている。

　このルース・カプリングとタイト・カプリングの混合型というのが行政改革を複雑にして，教育委員会をある地域に一括して移し，そこでは教育長は大きい権限を有している。そして市当局と教育委員会とはルース・カプリング型になっていて，むしろ県とのつながりが強いし，県の教育委員会が小学校や中学校の教員の人事権を有している。市が独自の消防署を持たない近接自治体との広域消防組合は，85％に及ぶ財政支出をしていても，消防組合は独自に活動していて，ほぼ独立した組織といえる。その人件費や退職金の負担は市にとっては大きな財政負担になっている。

　このように市の行政改革の及ぶ範囲は広いのであるが，行政改革委員にとっ

てはそれを全体的，総合的にとらえるだけでもかなりの負担であって，それらをどのように改革していくかを行政側から相談されても，単純化して論じることはむずかしい。かなり内情を把握しておかないと，同じ基準なのに一方が良くて他方がダメというように論理矛盾が生じる。それを軽々しくあつかっていると，職員に不信感を持たれる。そのためにも行政組織の全体像を捉えて全体的整合性のもとで行政改革を論じる必要があり，そこでも理解共約性が求められる。ここでは官僚制的組織のタイトな結合を想定してはならず[14]，組織的な意味理解のコードがあるというわけではない。共有価値，共有パラダイムというのは潜在的なものだけに，その潜在的特性を行政改革委員という外部の者が的確に捉えることは難しく，公務員共通の被害者意識を持つだけに，政治家の尻馬に乗って発言することは禁物である。

　このように現実の行政組織は複雑であって，先入観をもって単純に捉えて実行しようとすると，行政改革は推進されないのである。行政改革においても行為者の意味解釈，意味理解は重要であって，場合によっては共感をもたらす「通訳」が必要である。前向きに検討するとか趣旨は良く理解できましたといわれても，改革はなされないのである。そして組織文化というものが，この意味解釈をコード化して暗黙知の領域で存在しているから，外部の人間にとっては形式知としてコミュニケーションされていないので，思わぬ錯覚，誤解もある。行政改革委員・会長として自分の言ったことは行政職員に理解されていると単純に考えてはいけないし，その意味解釈が適切であると考えてもいけないのである。

　この誤解は構造－機能主義的なエレガントな体系に立って考える人に多いのであるが，専門家という肩書だけでは行政職員はその力量を信用しないのであって，実績が必要であり，評価に値する仕事をこなさなければならない。自明のことであるが，学者は世間知らずということもあって，したたかな行政職員のペースにはめられても，誘導されていることに気づかないことも少なくない。私も裁判所の調停委員や地方自治体の行政改革委員として，現実のコンフリクトに対応して世間を知った面が多々あって，利害が激突する領域こそ世間というものがわかるというものである。甘い認識といわれればそれまでであるが，現実にコンフリクトに直面して複雑多岐にわたる問題が少なくなく，ある

程度の経験を重ねないと理解できないことも多い。その点，学究として地方自治体の行政改革を担ってきたことは良き経験になっている。

　行政組織はこれまで典型的な官僚制組織であると固定的に考えられてきたが[15]，ルール，手続きを重視し，均衡財政主義をとる行政組織が何ゆえに巨額の財政赤字に陥ったのかが疑問であった。公務員が音頭を取って巨額の累積赤字をもたらしたのかも不思議に思えることであった。

　経営組織論を研究し始めたころは官僚制を研究し，M. ウェーバーをはじめとして，むしろ官僚制を合理的－合法的な組織としてその効率性が論じられていたのである。合理的で能率的な組織のゆえに，その生産性主義が人間を抑圧すると捉えられていて，ここには巨額の累積赤字をもたらす要因はないのである。佐藤慶幸教授の『官僚制の社会学』（ダイヤモンド社，1966）はまさに名著であるが，そこではウェーバーに準拠して論じた官僚制は，決して非合理的で非能率的な組織であるととらえられていない。

　そこで官僚制組織について若干述べておきたい。M. クロジェは合理的－合法的な近代官僚制にも「抜け穴」があって，そこには自由裁量の幅が存在し，そこに権力ゲームが生じることをフランスのタバコ専売公社の工場での機械工と保全修理工との権力依存関係で論じた[16]。それは組織の部分における「権力ゲーム」であって，不確実性が権力の発生の源になっている。しかし官僚制そのものは堅牢なものであって，その大枠を変えていない。

　このように合理的で合法的な近代官僚制は，組織目的を達成するには効率的な組織であって，官僚制自体が巨額の財政赤字をもたらしたわけではない。このような理論的枠組みをしっかりと抑えておかないと，地方自治体の行政改革において，官僚制的組織が悪いという議論になってしまって，行政改革の本筋の議論からずれてしまう。ただ今日では，一枚岩の官僚制的組織であるという捉え方はされなくなっていて，M. ウェーバーが理念型として論じた官僚制よりは複雑になっていて，大規模複合組織としての多様性は許容されるようになっている。だが「タイト・カプリング型」の組織として行政組織の官僚制を捉えるのであって，「ルース・カプリング型」の組織として地方自治体の行政組織を捉えることはきわめてマレと言えよう。われわれも行政組織を全面的に「ルース・カプリング型」の組織として捉えるものではないが，ルース・カプ

リングの視点から現実の行政組織を捉えなおして，地方自治体の行政改革を実りあるものにしたい。現業部門を数多く抱える市町村では，行政組織は鉄の器ではなくて，小回りを利かせて，多様な対応もしていて，必ずしも硬直的な機械的組織とはいえないのである。

J. G. マーチ，M. D. コーヘン，J. P. オルセンの「ゴミ箱モデル」でも示されるように[17]，改革は試行錯誤で経験を参照する学習のプロセスであり，一貫性を持っておらず，官僚制的組織であっても多様な考え方のもとで緩やかに結合している部分を持っている。これをマーチらは「組織化された無秩序」と言うが，行政改革ではメンバーの意思決定へのかかわりと関心の強さも，時間の経過とともに変化していく。ここで行政改革のプロセスにおいて経験したことは，「見過ごし oversight による意思決定」である。たとえば地方財政健全化法が公布されて，問題が他の選択に付着しているような場合には選択が活発化する。新しい選択を早急に行うエネルギーが生み出されると，すでにあった行政問題に関心が向けられなくなって，最小のエネルギーと時間をもって新たな選択がなされる仕組みである。

4. 地方自治体の行政組織

地方自治体の行政組織は行政官僚制が貫かれているように思われても，現実には地域の人間が行政職員として雇用され，その地域特有の社会文化的文脈に埋め込まれている。その文脈に深く根ざした行政の暗黙知は，文脈を共有していない外部の人々にはその行政的価値が理解されにくく，行政職員の能力を低く評価する一因である。しかし行政職員も行政改革委員などの外部の知の価値について理解していても，なぜ行政に精通しない外部の人々の発想を尊重しなければならないのかと言う心情的な反発がある。仮に隣接市町村ではうまく行っている行政組織のダイナミズムも，当該地方自治体とは社会文化的文脈を異にしているので，表面的・現象的に類似しても，その模倣がベストプラクティスどころか逆機能になることもある。

そこで異なる社会文化的文脈を理解して，その本質的な強みに精通した知識

の移転・仲介者を行政組織内部に確保したり育成することで，単なる模倣から脱却することである。地域社会にはそれぞれの個性はあっても，良い知識なら感情的に反発せず，率直に受け入れることができる行政組織文化や環境を醸成することが大切である。行政職員は新たな知識の価値を理解するのに一歩遅れているが，行政組織を取り巻く環境が大きく変わったのであるから，その文脈に適合するように行政職員自らの知識の変換を行う能力を身に着けて，制度・文化的要因との整合性を高めていくことである（浅川和宏「知識移転の障害⑤」『日本経済新聞』2008年11月7日）。特に市立病院の経営においては隣接の病院との競争状態が異なったりして，ある拠点ですばらしいとされるビジネス・モデルが自己領域で実施すると，ワースト・プラクティスになることもあり，多様な工夫がいる。しかし基本的には，地元の特殊性にこだわらずに，新たな知識の価値を十分に理解して，その文脈に適合するように自らの知識の変換を行えるように，行政組織文化を変えていくことであり，認知的要因や政治的反発要因や制度・文化的要因への配慮をしておかないと，その改革は実行力の乏しいものになる。埋め込まれた文脈というのは強い慣性をもっている。

　そのためにも，たとえば市立病院ならば近接にこだわらずに，全国の同規模，同環境条件のもとでの病院と連携して，それぞれのネットワーキングのもとで独自の戦略的提携圏を形成することも可能である。地域に根ざした病院経営というのは，地域の社会文化的文脈に埋没するのではなくて，良い知識を受け入れられるような組織文化を醸成して，新たな知識の価値を理解して，その文脈に適合しうる変換能力を身に着けていくことである。個々様々な能力の取得は，行政組織全般に求められることである。

　これまで経営組織論者が行政組織を研究することは少なく，行政学者が行政組織を研究するのがふつうであった。しかし地方自治体も行政管理から行政経営というパラダイム転換を行って，行政組織も地方分権，地方自治のもとでガバナンス改革をなし，行政経営になじむようになって，経営学的論考を取り入れやすくなっている。法令など制度的制約は今でも大きいけれども，企業会計事業では累積赤字を減らす工夫として効率性を高めながら住民の福祉に貢献しうる事業経営のセンスが求められて，行政官僚制の枠組みも変化してきている。かつては行政組織も国の下請け機関のような意識のもとで制度的・文化的

要因に取り囲まれて，その社会文化的文脈に埋め込まれて行政の位置づけも固定化されやすい状況であった。

だが，地方自治体も地方財政健全化法を契機に，これまでの地域の社会文化的文脈に埋め込まれていては財政危機を乗り切れないことを行政職員も理解するようになり，異なる社会文化的文脈に根ざす良い知識を反発せずに受け入れる組織文化への変容を必要とするようになった。過去の表面的な模倣での失敗もあってか，新たな知識の価値を十分に理解しようとはしない面もあったが，それはその文脈に適合していく本質的な価値の理解を欠いていたという反省もあって，自らの知識の変換を行う能力を高めようとしている。それは行政官僚制の枠を超えて行政経営という主体的で能動的な事業経営の仕方であって，行政学的行政管理の限界を克服しようとしたからである。逆に言えば，地方自治体の財政赤字，累積赤字が巨額になってからであって，減債基金の取り崩しやその他の数字合わせの表面的な財政健全化では，住民も納得しなくなったからであり，それだけ情報公開が進んできたからでもある。

ここに行政組織を行政経営学的に考察する大切さが認識されるようになって，行政職員や行政幹部も行政改革委員などの外部の人々の行政経営学的センスに期待するようになり，行政管理的な文脈では財政危機を突破できないと自覚するようになったのも一因である。

地方自治体の行政改革やそれに伴うコンフリクト・マネジメントは稿を改めて第5章で論じるが，行政組織は提携や指定管理者制度のような外部委託，公設民営化，民営化を含めて多様な取り組みをしており，行政組織が埋め込まれている社会文化的文脈を固定化することなく，新たな制度づくり，組織づくりを指向していく行政経営的手腕も要求されるようになっている。経営学的知識が行政にとって良い知識ならば率直に受け入れる組織文化を醸成していくことも行政改革委員の仕事であるが，これまで文化変容は行政職員に反発されて率直に受け入れられる状況ではなかったといえる。

このところ市の行政改革委員・会長として感じることは，行政職員も地方財政健全化法の施行によって，その基準に適合すべく新たな知識の価値を理解するようになり，これまでの社会文化的文脈の思考では地方財政健全化法対策が行えないことに気づいて，その行政経営的文脈に適合するように担当課（行政

改革推進室）に任せておくのではなくて，行政組織全体の職員が自分らの知識の変換を行わなくてはと意識するようになってきている。

　そこでこれまでの行政官僚制の行政管理の延長線上の文脈での知識では危機突破は難しいと認識することによって，行政経営という文脈を主体的に受け止めて，自分らの知識の変換を行う能力をどのようにして身につけるかが課題になっている。すなわち経営学的な行政経営の文脈に精通した知識，ノウハウをどのように行政組織に移転・仲介して人材を育成していくかである。ただ現実には，このような行政経営学的知識やノウハウの移転にはIT技術の移転のような簡単なものではなく，行政管理的な文脈の重みはわれわれも十分に認識している。行政官僚制の仕組みは法令，通達，行政指導や行政の暗黙知も含めて，行政組織に深く根ざしているので，政治的，制度的，文化的要因と結合して重く錨のように沈んでいる。この障害を克服して行政経営的知識の導入は決して容易ではなくて，地方自治体の10年以上に及ぶ行政改革委員としての経験からしても行政官僚制の司法的文脈は根強く，ルール，手続きはある面では変更できないほど厳格であって，その組織文化は国家機関と連動しているので，地域住民にとっても行政職員がどこに顔を向けているのかわかりにくいし，むしろ違和感を感じることが少なくない。これは行政のガバナンスの問題であろうが[18]，行政経営では行政と住民の協働を推進している。これは行政官僚制にとってはガバナンス改革といえるものであって，ここに行政管理と行政経営の違いを求めている。これは行政組織の文脈も変えるから，多くの障害を伴うのである。

　合併によって肥大化した行政職員の削減は，行政のスリム化，財政負担の軽減によって避けて通れないが，反対勢力も大きく，税収，人口，地方交付税に比しても人員は多すぎるし，その人員削減は50代の人々の退職勧奨によって若干の効果はあっても，財政負担を大きくしている。行政経営的視点はここでも障害にぶち当たるが，地方公務員には大きな身分保障（必ずしも解雇できないわけではないが…）があって，行政組織を統廃合していくと，人員がさらに余剰になることもあって，出先機関の廃止もさほど経済効果をもたらさないという状況になっている。企業経営のように累積赤字が巨額になったからと言って廃止は難しく，何回も検討を重ねても，いざ実施となると統合は先送り

になったりして，統廃合問題は理屈をこえて決断の要ることであり，かなり首長のリーダーシップに左右されている。

　現実の行政組織は理路整然とした行政官僚制を貫いているわけではないので，環境適応していくための日常業務においてもコンフリクトが生じやすい。そこで交渉や調停などのコンフリクト・マネジメントを必要とするし，行政改革においてはさらに必要とする。そうでないと実行力のある改革はできないし，問題が先送りされやすい組織の体質のもとでは，コンフリクトの存在すらあいまいにされてしまう。それゆえ「行政改革とコンフリクト・マネジメント」は第5章で論じる。行政組織には多くの利害関係者がかかわるだけに，利害対立が生じやすく，行政改革はさらにそうであるから，コンフリクトの解決は不可欠である。ただ地方自治体は，司法的な紛争処理はこなしても，住民を含めてのコンフリクトの発生に対しての行動科学的な紛争解決は不得手であり，その体系的な訓練や研修を受けていないので，専門家も育っていない。そのために権力論的な対応になってしまう。

　だが，行政組織は肥大化した金融資本主義のように金をころがして儲けるという，住民サービスに貢献しないことをやっているわけではない。合法，コンプライアンスの枠のうちなら何をやっても自由と考えてるわけではない。社会的規範をわきまえている組織であって，その点でセルフ・コントロールのできる組織である。全体社会の社会的承認を得ている社会的制度としての企業組織や行政組織は，その社会的拘束を受けても，組織目的の達成のための機能的自律性を有していて，一定の主体的自由のもとで意思決定をしている。

　われわれはこの社会的拘束と機能的自律性のせめぎあいに注目して，そのコンフリクト状況を考察している。地方自治体の行政官僚制は国の行政下部機関として位置づけられる面があって，地方交付税がその財政的裏づけになってコントロールされやすいので，住民の利害と対立することも少なくない。地方自治体の巨額の累積赤字にしても，国の事業要請にしたがって赤字を累積させた面があって，すべてを自由意志によって決定したわけではない。行政学的行政管理論はそのことを踏まえて論じられている。ただ今日では，地方自治体も行政経営をなしうる自由裁量の余地を大きくしているが，巨額の累積赤字と地方財政健全化法の歯止めによって，比較的に自由にやれることは少ない。三位一

体の改革によって地方自治体に税源移譲されても，多くの地方自体はむしろ地方交付税の減少によって財政的には苦しくなり，自由裁量の余地を効果的に生かしていない状況といえよう。

　そのために多くの地方自治体は本格的な行政改革に突入し，行政改革実施計画進捗状況は順調と言える市町村は少なくない。その行政職員は行政組織において特殊行政的組織能力を身に付けていて，その市場的流動性は低くても，行政組織においては役立つ能力なので，定年後の再雇用も若者の就職を圧迫しない限り，それは組織目的の達成にも貢献しうるものである。特殊行政組織的能力は汎用性が乏しいのは，日本的経営がもたらす特殊組織的能力と共通しているが，それはその有用性を否定するものではない。NPM（ニューパブリック・マネジメント）などの市場原理主義の考え方は，意外にも組織の有効性達成を軽視している面があって[19]，市場競争による効率化はすべての領域に及ぶものではない。NPMの考え方を否定するものではないが，日本の行政組織に適用する場合には修正を必要とするし，その領域も限定される。ニューマネジメント・サービスのような考え方も必要である。

　地方自治体の行政経営を論じるにあたって，その行政経営組織の特色を捉えたいが，それは典型的な日本的経営組織といえよう（植村省三『日本的経営組織』文眞堂，1993）。ここに行政経営はこの日本的経営組織の体質を安定的に継続していけるかであって，行政改革はもっと「組織と市場の相互浸透」を求めていて，公設民営化，企業会計などの市場競争にさらして組織の効率化を図るものであって，給食センターなどの民間委託や指定管理者制度などで，競争優位性を確保しようとするものである。このままでは地方自治体の財政危機を突破できないのと，公営の運営では赤字累積を回避できないからである。ここに民間の経営手法を大胆に導入して，組織の効率化を高めなくては競争に耐えられなくなっている。行政の公益性，特殊性を考慮に入れても，決して市場経済から隔離されたものではないがゆえに，収益を得られる程度の競争優位性は必要と考えてよいであろう。

5. おわりに

　地方自治体は法的，制度的な制約が大きいので，行政組織は環境決定論になりやすく，J. チャイルド的な「戦略的選択」は論じられても，狭い範囲のものと認識されていた。しかし，地方自治，地方分権のための三位一体の改革が進み，さらに地方財政健全化法によって従来の行政官僚制にもとづく行政管理では，「創発的戦略」も創発しにくいので，行政管理から行政経営への切り替えが明示化されて経営学的な行政経営も考察されるようになった。それはもともと行政組織がモデル的な行政官僚制が貫かれていたわけではなかったからである。状況適合的なコンティンジェンシー理論（CT）があてはまるのが行政組織であって，われわれもローレンスとローシュのCTを活用している[20]。マーチとオルセンの「あいまいモデル」も現実の行政組織にはあてはまり，われわれも地方自治体の行政改革委員としての経験から，理性整然としたM. ポーター流の経営戦略論よりもK. ワイクやH. ミンツバーグの「創発的戦略」の現実適応性に注目している[21]。

　行政組織は意外にも規則の「抜け穴」も多く，また地方交付税交付金のもらえる事業を優先して，住民の直接的な利益になることが後回しにされやすいが，そこに議会の議員が介入して，「あいまいモデル」が現実化していることが少なくない。将来予測がシミュレーションできる財政予測にしても，そのために公表されなかったりして，財政状況を的確に把握している人はきわめて少なく，首長や財政当局の思惑によって数値も操作されやすい。行政改革委員・会長をしていないと入手できないこともあって，行政職員にもわからないことも少なくない。この点で行政幹部は「ポリティカル・マネジャー」と言えるし[22]，歳入・歳出の数値もかなりの範囲で公表データが操作しうるといえるのである。

　そこで，目先のごまかしを許容しない行政経営の視点が必要になり，行政経営も企業経営に接近している。指定管理者制度の導入や公設民営化の方法も用いられている。行政経営を担うために，定款で利潤追求をしないことを明記し

た株式会社の設立も可能であって，そのことで組織の機動力や環境適応力を高めていくことで住民への公共サービスを適宜，機敏に提供しうるメリットを発揮できよう。

　地方自治体の行政管理のもとでは，行政官僚制が貫かれて，客観性，再現性を確保することが発展と捉え，その客観的認識の研究を評価してきた。これにたいしてポランニー，K. 流では，現実の行政組織に棲み込んで暗黙知を得ようとするものである。われわれは地方自治体の行政改革委員の経験を生かして，研究対象たる行政組織の意味を自由自在に読み替えて行政改革を推進していく立場である。それは行政官僚制としてのあらかじめの定義を外れて新たな用途として事物の意味を読み替えることでもある。K. ポランニーの言う「対象に棲み込む」というのは，あらかじめ存在するところの何かの視点でもって理解しようとするのではなくて，その対象との距離を縮めて，そのもたらす意味合いを，既存の視点に影響されることなく把握していくプロセスといえる。

　これは論理実証的な方法とは違っており，研究者は対象とはできるだけ距離を置くこととは大きく異なる。対称の配置や動きや関連を眺めて，その規則性を導き出していく近代科学的手法とは対極にある。科学者にとって対象とは，外から客観的な目でもって観察する対象であって，「棲み込む」対象ではないとされる。われわれは行政改革委員として行政職員と共に改革案をつくり，行為主体的に行政組織に関与してきて，いわば行政官僚制などの既定の視点やものの見方から脱却して，われわれを含めて関与者の隠れた知の力を引き出そうとしたのである（石井淳蔵「仮説検証の限界，新しい『知識創造』の技法」『プレジデント』46巻25号，2008，149-151頁）。われわれが論じる行政改革では行政組織に「棲み込む」というポランニーの手法をもって，既存の行政官僚制のもつ視点やものの見方から開放していくことで，行政職員の隠れた知の力を引き出していくプロセスを大切にして，行政改革を推進していくのである。

注
1）　森田明編『行政学の基礎』岩波書店，1998年。村松岐夫『行政学教科書』有斐閣，1999年。
2）　今村都南雄『行政学の基礎理論』三嶺書房，1997年。
3）　Abrahamsson, B., *Why Organization*, Sage, 1993（1986）. 田尾雅夫編『非合理組織論の系譜』文眞堂，2003年。

4) Etzioni, A., *Modern Organizations*, Prentice-Hall, 1964.（渡瀬浩訳『現代組織論』至誠堂, 1967 年。）
5) Scott, W. R., *Organizations*（2ed.）, Prentice-Hall, 1987（1981）.
6) Mouzelis, N. P., *Organizations and Bureaucracy*, Routledge & Kegan Paul, 1967.
7) Schelling, T. C., *The Strategy of Conflict*, Harvard University Press, 1980.
8) Hatch, M. J., *Organization Theory*, Oxford University Press, 1997, 10 章。
9) Follett, M. P., *Creative Experience*, Longmans, Green and Co. 3 章で統合的行動, 4 章で意味と意図の循環的応答が論じられる。
10) 谷口真美『ダイバシティ・マネジメント』白桃書房, 2005 年。
11) Bennis, W. G.（ed.）, *American Bureaucracy*, Transaction, 1970.
12) Aldrich, H. E., *Organizations and Environments*, Prentice-Hall, 1979.「ネットワークとルース・カプリング」（pp. 325-327）を参照のこと。
13) Cohen, M. R. and March, J. G., *Leadership and Ambiguity*,（2ed.）, 1986, 1974. J. G. マーチ『あいまいマネジメント』（土屋守章・遠田雄志訳）日刊工業新聞社, 1992 年。
14) 三戸公『官僚制』未来社, 1973 年。斎藤美雄『官僚制組織論』白桃書房, 1980 年。
15) 畠山弘文『官僚制支配の日常構造』三一書房, 1989 年。「‥コンフリクトは単に利益の対立ばかりでなく, 視角の対立を含むという点が強調されてよい。視角の対立を強調することは, コンフリクトが半ば永続的たることを意味する」（64 頁）。
16) Crozier, M. C., *The Bureaucratic Phenomenon*, The University of Chicago Press, 1964, 6 章「権力と不確実性」。
17) March, J. G., *Decisions and Organizations*, Basil Blackwell, 1988, 14 章「組織選択のゴミ箱モデル」コーヘン, オルセンとの共同執筆。
18) 勝部伸夫『コーポレート・ガバナンス論序説』文眞堂, 2004 年。
19) 大住荘四郎『NPM による経営革新』学陽書房, 2005 年。
20) 数家鉄治「ローレンス＝ローシュ」中野祐治他編『はじめて学ぶ経営学』ミネルヴァ書房, 2007 年, 161-168 頁。
21) Mintzberg, H., *The Rise and Fall of Strategic Planning*, Free Press, 1994.
22) 田尾雅夫『行政サービスの組織と管理』木鐸社, 1990 年。

第2章
行政組織と地方自治体
―U市の合併の経営組織的分析―

1. はじめに

　地方自治体の行政改革にかかわって十数年の歳月を経たが，行政組織の枠組みそのものは変わらず，行政官僚制の頑強さを痛感してきた[1]。しかし，行政組織の財政的基盤は弱体化してきており，地方財政健全化法の施行によって，財政赤字をこれまでのように膨張させることができなくなって，とくに実質公債費比率25％の壁は財政規律をもたらすべく地方自治体にとっては懸命の努力をせざるをえなくなっている。そのために行政改革とは財政改革であると思わせるほど歳出の削減に力を入れていて，職員，人件費の削減，議員定数の削減などは実行されている。そして連結で財務諸表が提示されるようになって，単独会計の良さも連結会計になるときわめて悪い市町村が続出している。そのために総務省の指導が県に及び，県も市町村合併に力を入れて第二の夕張市を出さないように，合併協議が多くの市町村の課題になっていて，U市も6町村の合併協議会で合併問題が論じられ，合併特例債という「エサ」（発行債の70％は国の地方交付税で面倒をみてもらえる）のもとで，2村は離脱（裕福な自治体といわれていた）したけれども，4町村は合併してU市として発足した。この合併特例の法令は2010年3月末日までということで，数年後に地方交付税の減収や税収の見込みの少なさもあって，2村は2008年11月に合併を申し込んできた。U市としてはメリットの少ない合併なので，回答を渋っていたが，2009年1月には県知事の合併協議勧奨があって，U市としては不利な合併であっても県がハード，ソフト両面にわたって支援してくれるという条件ならばということで合併には乗り気になり，県相手の交渉の準備をしていた。

このような事例のもとで，まず合併状況を記述して，その後，合併協議を交渉理論的に分析する。交渉や調停は学んできたが，それは主にハーバード流交渉術など米国の交渉理論を中心としていて[2]，日本のローカルな市町村という文脈に埋め込まれた交渉にどれほどの効力があるのか，そして理論的命題としては優れていてもどの程度の実践力を持つのか，を論じる。特殊日本的組織では経験的に得られてきた日本古来の交渉のやり方がどれほどの交渉の妥結に役立つかが未知数であったが，市町村合併交渉の一つの事例として示して，交渉方法を学んでいきたい。

　また，地方自治体の行政改革には数多くのコンフリクトが生じるが，そのコンフリクトの解決には入札談合や反組織倫理の問題などがあるが，住民による組織監査など行政と住民の協働というガバナンス改革なしではコンフリクトが発生しやすい状況である。市町村合併もコンフリクト・マネジメントの視点から論じたいし，そうであればこそ合併交渉もうまくいくのである。国際ビジネス交渉のような異質的視点が合併交渉でも必要としており，文脈が同じだという先入観を持つことによって，事前の交渉を欠いたり，途方もない要求や無理難題な要望や想定外になってしまう。やはり交渉理論を踏まえて，事前準備して交渉に臨むという枠組みづくりをしておかないと，要望を撤回させたりして，むしろ今後の合併協議を後退させてしまう事態になりかねない。その一つの理由として行政官僚制になじんできたので[3]，積極的な行政経営的な姿勢はとりにくい。

　それゆえわれわれは，行政と住民の協働というガバナンス改革のみならず，行政と住民のパートナーシップのもとでの行政経営を論じると共に，行政官僚制的行政管理の枠組みのもとでは交渉も相手の琴線に触れないから，交渉も自己都合を優先させるテクニック的なものに終わってしまう。このことをU市の合併協議交渉をつうじて論じてみよう。

2. 市町村の合併協議

　コンフリクト・マネジメントは行政経営においても大切であるが，市町村合

併協議を交渉理論から論じたものは極めて少ない。そこでわれわれは，地方自治体の合併協議を一つの事例として交渉理論的に分析する。守秘義務があるために知りえた情報をすべて開示して論じているわけではないが，市の行政改革委員・会長として市町村合併問題に主体的に参加しただけに，その経験も踏まえて論じている。この事例は過去に6町村が合併協議会を形成して，2村が離脱して，残りの4町村が合併して市になり，2村は独自の合併協議会で検討したが合併しなかった。その後の環境の急変によって市に合併したいという申し入れがあり，さらに県知事の合併協議勧奨があり，合併への期待が高まったが，1村の新設合併，合併特例区を設けて議員定数の一定の確保や地元優先の公共工事の配分など要望書14項目が合併するに当たっての最低の条件として公文書として県に提出し，その内容がU市にとって無理難題としか思えず，合併申し入れを撤回させたという事例である。

どのような裏交渉がなされたかはわれわれの知るところではないが，新聞報道（特にローカル新聞と言われるものが役立った），県関係者や市の職員などにヒヤリングして，一定の内容を知りえたので，主体的経験と客観的観察を並立させて交渉理論をベースにして論じている。詳しい引用文献は拙書『組織の交渉と調停』（文眞堂，2008年）等を見ていただきたい。さらに地方自治体を行政管理的には分析されてきたけれども，われわれは経営学的行政経営の立場から論じていて，競争原理が作動しにくい領域では既得権益が温存されやすい文化が形成されていて，その文脈を知らないと行政改革も計画倒れになってしまう。

それゆえわれわれは，市町村合併も行政改革の一環として論じるが，多くの町村では地方財政健全化法の施行もあって，単独で行政運営を担えるような環境条件ではなくなっている。かつては合併協議会から離脱した村でも，もはや単独では行政がやっていけないことを自覚しており，行政当局や首長がこれまでの文脈を捨てて新しい対応をしようとしても，既得権益者の反発を大きくして，世論も二分されるという苦しい状況が，合併相手に無理難題と思えるような要望として表出してくるという事も理解できないではない。ただ交渉理論的には合併協議に当たっての問題点を持ち出すのは良いとしても，知事の合併勧奨に悪乗りしたのか最低の条件として14項目の実現となると，交渉相手とし

ては厳しい状況のもとで行政改革をしているのに，まさに無理難題として受け取らざるを得ない認識になってしまう。かつて合併協議会から離脱した村に対しての感情的な反発もあるかもしれないが，S村は広域消防組合のメンバーでもあり，敵対的交渉をしなければならないような権力依存の状況ではない[4]。

たしかに市町村合併は国策であって，約3,200の自治体が1,800以下になり，さらに基本的には人口10万人以上の地方自治体を形成しようとしているから，さらに合併は促進される。総務省はN県に対して合併数が少ないとしてクレームをつけていて，地方分権，地方自治という法を尊重しなければならないので正面だって強い要請はないが，やはり県内の市町村合併を促進したいのである。その路線に従って旧4町村が合併してU市が発足したが，2村は離脱して2村合併をめざして合併協議会を設立したが，2村の協議は難航して，2005年1月に解散した。しかし国の三位一体の改革に伴う補助金や地方交付税の削減で，2村とも財政が逼迫する見通しなので，2008年に新合併特例法（2010年3月末までの時限立法）の適用を受けられるうちにU市へと合併したいと合併協議を申し入れていた。2村の単独の財政状況は悪くなかったが，連結会計になると悪い，悪くなくても将来負担の大きい2村に対してU市は慎重に検討していた。県のハード，ソフトの両面の支援があれば，もっと真剣に合併協議をしても良いと考えていた。その後知事の合併勧奨があったので，本格的に合併交渉をしてもよいとU市の首長，議長は考えていたし，県との合併交渉条件を詰めたいとむしろ期待していた。かねてからU市は県との交渉機会を待っていたが，県知事の合併協議勧奨はまさに渡りに舟であって，このチャンスを捉えて，合併を促進させようとする県に条件交渉しうる機会が与えられて，合併交渉に積極的になりかけていた。しかし，S村が県に提出した合併協議申し入れ要望書の最低実現14項目の無理難題には大いに失望したのである。

新合併特例法の大きな特徴として，知事勧告など県の機能強化がある。U市，2村は県がどれだけ力を入れて調停をしてくれるかを期待していた。県の市町村振興課では，合併協議会が立ち上がり，合併するまでに最低1年はかかるので，2008年度中に合併協議会を設置しなければ合併は厳しいという見方をしていた。その上で県には積極的に合併を支援する用意があるとして，U市

が対応を検討している間にも県でできることはないかと考えていて，合併の枠組みづくりに積極的な姿勢を示していた。いわば県が合併への強力な仲人になったわけであるが，合併当事者の意向を無視することはできないので，U市が2村への返事を待ちわびていた（『朝日新聞』2008年12月19日）。

　U市に2村の村長，議会議長からU市への編入合併の申し入れがあったが，態度を保留していた。しかし県知事から二つの地方自治体との合併を前向きに話し合うように「勧奨」があって，U市議会の全員協議会で協議をしたが，市長が公務のため欠席したので，結論は出なかった。3度目の全員協議会を開催するが，合併して間もないU市にとって，新たな難題を背負い込む編入合併は時期尚早という雰囲気が支配的であり，もう少し時間を置いて考えたらどうかという慎重論が大半であった。具体的な調査や検討に入る必然を指摘する議員もいて，次回の全協で「知事勧奨」の受け入れを前提にしての方向づけという公算も少し出てきた。行政当局も県の市への対応や2村の状況など客観情勢を見極めて，慎重に対処しようとした。そして，村側から合併協議が提起されてから3カ月を経て，二つの村への合併協議の回答と言うよりも，大きな意味と意義を持つ知事からの勧奨への対応が優先すると一部の議員と市幹部は考えている。市長の意向も確認したうえで，議会も進めるか辞めるかを判断する。というのも2010年には市長と議会議員の選挙もあって，早い決着がもとめられている。U市は厳しい財政状況にあるので，2009年度の予算案を編集作業中で，団体などへの補助金はさらに15％カットへ動き，一部を除いて新規事業を極力抑制する方針である（『奈良日日新聞』2009年2月5日）。

　こうしてU市の編入合併交渉は2村と言うよりも，実質的には県との交渉になる。無理にU市に2村の編入合併を勧奨するなら，それだけの負担がかかるU市としては県がU市のためにしてくれる条件を協議したいわけであって，いわば合併交渉を県としているわけである。U警察署とS警察署との統合によるUの規模縮小に対して県はどの程度配慮してくれるのか，あるいは県の浄化センターが市に移管されることになるが，その膨大な負担金に対して県はどの程度助成してくれるのか，セットでの交渉の余地は大きいという。

　この合併協議の問題はまだまだ交渉の余地が大きく，旧H町の住民は合併での損失を言う人が多く，住民投票したら住民の民意を反映して編入合併の話

をつぶすであろう．しかし市当局に「知事勧奨」の意味解釈を含めて，駆け引きでなくとも，合併協議交渉の場を設けて検討して結論を出すことに反対していると言うわけではない．小国の外交官が大国を相手に外交交渉しているように，上位行政機関として大きな権限を持つ県を相手に「知事勧奨」をテコにしてＵ市に有利なように交渉することは容易ではない．しかし高度の政治的判断を含めて，県と協働して知的創造性を発揮していけば，Ｕ市にとっても納得のいける条件になって，ウィン－ウィンの交渉も可能になる．ここでは県と市のコンフリクトを調停する人によって，Ｕ市に対してどのような財政支援をしてくれるかである．それは金銭的支援でなくても良い．市立病院のハード，ソフトの両面にわたる支援など，交渉のテーブルで論じ合えることは広範にわたろうから，どのように交渉していくかである．

　２村に対して合併条件として年次計画を立てて合併するまでにどれだけ財政赤字を減らしていくか，さらに一旦合併協議から離脱した２村に対しての住民感情は決して好意的なものではなくて，この住民の感情的反発に対しての配慮を欠くと，合併交渉はねじれる．

　われわれとしてはＵ市の行政改革委員として色々なことを実験していく場が与えられていて，合併協議交渉などで多様な対応が考えられるのであって，コンフリクト・マネジメントの実践の場にもなっている．制約された合理性や情報の非対称性もあって，合併交渉を有利に展開しうる状況ではないが，客観的な観察者としての冷静な判断と共に交渉の主体的な参加者として能動的活性を発揮してこそ，行政改革も実を結ぶ．抑圧や妥協ではなくて，双方が利する条件とはどのようなものであるかを市長，市議会，市幹部は検討して，一方的に合併へと押し切られることを避けたい．県との交渉には高い交渉力と幅広い知識やそのネットワークを必要とするが，県としてもてこずらせる相手との交渉は得意ではなくて，交渉能力がすぐれているとは思えない．Ｊ．フェファーの言う資源依存モデルのように経営資源の優位性は交渉のバックとして有利に展開しうる条件設定になっていても[5]，弱者は何もかも従順に従うという「強者の思い込み」は足元をすくわれる．エネルギーを一点に集中して交渉すれば，弱者のねばり強い集中力が難局を突破して，財政負担を少なくすることもできよう．Ｕ市が２村を合併すると，県の福祉事務所は利用できず，市に業務が移

譲されて生活保護費の4分の1の負担になる。

　T. シェリングは「交渉のゲーム理論」を展開したが[6]，経済学者は合理性信奉が強いのでエレガントな交渉になるが，われわれは資源依存モデル的交渉であって，そこへの「選択と集中」は劣位の者の交渉として戦術的優位性を保ちうる。逆の戦略を超えての政治的ガバナンス対応やマスコミを利用したやり方もあるが，自己の組織的能力を超える事はできないし，あげ底の幻想を持つことはむしろ危険であるといえよう。

　一連の行政改革をつうじての行政と住民の協働によるガバナンス改革，住民との接点を強く意識する住民密着型の対応が議会の議員にも求められていて，議員も利益誘導型から市民対話型へとシフトしなくては，当選も危うくなってきている。それは市政と緊張感のある議決権を再構築して，市当局との信頼関係をはぐくむ土壌の形成にもなるが，駆け引き型の政治はもはや信頼を欠いて取引のコストを高めるだけである。住民は議員に対して信頼をもたらすような誠実な対応を求めていて，たとえば議員定数の削減，報酬削減，倫理条例策定，男女参画条例の策定などを実行しなくては，議員の誠意が疑われる（奈良日日新聞，2009年2月5日）。民意を反映した政治を地方自治体の住民は求めていて，これは行政官僚制の枠で動く行政職員に対しても厳しい目を向けることになる。ローカルなことこそ住民にとって直接的に利害にかかわるだけに，「お任せ」委任の時代は終わっている。

　学究という観察者が行政改革の担い手と言う行為主体者になるケースは少ないが，このような行政組織に内在して行政職員と改革を論じ合う機会をえたことによって，たとえば C. I. バーナードの『経営者の役割』(1938) を内在的に理解しうる。これは裁判所の調停委員としてコンフリクト解決の調停実践を担ってきて，観察者視点と当事者視点を重ね合わせて，そこから実務を経た経験を観察者視点で論じることもできる。主体と客体を分離させるのではなくて，主－客統合の論理はこのような経験を踏まえて現実のものにしている。しかし経験と言うのはきわめて限られたものであって，そのために行政改革においてもバーナード理論から学ぶのであって，自分のきわめて限られた経験からだけでものをいうのは危険であって，それは大きな偏りをもたらす。コンフリクト・マネジメントは様々な文脈で論じられるから，文脈を異にすることはよ

くあると言えよう[7]。

　次にその後の合併勧奨の経過について述べよう。U市への合併を協議するためにS村は14項目の要望を最低の条件として出したのであるが，それは合併をぶち壊すような過大な要望であって，U市側は無理難題として受け取った。今までの村の自治的機能を温存しながら，たとえば議員定数を維持する合併特例区にして，すべての負担をU市に押し付けるようなもので，財政状態の悪いU市としては負担ばかり多くてメリットのない合併を市民感情を考えれば推進できない。交渉の条件が多すぎて，まともに合併協議の交渉をしうる内容ではないと判断した。いわば相手の事情を全く考慮しなくて，一方的に自己都合を飲むのが条件と言う合併交渉では，入り口で話が終わってしまう。自己の特権を確保して，財政的負担をU市に背負わせるような合併では，虫が良すぎるというか，U市の現在おかれている危機的な状況を全く理解しようとはしなくなり，このような得手勝手な合併申し入れは，U市の住民感情を著しく悪化させて，もうS村とは将来にわたって合併をしようとはしないし，救済合併もありえないものにしてしまう。

　そこで将来に禍根を残さないように，U市側は2村に対して合併協議申し出の撤回を交渉した。U市の市長と議長は2月13日，M村村長とS村村長を相次いで表敬し，2村のU市編入協議に応じない意向を伝えて，了承された。市長は2月9日の市議会の全員議員協議会で，市と2村とが共通のテーブルに着く環境にないと「破談」を表明して，議会の同意を得ていた。市長は，S村が1月27日に県知事に提出した，最低でも14項目の実現が合併の条件である，合併特例区設置などの「U市との合併協議内容」への強い反発が破談の引き金になったという。2008年10月28日に2村の村長，議長が文書で申し入れた合併協議を見合わせると正式に報告した。合併の条件として，最低でも14項目の実現と言う文言から発した一連の経緯から「破談」になったが，広域消防組合，ごみ，し尿，病院など広域的な対応が求められているので，改めて連携のあり方を論じて，今後にも含みをもたせている（『奈良日日新聞』2009年2月14日）。

　ただ2村のU市への編入は全くたち消えになったとはいえない。合併交渉は難しいことが多く，市長も胃の痛む思いのしどおしという。県知事から合

併協議勧奨をされた U 市としては前向きの対応を促され，新市まちづくりへの支援を約束された市長としては気持ちが動いたのであろう。この機会に県政に対する要望として，市立病院の新病棟の建設に加えて医師，看護師を含めてソフト面での支援を期待していた。事実上の合併勧奨であった。県指導の話し合いのテーブルについて，市にメリットのあることを実現しようと市長はアクションを起こそうとしていた。S 村が知事の求めに応じた合併協議の最低条件としての 14 項目を出したが，合併特例区などと大上段に構えたから，市長は「話が違う」と逆鱗に触れたと言えよう。最低の条件でも 14 項目の実現といわれると，もはや文字通りに解釈すると交渉の余地をなくしてしまい，むしろ交渉には入れなかったともいえよう（『奈良日日新聞』2009 年 2 月 15 日）。

　ここで S 村の合併協議勧奨に乗じた最低条件要望 14 項目は情報が開示されていないので（要望撤回），私なりにまとめてみる。県実施事業の優先採択と言うのは地元の業者の既得権益を守りたいと言う赤裸々な姿が濃厚に示されている。農林業・観光業の振興策の県支援は，いかにも県知事の勧奨によってやむなく U 市と合併するということになるかわりに，代償として県支援が当然といわんばかりの要望といえよう。いわば S 村は県に対して高飛車な要望をしたわけであって，それが合併協議の最低の条件になるから，合併協議の調停者としての知事も困ったことであろう。議員定数の特例の適用，合併特例区の設置など，編入合併を拒否する姿勢を示している。小中学校の将来的存続やバス運行堅持などの生活のライフスタイルにかかわるので真剣に考えられよう。過疎対策（通学費補助，過疎債による事業）の継続，郷土芸能を守る取り組みの継続，若者定住対策の継続，簡易水道施設設備の改修，ケアハウス，デイサービス，センターの村内社会福祉法人への指定管理の継続，僻地保育所の将来的存続など，最低の条件としては数多く，認めがたいものもあって，S 村は自己保身だけに精力を傾けたと言う感じで，交渉を成立させようという姿勢ではない。もちろん合併しなくても，広域市町村領域での政策提携はなしうるし，それが将来不安を取り除き住民に安心感を高めるならば，あわてて合併しなくても良いわけである。それには住民に疑心暗鬼をもたらすのではなく信頼を[8]，そしてその行政組織にどれだけの洞察力，想像力，推進力があるかということになる。

3. 合併交渉の分析

　交渉というのは論理だけで行うのではなくて，人間を仲立ちにして感情，利害，そして確執，文脈，背景を含めて交渉がおこなわれる。あまり無理難題な条件を提示すると，交渉が合意される見通しは全く立たず，交渉に入る前に決裂してしまう。交渉には力関係をバックにした敵対的交渉と，共通の利害や価値観のもとでの協調的交渉の二つがある。市町村合併は長い歴史的プロセスがある隣接の市町村との合併なので，文脈，背景をほぼ共通させているので，若干の条件設定において取引コストを高める駆け引きを排除できなくても，いわばコンテキスト（文脈）を共通させての合併協議であって，条件提示にしても交渉相手の利害や立場を全く無視したような交渉条件では，敵対的交渉ととらえるのがふつうである。ところが，S村はこれまでの合併協議申し入れ時にはなんら14項目の申し入れをしていないのに，県知事あての「U市との合併協議」（重点要望）を1月27日に提出して，それをU市に2月9日に公文書として手渡した。S村は合併協議勧奨に働く県当局の要請に応える形で14項目を提示したが，それは県，市，村の話し合いの「材料」でないと釈明している。しかし，事実は，県に合併協議申し入れ要望書として最低の条件14項目として公文書として受理してほしいと県に迫ったのである。県はもっと交渉の方法があると説得したが法の規定上，受理しないわけにはいかなかったのである。その情報をU市がすぐにキャッチしていたかは不明であるが，U市としては昨年の協議申し入れ時に14項目を提示すべきであって，合併協議前の条件提示はおかしいと市長も議長も反発した。そこで市側はS村に「合併協議申し入れの撤回」を促したのに，2月9日には村長が市長に公文書を手渡したと言う背景がある。

　S村も議会もU市の態度に対して対応に躍起になり，会合や議員全員協議会を重ねる。交渉にならないと言うことで，U市からの「申し入れ撤回」に議会も難色を示したが最終的には村長が応じた形になっている。それを受けて，市長は9日の議会全議員協議会と10日の記者会見で，6日にはM村村長，9

日にはS村村長から「合併申し入れ撤回文」が届いたといって，合併協議の終焉を宣言した。どのように県，市，村の間に不協和音や軋み，コンフリクトがあったかもわからないが，合併協議を勧奨した県知事の要望を聞く趣旨を，県当局，特に担当の市町村振興課は市や村に適切に伝えたのであろうか。S村としては，本当は14項目全部が最低の合併協議の条件とは思っていなかったのではないか。U市としては苦心して「合併特例区」的な区長の廃止と地域事務所の縮小を行政改革の目玉として推進し，実現もしてきたが，それ以上の経営権限をもつ「合併特例区」は市の財政負担を大きくするだけで，行政改革に逆行するだけにU市の市長や議長らをS村のやり方は県の権勢をバックにした「敵対的交渉」であるかと思い大いに刺激した。S村の14項目の言い分を実現するとなったら，U市の危機的財政状況が急速に悪化して財政破綻をしかねないほどの財政負担をもたらす。過疎債の発行による事業の継続にしても，U市としては一部は地方交付税で穴埋めしえても，将来負担比率を高める借金をふやすだけである。U市に巨額の財政負担を強いて，しかも「合併特例区」という自治区のもとで自分らの権限は将来にわたって持続させたいと言うU市にとっては何のメリットもない合併を県や国の後押しで進められても，地域づくりの主役である住民の感情的反発は大きい。非公表の14項目の全項目をU市の住民が知ったら，確執をこえて住民間の全面的な対決に至って，前回のS村とM村の合併協議会離脱と合わせて，将来にわたって合併協議の機会を封じてしまう。

　ここでは申し入れ書撤回という大人の知恵を評価したい。実際の協議ではいくつかの項目は引っ込める余地はあったとS村の幹部は言うが，ほとんどの項目がU市にとって負担の大きいものであって，厳しく行政改革を推進しているU市にとっては，さらに次年度は一段と歳出の削減に努める。これまでの行政改革を無にするようなS村の14項目の要望は，ハードな交渉を必要とする敵対的交渉であって，しかも駆け引きの幅も常識的に見ればあまりにも大きすぎる。

　公文書の文面は簡潔であって，小中学校の統廃合なしの現状での存続には耐震構造にするための費用がかかり，場合によっては，老朽化した校舎を建て替えるので，投資費用も大きい。14項目は合併協議における最低限の条件と文

字通りに解釈したU市の市長は，交渉で二つ三つ減らしても，U市の財政負担にはほとんど差はない。いわば途方もない過大な合併協議要件を抱える交渉は，いくらU市側の方が交渉力がましであっても，交渉で14項目のほとんどをくつがえすことは不可能と考えているのは，交渉理論的には当然のことであろう[9]。常識人にとっては，条理にかなった要望とはとても思えないのである。

　外国との異文化間のビジネス交渉においても共通の利害に焦点を合わせて，立場，面子，プライドにとらわれないで妥結に向けて交渉しているのに，S村側はU市の財政状況や行政改革の推進の結果としての区長の廃止や地域事務所の大幅な縮小と言う事情を何ら考慮することなくS村の一方的な14項目の要望は，合併協議に断層をもたらしたようなもので，「縁談」の破談のように後から再度燃え上がらすには，よほどの優れた調停人を必要とするであろう。当事者間の交渉ではまさに断絶しなくても，非連続な関係になる。

　県知事が調停者として割って入ろうとしても，U市の市長は常識人として財政的に不可能な，事実，早期健全化団体への転落という実質公債費比率25％をこえるような「合併特例区」に基づく財政負担や，過疎債発行の事業の継続にしても将来負担比率350％を超えるイエローカードになるようでは，県知事がU市の財政的負担を軽減するような財政的負担を具体的に実現してくれない限り，地方財政健全化法対策ができなくなってしまう。

　そうでなければU市は，行政職員の給与を5％下げたり，補助金，助成金を削減し，ゴミの有料化や公共事業の圧縮など強力に行政改革を推進してきたことが徒労に終わってしまう。なんとむなしいことかと行政職員や住民は思う。市長でなくても無理難題を突きつけられたと思うし，それが住民の総意であろう。このような無理難題を受け入れても早期健全化団体，財政再生団体に転落してしまっては，住民間にヒビが入るだけではなくて，感情的に大きな溝ができてしまう。U市の市長がした「終息宣言」は地方財政健全化法対策としても当然と言える。交渉の余地の乏しい合併協議の14項目の要望は，どのような合併協議の舞台裏があろうとも，交渉理論的には時間の無駄遣いで現場が疲弊して行政コストを高めると言う判断は的確といえる。難産の上での交渉の成立と言うのとは交渉の次元を異にしている。対等の新設合併ではなくU市への編入合併であっても，無理難題の過大な要望としかとらえられないのは，実

質公債費比率が25％近くの死守ラインに近づき，経常収支比率が104％をこえて，全国の市のワースト・テンに入るU市としては，S村の合併協議14項目の要望は，確執以前にS村の本当の本心はどこにあるのかを疑わざるを得ない。本気になって身を捨ててでも合併をしたいという意欲が何ら見られない後味の悪い，合併相手の置かれた地方財政健全化法対策と言う司法的状況を無視し，さらに心血をそそいだU市の大掛かりな行政改革を徒労にすることになりかねない。

　2010年3月末には合併特例法の期限がくるが，この法による合併特例債（事業費の70％はあとで国が地方交付税で面倒を見るという）の発行が可能であっても30％は自己負担の借金として増える。今となってはU市にとって地方財政健全化法対策が至上のものになっていて，何らS村やM村が合併条件を付けなくとも，編入合併に伴う財政負担は生じるのであって，仮に県知事に白紙委任であっても，U市に厳しい財政状況のもとで県の浄化センター移管問題にしてもU市の負担はきわめて大きくなり，市の福祉事務所の地域拡大によっての生活保護費による財政負担は増える。いわば県の負担を市が肩代わりするようなことが多く，今は一層きびしい行財政改革が行われているのに，「無理難題」では合併協議への意欲をなくしてしまう（『奈良日日新聞』2009年2月12日）。

　次に，調停人の立場からU市へのS村，M村の合併協議申し入れの問題を論じよう。U市の市長，議長は近く県知事を表敬して「合併協議」の見送りを伝える。2村が紛争拡大を恐れて「申し入れ撤回」へ動いた背景には，あまりにも無理難題でU市の方から強い要請があったということである。合併問題について市長は2月9日午後の議員全員協議会で「破談」を提起して，議会が同意した。事実関係としては2月9日の議会全議員協議会の直前に市長を表敬したS村村長は，U市には知らせていなかった。そして後で知って市長や議長らが強く反発した知事への「1月27日付け14項目」を添付して，村の総意であるということを伝えて，市の回答を求めた。財政的に苦しいU市の市長は，財政負担をさらに大きくする「合併特例区」など編入合併になじまないで財政負担を大きくする内容が盛られていて，県知事の合併協議勧奨で合併協議に応じても良いという内容とはかけ離れた無理難題しか受け取れないので，合

併協議に応じられないと市議会全員協議会にて了承されたことを伝えた。その翌日2月10日に記者会見で「協議終了」を宣言した。市長は非公式にすでにS村が県の地域振興部長に知事あてに「U市との合併協議」（重点要望）を提出した内容をキャッチして，とても市としては対応できる内容ではないと認識して，交渉決裂の形をとるよりも「申し入れ撤回」を強く求めた。M村村長には2月6日の時点で「2008年10月28日の合併協議申し入れ撤回文」をすでに市長に手渡していたので，U市への対応はS村とM村とでは異なる。

　ここでもう一度，事実関係を記しておく。S村の村長，議長が連名で合併協議勧奨をした県知事に提出した「U市との合併協議の重点要望」が2月3日に市に伝わり，県の勧奨に期待していたのに，対等合併といえる新設合併に近い財政的に不利な条件を示されたと市長，議長らが態度を変じて反発した。14項目の要望は無理難題を突きつけられたと解釈した市長は，「要望は村民の総意という以上，知事から合併協議の話し合いの勧奨があってもとても交渉を進められる内容でない」と判断して，議会に合併協議問題は「ご破算」だと議会に表明した（『奈良日日新聞』2009年2月13日）。

　調停人の視点から公正，中立に交渉当事者の合併協議の事実関係を見たつもりではあるが，U市の行政改革委員・会長という立場にとらわれた部分があるかもしれないが，裁判所の調停委員をしてきた経験を生かして公正を心がけている。S村は決して取引コストを高める合併協議申し入れ14項目を駆け引きの材料としてあとで減じていくという強気の交渉・若干の譲歩という交渉スタイルを貫いたとはいえない。S村の内部事情も決して一枚岩ではないから合併協議までに論点を絞って過大な要求にならないように工夫されたかもしれないが，村民の総意ということで，まず合併協議をする県知事にありのままの民意をあつめて「重点要望」として提出したと思われる。それは合併協議の「仲人」とも言える知事の力によってかなり実現するかもしれないという期待もあったであろう。県知事なら立場上，U市を説得して実現していく経営資源を有しているという期待もあって，赤裸々な要望になったのかもしれない。しかしS村の交渉相手はU市であって県知事が当事者ではなくとも，知事が調停人としての力量を発揮しようとしたことも期待していたといえよう。他方，U市としても県知事が合併協議を勧奨するくらいであるから，県の市町村振興課

を含めて合併協議のお膳立てをして，交渉がスムースにいくように県の手腕と財政的支援を期待していたであろう。この時点で市長も議長も合併協議には前向きで，県がどのような斡旋をしてくれるかを楽しみにして，県の調停に対して折り合いが付けられるように交渉したいと事前の手配はしていたと思う。

　それがU市の行政的常識では考えられない無理難題といえる14項目の提示なので，合併協議をしてもムダだから，将来のこともあるので，交渉決裂というかたちをとらないで将来の話し合いの余地をもつということで，「合併協議申し入れ撤回」という形で終結するようにS村，M村に話しかけたのである。U市が強く要請したから無理やりに申し込み撤回をさせたということではなく，交渉妥結の見通しがたたないというので，行政機能の戦略的提携や組織間の協働事業を増やす芽はつぶしたくないという配慮から，「申し入れ撤回」という穏便な方法をむしろ考えたといえよう。

　S村では連結会計の財政状況は極めて悪いから，合併しないとやっていけない気持ちがあって，むしろ合併をしてもらいやすい条件に自己改善していこうという気持ちがなかったとは思えない。S村は実質公債費比率では25％のライン近くになっているから，U市も地方財政健全化法対策で苦しんでいるということは同じ広域連合の一員として知っていたであろうし，財務当局は同じ苦しみの地方自治体として合併してもらいやすい条件をむしろ設定したであろう。このような財政的配慮があれば，その前の合併協議会からの離脱はあっても，そのしこりを取り払って，協調的交渉のもとで折り合いの付けられる条件設定になったであろう。S村村長は交渉の担い手として一定の交渉事例を検討して対処し，U市の台所事情に見合うように交渉して合併協議を県知事の調停の下で三者が折り合えるように土俵を作ろうとしたとは思える。しかし，多数の利害関係者を抱える村内事情のために，それを総花的に組み込んで住民の総意ということで高望みの要望になり，予期せぬ大きな逆機能になり，まさに「意図せざる結果」になった事例といえよう[10]。

　今日では地方自治体の合併交渉も大きく異なっていて，かつては合併協議会でそれぞれの言い分を通す合併特例区など地区のかなりの自由裁量を認める地区分権型の形も取りやすかった。しかし今では，地方財政健全化法対策として行政組織の効率を高めて実質公債費比率や将来負担比率を下げるなど懸命の行

政改革を多くの地方自治体は求められていて，編入合併という形での市町村合併が主流になり，自由裁量の大きい合併特例区という形は行政効率を下げて合併効率を下げると言うことで認められなくなっている。U市においては高給の区長への反発もあって，2006年に合併してできたが，住民の強い反対によって2008年7月には区長は廃止になり，地域事務所もさらに規模，人数，権限も縮小している。議員定数も55人から22人になり，次の選挙では16人に議会で決定している。

このように地方自治体は地方財政健全化法の公布から大きく変わり，2009年には施行され[11]，効率を高める行政経営に転じている。さらに行政組織でも交渉能力が求められ，改革においても交渉することが多くなっている。それは欧米流とは異なることも少なくない。

M. K. シャルマによれば，日本で腹を割って話をすればうまくいくというのは，日本の信頼的価値観を反映しているという。「『腹を割る』という行為は，『赤裸々な姿を見せ合うこと』が互いの信用を高めるという，日本独自の価値観から生まれた文化である」(M. K. シャルマ『喪失の国，日本』(山田和訳，文春文庫，2004年，289頁))という。「インドの商取引では，双方が条件を出し合って，時間をかけながら妥協点を見出す。相手の立場を理解するために時間をかけるというより，相手を説得することに主眼がおかれる。裏経済においても，リベートの額に関しては同じように行なわれる」(289頁)。このように，「互いに『赤裸々な姿』つまり弱みを見せ合ったりはしない。むしろそのような面を隠しつつ，強い態度で交渉に臨むのが一般的である」(289頁)。

今日では交渉でもスピードが要求される。そしてしかも交渉では外圧に脅され強制されないとしないのでは，全く対応ができていない。「時間稼ぎをして，約束を果たそうとしないと信用を失う。だれでも，尻に火をつけられれば，あわててその気になって履行する。尻に火がつけられる前にやるかやらないかが，勝敗を分ける」(板垣英憲『政治家の交渉術』，成美文庫，2006，55頁)と板垣英憲氏はいう。

はたしてS村は本気になって合併協議を推進しようとしたのであろうか。このような最低条件14項目の要望では，合併交渉はもともと無理と考えていたふしはなかったのであろうか。「交渉は，本気になってかかっていかなけれ

ば中途半端になり，失敗するのは目に見えている。しかし，最初から値踏みして諦めたのでは，展望は絶対に開かれず，何も始まらない」(75頁)。S村の中途半端な態度がネックになったのではなかろうか。

　U市にしてもS村の内部が大きく二分されていたら交渉相手が複数いることになる。さらに合併相手にM村も存在する。「交渉相手が，複数いる場合は，利害が錯綜して，調整が難しい。一番強力な相手の『建前』と『本音』を正確につかみ，自分の利益に相応しい解決方法を見つけ出すことが必要である」(97頁)。そしてS村としての最低の条件としての14項目が本当に勝ち取る見通しが立っていたのであろうか。「『勝利』が確信できなければ，交渉には，踏み出すべきではない。失敗が目に見えているからである。勝利のための条件をしっかりそろえてから，交渉に臨むべきである」(81頁)。

　こうしてみると合併交渉に当たっての情報は明らかに不足している。最低の条件としての要望14項目はどこから出てきて，県に公文書として受理させたのであろうか。「優れたリーダーは，情報を宝物のように大切にする。情報収集に人材や資金を惜しんでは，第一級の情報をつかむことはできない。ましてやどこから攻めて行けばよいか，わからなくなる。情報がないのに交渉に臨むのは危険である」(85頁)。U市側としても，そもそもS村やM村との合併はお荷物と思う人が多く，負担の大きい合併はコリゴリと思う人も多い。そのために口実があれば合併を拒否したい気持ちも底流にあって，知事の合併協議勧奨があってもよほど県がU市のために支援してくれない限り，乗れる話ではないと考える人々の方が多数派ではなかったか。「交渉には，強力な味方をバックにしているほうが心強い。交渉の趣旨や目的をしっかりと説明し，理解を得てから交渉に当たれば，絶大な支援と声援を送って励ましてもらえる。説明に手を抜いてはならないのである」(88頁)。このことはS村でもいえることであって，内部が分裂していれば，内部調整がむずかしいので，すべての要求を最低の条件として提示しなければならなかったのかもしれない。

4. 交渉理論的な学習

　われわれの意図は欧米の交渉理論が日本の特殊組織的文脈でどの程度，実践的有用性をもつかを検証することであった。ユーリーやフィッシャーのハーバード流交渉術のウィン―ウィン解決もその一つであるが[12]，それを市町村合併交渉にも適用しようとしたのである。交渉理論は国際ビジネス交渉ではかなり研究されているが，行政組織ではほとんど学んでいない。古い歴史的，社会的，文化的な文脈の中での妥協やすり合わせを人間関係を軸にして行い，そのために首長同士が腹を割って話し合うなど，とりたてて交渉理論を用いたものではなかったから，場合によっては途方もない要望になったり，軸がぶれたり，政治家が暗躍したりして，公正かつ明示的な交渉というイメージを与えなかった。

　われわれの検証では交渉理論を双方が学んでいたら市町村合併ももっと建設的に協議されて，合併がスムースになしえたであろうと思うことが少なくない。そこで事例研究としてU市とS村の合併協議を取り上げ，その事例内容を述べた後，交渉理論的に分析する。ここでは日本の交渉の仕方や調停のあり方も論じて，交渉や調停の理論の重要性を論じておきたい。そしてまた，地方自治体の行政改革においても交渉力や調停力があれば，改革が進むことも示しておこう。

　ハーバード流交渉術のウィン―ウィン解決は日本でも有効であるが，日本では当事者間の信頼関係を築いて，相互の利益を確認して，腹を割って話を進められる状況づくりを大切にする。条件設定にあたって「優位性のゲーム」はあるが，資源依存モデルでいう権力格差を露骨に示すと失敗しやすい。苦境の相手に助け舟を出すのも誠意として受け止められて，信頼のきずなを強くする。感情的に反発しているだけでは先の一歩が出ないし，結局は，人間が交渉を担っている。自己利益や保身，ケチな功名心がかえって，交渉を踏み込んだものにしないで，交渉がもとに戻ってしまうことは少なくない。よどんだ空気のもとでの交渉は難しい。組織の保身というものが最優先して，改革に役立

つ有能な人であっても，ケースによっては切り捨てられてしまう。S村にも人間と人間がぶつかりあい，相手の心を開かせる人材もいたであろうが，登用しなかった。自己保身だけでは交渉は進展しないし，交渉の本筋を間違えてしまう。市町村合併問題においても知事の合併協議勧奨は，いわば千載一遇の絶好の交渉チャンスであって，それを自己都合ばかりで14項目を最低の条件として提示してしまっては，絶好のチャンスをつぶして自爆してしまう。これでは全く交渉戦略を欠いてしまっている。合併相手の神経を逆なでするような無理難題の要望書になっていては，もはや合併交渉を継続して行う気力をなくさせてしまう。知事の合併協議勧奨に対してU市は敏感に反応して合併に応じてもよいし，病院のハードおよびソフトの支援という限定した絞った要求で知事の意向にそうべく決意をしていたのに，S村は知事の虎の威を借りてむしろ要望をエスカレートさせたのは，U市が発したシグナルと逆方向であった。U市はぶれない交渉方針を一貫させていて，県の支援の下で合併しようと決意していたと言えよう。新設合併でなく編入合併であっても，U市とS村のパートナーシップを信頼関係のもとで構築しようとして，だから，S村を冷遇したり従属化させようということはなかった[13]。この点で対等の関係になっていて，特権を付与しなくても対等なパートナーの姿勢のもとで合併を具体的に協議しようとしていた。日頃のコミュニケーションを欠いていたのか，相手の動向がそれぞれつかめなくって，「意味と意図の循環的応答」をもたらさなかったと言える[14]。このような失敗の反復が合併協議をぶち壊し，文脈を合わせることをさらに困難にしたと言える。また信頼関係の欠如が，交渉を大きくぶれさせたとも言えよう。相手が柔軟に来ればこちらも柔軟に，相手が高飛車にくればこちらも高飛車にと言うことになり，決してU市の対応が間違っているというわけではない。U市としては合併に関してはブレることなく，考えを一貫させてきた。今でも知事の調停があれば応じて合併交渉を進めるのにやぶさかではない。

　このU市の合併協議の事例は今後の合併交渉にも影響を与えるので，知りえたことをすべて記述しているわけではない。守秘義務があるだけではなくて，次の合併交渉に当たって手の内をすべて明かしてしまうことになるので，あえて次の段階の交渉プロセスは省略している。逆に合併交渉が「破談」にな

らないで，交渉がかなりまとまりを見せていたら，交渉の仕上げ段階の色々な利害の調整や知事の調停もあったであろうから，現実的に合併してからでないと記述できなかったであろう。失敗から学ぶことは大切であって，U市も4町村の合併協議が成功してこそU市として存在している。この合併交渉のプロセスの解明も大切だが，成功した事例は全国でも多く，紙数の関係もあって，ここでは述べない。交渉理論的には失敗から学ぶことは多いのである。初歩的な交渉理論を欠いていたがゆえに合併交渉に失敗したというのが，われわれの結論である。

　当事者間の交渉が行き詰まった場合には，すぐれた調停者がいれば，交渉力が劣っていてもことが解決することは少なくなく，裁判所の調停制度では多くの交渉の行き詰まりを打開して，双方がともに満足する調停も少なくなく，日本では調停ということが重きを置かれている。その分当事者間の交渉は決してすぐれたものとは言えず，特に市町村の合併では法律的，財政的な裏づけがあっても[15]，なかなか合併が推進されていないのは，それぞれの文脈に埋め込まれているからであると論じえても，やはり交渉をうまく生かすレベルに達していなかったからではないかという疑問である。そのために合併が「破談」になったU市の事例を検討するが，これまでは交渉理論的に照射することはほぼなかったといえよう。逆に交渉とは権謀術数だというイメージを持つ人も少なくなく，権力でねじ伏せるというやり方である。これは市町村では抵抗が大きく，うまくいかない。

　地方自治体の行政改革をより推進するためこ，交渉や調停の理論を用いるのがわれわれの立場であるが，それは行政改革委員や裁判所の調停委員としての経験を生かしたものであって，決して抽象的な理論だけに頼っているわけではない。地方自治体の行政改革委員として取り扱った領域は広く，一般会計予算書だけでも膨大なものですべてに目を通したわけではない。しかし行政組織を行政経営的視点から改革していく姿勢はぶれることなく一貫させている。すなわち今日のグローバリゼーションが進行してローカルな地方自治体も世界経済の枠組みに組み込まれているので，地方交付税にぶらさがるような行政管理はできなくなっていて，自ら主体的に，そして組織倫理的に自己を律して行政経営を営む時代状況になっている。行政官僚制の枠組みでは，環境適応ができな

くなってきて，組織間関係をつなぐ事業システムのもとで行政組織のダイナミズムを必要としている[16]。

P. F. ドラッカーが論じたように，自由とは責任であって，地方自治体が国の下請け的な業務委託機関から脱して，自己責任を追求される行政経営の時代に突入している。地方分権，税源移譲，三位一体の改革というのは，地方自治体に経営の自由を与えるが，その分，責任倫理，組織倫理を貫くことを求められているのであって[17]，今日の行政経営は自由＝責任経営といえるものであって，自ら主体的に責任をもって財政規律を確立していかなければならなくなり，地方財政健全化法がその規律を求めるものである。それゆえ行政経営とはこれまでのように国に責任を転嫁してきた行政管理から脱して，自己責任を徹底させる自由＝責任経営になっていて，より一層の経営的な努力を求められる。戦略的提携などの組織間関係をうまく結びつけつなぐ，個別の枠を超えた行政経営への転換，いわば国の援助に依存しない，自己を定立させて下請け機関から脱却して，自由＝責任経営を実践しなければならなくなっている。そのために自主財源の確保と歳出を削減して，そして将来負担比率を下げて，自らの責任のもとで自由裁量の幅を広げて行政経営をしやすくして，自由＝責任経営をより促進していくことを行政改革の課題にしている。

このような行政経営の発想は行政官僚制の枠にとらわれた行政管理ではできないし，むしろ責任を回避する体質を有していた。そのために行政管理のもとではコンフリクト・マネジメントが発達せずに，市町村合併においても自己の言い分をいうだけで，相手との信頼関係を構築して交渉したり，「意味と意図の循環的応答」のような交渉プロセスを欠いたりしている。交渉理論を学んでいれば，全く譲歩の余地のない最低の条件としての14項目などの要望書は交渉を断絶させることに気づいたであろうし，知事の合併協議勧奨という絶好球を空振りして，しかも合併交渉をしにくい雰囲気をつくって，文脈を共有させる機会を失ったのはなんとも惜しい。

閉ざされた行政官僚制のもとでは，自由裁量の余地を排除する論法かもしれないが，それは交渉というものを硬直的にして，調停者も条理にかなって互譲を求めていくやり方を取れなくしてしまう。調停者は開かれた公正な立場で当事者間の利害対立を地域全体の全体的整合性を追求する立場から双方の利害調

整に一歩踏み込んで調停しえたであろう。自己の言い分だけ言うのは交渉というものでなく，将来の安心，安全，安定のために自己規制して，市町村合併へと舵を切り，それをなしうる条件を提示することが交渉である。

　逆にS村が理路整然と主張したらどうなるであろうか。佐久間賢教授によれば，「『理路整然と主張する』ことは，主張したい内容を相手が理解できるように整理し，相手の考え方に合わせる説明（相手の考え方に合うような説明）することを意味しています」（佐久間賢『交渉戦略の実際』，日経文庫，1996，106頁）。「一般に，われわれは感情が高ぶっている時には，このように（自分は犯人でないから，犯人ではない），『そうだからそうだ』式の説明をしがちになります。しかし，これは交渉では，最も避けなければならない点です。やはり自分も相手も説得できるだけの理由により，自分の主張をきちっと説明しなければなりません」（106頁）。理路整然と説明することは，論理的に説明することであって，結論を導き出す過程で代替案をいくつかあげ，その中から結論を選ぶ方法がある。その交渉のステップとして，①まず，解決すべき問題点を明確にする，②次に，その問題点を解決するための代替案を可能な限り用意する，③そして，それぞれの代替案について，長所と短所を分析し説明する，④代替案の中から，問題点を解決するのに最も良い案を選び，それを結論とし，その理由を説明する（107頁）。

　たとえば，合併の条件として最低でも14項目の実現あってこそと結論付けるのではなくて，14項目が問題点として提示して，それぞれの譲歩しうる度合いを論じて，交渉の結果としてどうしても譲歩できない項目が残って，調停者がいても譲歩できない場合に交渉が決裂したりするのであって，問題点と結論をゴッチャにして，あたかも14項目が交渉を経ても全く譲歩できないと始めから結論づけては，交渉をこわしたりする。S村の事例も編入合併される村が，新設合併（対等合併）のごとく，合併特例区の設置や議員の定数特例の適用などU市としても難航する事案を最低でも14項目の実現があってこそ，合併が実現されると言うような表現では，問題点と結論をごちゃ混ぜにしてしまい，合併実現には14項目が最低の基準になり，とても交渉する余地はないといえよう。奈良日日新聞などの新聞報道では，14項目の実現がありたい姿であろうが，全く譲歩しない項目ならば，問題点が結論になって，交渉の余地は

ない。調停者としても14項目が譲歩しない最低の条件として位置づけているならば，調停するだけでエネルギーと時間のムダであって，早々と合併協議を打ち切ることが賢明な策になる。

　調停者の立場で14項目を検討してみると（詳しいことはわからないが新聞報道による），診療所の新築は市立病院の分院的存在として国，県の支援，過疎債を発行して雪対策やアクセス対策として，M区の歯科診療所のように存続させうるし，とくに国民健康保険を利用した豪雪などアクセス対策として設置は考えられる。小中学校の将来的存続にしても，今日の高額なバス料金を考えると，1小学校1中学校は県教育委貞会の支援やU市教育委員会の教育的配慮や地元の人々の教育的支援によって決して存続が不可能なことではない。少子高齢化対策，過疎対策として僻地でも公設民営化等で存続させることも検討されるべきことである。介護・看護にしても施設はU市もしくはその指定管理者による運営は高齢化対策として継続しうる可能性はある。観光振興として公社を利用したり，解体しても委託事業は継続しうる。まだ過疎債を発行できるので，地方財政健全化法対策の範囲内で過疎債の発行による事業は必要に応じて継続しうる。補助金，助成金が減少しても郷土芸能を守る取り組みは継続しうる。極端な過疎化を避けるために地区の若者定住対策は継続しうる。また，生活者のための大規模な上下水道設備は無理でも，要望の簡易水道施策設備の改修程度は基本的生活権を保障するためにできる。車の運転ができない高齢者や通学，通勤を含めてアクセス（痛院への通院を含めて），バス運行のための助成金もしくはコミュニティバスの運行はなしうる。地域資源の活用やその振興策の県への要望はU市と協力して働きかけられる。県実施事業をU市の他地区とのバランスを考えても，合併協議を進めるために期限を切って優遇することも考えられる。各種新聞報道によるのでS村の合併協議申し入れ要望書14項目を的確に捉えていないかもしれないが，その他の補完的情報によって補い，もしわれわれが裁判所の調停委員のような中立，公正な立場で調停したら，U市とS村との合併協議が調停者の調停案をたたき台にして交渉し，U市への財政負担を大きくすることなく，一定の時間をかけて結論ではなくて14項目の問題点を交渉し，そして調停者が調停を繰り返し，県知事が合併協議勧奨を別の具体的な形でS村とU市に勧奨による斡旋案を地域の文脈

4. 交渉理論的な学習　63

に即して提示するという手続きを踏む交渉プロセスであったら，14項目の提示が最低の条件だと結論付けない問題点の提示として交渉していけば，S村の要望もかなり採択される交渉になりえたと言えよう[18]。

　コンフリクト・マネジメントを担ってきたわれわれとしては，市町村の合併協議申し入れ要望書の作成には，村の将来を大きく左右するので，要望書を問題点として記しても自己の立場ばかり主張して，受け入れる相手方の交渉余地を無くしてしまう書き方を公文書ではすべきではない。それは交渉に関しての初歩的入門書，佐久間賢『交渉力入門』（日経文庫，1989）や同『交渉戦略の実際』（日経文庫，1996）を読めば村の普通の行政職員でも，たやすく理解できることである。

　S村は奈良市に編入された村などの事例やその後の環境変化によって，総務省が推進した村の編入合併の条件変化にも気づかなかったのであろうか。県知事が合併協議勧奨をした事例だけに調停者たる県知事に納得してもらえる条件づくりや，ある程度の自由裁量をあたえる条件設定をして結論ではなくて問題点を提示しておけば，同じ14項目の要望書でも弾力的に交渉できるし，調停者も手腕を見せる場を設定できたであろう。他の選択肢（BATNA）がなく，合併特例区の設置や議員定数の特別の適用が認められなくても，交渉のプロセスとして他の選択肢や時限付特例の検討の余地を与えるような問題点の提示になれば，結論として要望は実現されなくても，他の項目での配慮や項目以外の新たな配慮で合併協議を推進しうる条件設定をして，ともに知恵を出し合い，双方が満足するM. P. フォレットのいう「統合的解決」やその後のハーバード流交渉術のユーリーなどのいうウィン－ウィン解決も不可能ではないと言う事例である。

　公平を欠くのでM村の合併協議では何の条件も付けていないが，S村と歩調を合わせて合併協議をしてきただけにS村と条件に格差を付けられることは想定していないから，類似のことが提示されると想定される。合併協議に入ってから条件をつけることはよくあるし，既にU市になった旧町村と格差をつけることは想定されていない。合併協議申し入れを撤回しても，将来の法改正に備えて定期的に協議の場を設けて本音というか駆け引きで手の内をみせないというゲーム理論的なことではなくて，腹を打ち明ける日本流の交渉の仕

方をへて，時間の経過と共に，交渉の仕方，交渉のための文章のつくり方にも工夫して，合併しなくても，提携などで話し合う機会がふえるであろう。S村を理不尽といじめることが目的ではないし，広域消防組合や，地域振興や観光振興で協力しあえる事も少なくない[19]。また合併協議で話を煮詰める場を持てるかもしれない。事実関係としては問題を先送りしてしまった結果になったが，地方財政健全化法対策として，組織間のネットワーキングを構築して協力しあっていけばコストの削減できる領域も少なくないであろう。

5. おわりに

　行政組織を組織論的に考察しながら，地方自治体の行政改革委員として行政改革に取り組んできたが，そこには派手で奇抜なものはほとんどなく，いわばきわめて基本的な課題がキチンとやれているかという程度のことでも大きな改革につながる。そういった基本的な課題に一つひとつ愚直に取り組んでいった結果，かなりの財政支出の削減になり，職員間のヨコのコミュニケーションがあれば，そして公共性，公益性を重視してそれに応答する責任倫理があれば，組織の改革はさらに促進される。行政職員と住民のコミュニケーションにしても一見して冗長になって非効率に見えても，そのちょっとした言葉のやり取り，対人的な接触が住民に安心，信頼を与えて，住民の支援をつなぎとめることにつながっている。まさに行政と住民の協働のベースをなす。住民は金持ちだから，高額所得者だから大切にするという商品経済化の論理ではなくて，住民は住民として平等の行政サービスが受けられるのであって，身分階層の区分をしないで安心，安全，安定的に行政サービスを享受しうる公正で平等な態度こそ，地方自治体の信用を高めてきた。

　取引交渉においてもこのような信頼関係を行政組織は構築してきたのであって，組織倫理性も高いといえる。そういったなかで市町村の合併交渉がおこなわれていて，権謀術数を用いるものではなくて，その点で倫理的なウィン―ウィン交渉を行ってきて，行政組織が策謀とか取引コストを高めるような術を推進してきたと言うことはない[20]。だから合併協議において相手を困らせるよ

うなことは自主規制，自粛して交渉を行うことが多い。

　U市とS村の合併協議申し入れ要望書の最低条件14項目は，対等合併以上の合併特例区や議員定数の確保などU市の行政改革の努力を踏みにじる無理難題と受け止められて，交渉の形をなさず要望書を撤回するという形で合併が「破談」になったケースである。事実関係を知ることは容易ではなかったが，新聞，県，市など複数の人々からヒヤリングをして，われわれなりに認識マップを作成した。そのマップを利用して交渉理論に基づいて分析している。行政官僚制が貫かれて，地域に歴史的，社会的，文化的な文脈に深く埋め込まれたS村は，県知事の合併交渉勧奨にいわば悪乗りして，最低条件としての14項目の実現を知事の威光をベースにした交渉になりうることを前提にして，絶好の有利な条件で合併しうる機会と考えて県に公文書を捉出したのであろう。その内容をU市として知らず，その後のU市への要望書の提出で，「想定外」のとても合併に至りうるようなやさしい要望ではなかったので，いわば無理難題を持ち込まれたという認識になって，「破談」を宣告するようになった。交渉理論をふつうに学んでいれば異なった展開になったであろうが，交渉理論的には合併協議交渉に初歩的なミスがあったと言える。

注
1) N. ムゼリス『組織と官僚制』（石田剛訳）未来社, 1971年。M. アルブロウ『官僚制』（君村晶訳）福村出版, 1974年。山岡熙子『経営官僚制と人間関係』千倉書房, 1986年。長谷川正『経営と支配理論』森山書店, 1993年。鈴木秀一『経営文明と組織理論』学文社, 1993年。
2) W. ユーリー『ハーバード流NOと言わせない交渉術』（斉藤清一郎訳）三笠書房, 1992年。
3) 今村都南雄『行政学の基礎理論』三嶺書房, 1997年。森田朗編『行政学の基礎』岩波書店, 1998年。村松岐夫『行政学教科書』有斐閣, 1999年。
4) 太田勝造・草野芳郎編『ロースクール交渉学』第2版, 白桃書房, 2007年。「対権力交渉」（246-248頁）を参照のこと。
5) Pfeffer, J., *Organizational Design*, AHM, 1978, pp. 189-190.
6) Schelling, T. C., *The Strategy of Conflict*, Harvard University Press, 1980.
7) 数家鉄治『コンフリクト・マネジメント』晃洋書房, 2005年。
8) Lane, C. and Bachmann, R. (ed.), *Trust within and between Organizations*, oxford University Press, 1998. 印南一路『ビジネス交渉と意思決定』日本経済新聞社, 2001年,「信頼がなければ，人間関係も組織間関係も著しく非効率になる」(192頁)。田村次朗・一色正彦・隅田浩司『交渉学入門』日本経済新聞出版社, 2007年,「交渉では相互理解や信頼感を醸成することが大切で」(86頁)ある。
9) R. J. レビスキー・B. バリー・T. M. サンダース『交渉力』（高杉尚孝監訳, 小西紀嗣訳）マグローヒル・エデュケーション, 2008年。
10) A. ギデンズ『社会学』（第4版）（松尾精文他訳）而立書房, 2004（1992）年。R. マートンは官

僚制の逆機能を論じ,「官僚制に固有な要素の一部が,官僚制そのものの円滑な機能にとって有害な帰結をもたらす可能性がある,と結論づけた」(433頁)。
11) 地方財政健全化法に基づいて4つの健全化判断基準がある。① 実質赤字比率（一般会計等の赤字の状況を表す指標），② 連結実質赤字比率（一般会計等に病院や下水道などの会計を加えた全会計の赤字の状況を表す指標），③ 実質公債費比率（地方債の単年度返済額の負担の重さを表す指標），④ 将来負担比率（地方債の残高や公社・第三セクターにかかる債務など将来負担しなければならない負債の大きさを表す指標）である。市町村にとっては,それぞれ 11.25〜15%, 16.25〜20%, 25%, 350%以上になると早期健全化団体に転落する。
12) R. フィッシャー・D. シャピロ『新ハーバード流交渉術』（印南一路訳）講談社, 2006年。
13) 佐々木信夫『市町村合併』ちくま新書, 2002年。「これから地方分権で相対的に裁量権の拡大していく自治体には,政策官庁の役割を担う政策形成力が備わっているか,自らの行財政経営について経営責任を明確にできるかが問われる」(155頁) という。
14) Bloomgarden, K., *Trust*, St. Martin's, 2007. 第3章「本当のことを言う」を参照のこと。
15) Follett, M. P., *Creative Experience*, Green, 1924.
16) 宇賀克也『地方自治法概説（2版）』有斐閣, 2007（2004）年。
17) 谷口照三「『責任経営の学』としての経営学への視座」『環太平洋圏経営研究』10号, 2009。
18) E. フリードベルグ『組織の戦略分析』（舟橋晴俊他訳）新泉社, 1989年。行政職員が規則を弾力的に解釈して,「規則に手心を加え,地方の文脈の中にそれを挿入できるようにしなければならない」(113頁) という。
19) Boyce, G. and Ville, S. *The Development of Modern Business*, Polgrave, 2002. 第9章「組織間関係と全社構造」の戦略的提携 (pp. 275-279) を参照のこと。
20) Brett, J. M., *Negotiating Globally*, Jossey-Bass, 2001.「日本人の交渉者は,直接的な影響力の利用と間接的な情報探索をブレンドした技の使い手である。このモデルは日本の文化内の交渉では大きく成功しているが,異文化となると問題をはらむ。米国人と取引交渉を行った日本人は,この文化スタイルを維持していなかった」(pp. 75-76) という。

第3章
行政組織と行政職員
―地方自治体の組織論的考察―

1. はじめに

　地方自治体の行政組織は環境変化にもかかわらず，固定的な概念的な枠組みでとらえられていて，いわば機構的機能主義の枠組みのもとでメカニカルに組織構造を中心にして論じられている。概念そのものも動態的に変化するという捉え方ではないので，先入観や思い込みにとらわれやすい。
　しかしわれわれは，行政組織を行政経営の視点から動態的プロセスとしてとらえて，M. P. フォレットの「創造的経験」のように[1]，地方自治体の行政改革委員として行政改革を担った経験を生かしている。改革と革新のプロセスを経る，ダイナミックな行政組織を考察している。行政職員の主体的営為によって，行政組織は決して静態的なものではなく，事実関係として動態的プロセスを経ている。このことを経験した行政改革委員の視点から相互作用している「意味と意図の循環的応答」の動な行政組織をプロセス志向的に論じていく。
　M. P. フォレットは行政学者でもあるので，フォレットの学説を行政組織研究に用いることは何ら違和感はないが，さらに行政経営的に経営の本質をとらえているがゆえに大いに利用できる。C. I. バーナードや P. F. ドラッカーも必要に応じてその学説を利用しているが，やはり中心はフォレットの思想と理論である。というのも行政組織と行政職員との関係性もフォレットのいう動態的プロセスとして理解できるからである。
　われわれ地方自治体の行政改革委員にとってメアリー・P. フォレットの『創造的経験』（1924年）は，個人と組織の同時的発展をもたらし，経験の創造

性を重視した点で，個人の人間的成長をもたらしうるものである[2]。そしてまた，行政改革は他者の経験も交織させて，集合的な新たな観念をもたらし，組織的経験を行政改革委員にも与えてくれる。ここでの組織は意味解釈の場でもあるから，行政職員も組織的経験の持つ意味を解釈し，これを行政改革委員を加えて互いに分析し，評価し調整することにより新たな意味を与えることもできる。人，組織ともに自らの経験について主観的に何らかの解釈を行い，意味づけを行って自らのうちに蓄積している。職員はそれぞれ自己の価値基準に基づいて事実認識を行っている。その限りでは主観的な認識にすぎないが，しかし職員が共有し認識する共通の意味を「事実」と認めようとした。互いの経験の意味を重ね，折り合わせ，より確かな事実を求めて協働する場こそが，フォレットのとらえる組織であって，行政組織もこのようにとらえることができる[3]。

「機能の交織」として組織を考える場合には，この「機能」を行政組織などの「職務」としてのみとらえることなく，地方自治体ではこのようなとらえ方が多いが，全体社会，国家財政とのかかわり（関係性）の中に位置づける必要がある。地方自治体はともすれば国家財政との関わりの中に位置づけようとはしない。地方財政がつねに国家財政を犠牲にして自己の「職務」を達成しょうとしていては，健全で健康的で有用な地方自治体を形成しているとは言えない。行政職員も組織の中で自ら果たす一つの職務や役割にとどまるものではなくて，その職務が全体社会に奉仕するという，全体社会との関わりの中で自らの職務を位置づけるという意図を含んでいる[4]。

このような位置づけが，社会性，公共性の名のもとに，行政職員に自己犠牲や愛他主義精神を強要するものではなく，誰の内にもある「互酬性」，誘因－貢献関係に根ざしていて，特殊な社会的使命というものではない。フォレットの用語では，行政サービスも機能を実現するものであって，自己の組織での職務遂行が全体社会への奉仕ということになる。

2. 行政官僚制　対　M. P. フォレット

　M. ウェーバーが論じた行政官僚制は組織名目説に立脚して，組織は目的達成のための手段にすぎないが，日本では日本的経営の影響を受けて共同体的機能集団になり[5]，さらに組織そのものの実在化を実態的に構成して組織実在説に転じているのが日本の行政組織である。そのために職員のための互助組織に転じやすく，ガバナンスを担う住民が手段化してしまう[6]。所有者支配ではなく経営者支配として行政幹部が実態を把握し，利害関係者の利害対立の調整者として独自の機能を有している。行政職員は地域社会の活性化機能やインフラの再編に知恵や調整能力を発揮しており，公正で的確な調停であれば，さらに住民，各種団体の信頼を高めていく。公正で的確な取り扱いこそ，利害対立の溝に入り込んでも，コンフリクトを解決していくための基盤としての信頼関係を構築していけることになる。信頼関係のインフラがあってこそ，地域の利害対立の調停を行政職員は容易になしうる。

　地方自治体の行政組織は行政官僚制の組織原理に立脚しているにしても，地域社会に存在して地域住民と無関係に存在しているわけではない。地域の伝統に非合理的な面があっても地域のことを考えていかねば，実行力のある施策にはなりえない。コンテキスト・フリーの考えは理論的には考えられるけれども，現実的ではなく，行政改革もそのような文脈で考えざるを得ない。また伝統の継続にはその中に毒を含むということを忘れてはならない。すなわち市場原理とか経済的合理性というのは政治に従属するものであって，政治と経済は密接に関係している。市場競争だけが独立して存在しているというわけではない。P. M. ブラウの言う「社会的交換」という時差があっても互酬性，そしてその底にある人間としての互恵的関係である[7]。経済の取引とは，人間と人間の取引を意味する。

　行政官僚制というのは支配－服従関係のもとでの上からの目線であるが，行政経営というのは行政と住民の協働というガバナンス改革を意図しているだけに，下からの目線も重視した複眼的視点を有している。というのも住民は県境

をこえる自治体同士の連携や合併を求めたり，複数の自治体が独立行政法人のもとで複数の市立病院等が経営統合をしたり，ベースのところを共同業務をすることが考えられるし，組織間関係を重視する視点を有している。そして自己組織系のシステムとして自己変革を行政経営の固有のものと考えていて[8]，連続的な変身も可能である。当然，脱行政官僚制も考えられる。

　行政職員は一般的に業務に関しての人脈に乏しい。幅広い外部のネットワークを持って，お互いの人間関係を基礎にしながらさまざまな情報や知識をえることは少ない。それはただ人脈を通しての情報，知識，アイデアを模倣するのではなくて，文脈に合わせて「共創」するオープンな施策である。

　行政官僚制というのは標準志向が強く，その枠組みは強固なものであって，行政職員はこの標準規範に基づいて画一的に行動しやすい。原発事故によって節電経済に突入し，ピークフリー思想のもとで，この電力平準化が標準にとらわれない思想を導くとされているが，まさに画一的な標準志向から脱却して，ワーク・ライフ・バランス（WLB）にもなじむ働き方や生活様式を根本的に変える好機にもなり，組織にとってもパラダイム改革を求めやすくなっている。タイムシフト，休日シフト，在宅勤務・テレワークシフトなど，生活様式や働き方に大きな影響を与えるのが原発事故が発した節電経済であり，ライフスタイルの変化である。労働生産性を高めながら在宅勤務を進めるには，業務目標の明確化や成果評価の公正化を期する人事評価の確保など，課題が多いが，業務に対する意識改革が組織と個人の両方に進むのであれば，在宅勤務やその他の就労形態の多様化も促進されよう。ここではジェンダーにもやさしい，多様性管理を必要とする。

　それでは M. P. フォレットは行政官僚制の弊害をどのように見て，その克服の現実的な施策を論じうる視点を与えたのであろうか。本章はフォレット研究ではないので，そのポイントを論じて，フォレット学説の有効利用を行政組織においても考えてみたい[9]。

　フォレットの「状況の法則」に基づく統合とは統一（Einheit）ではなくて，多様性を包摂した統合であって，日常的生活経験と相互浸透している。「意味と意図の循環的応答」のプロセスをへて他者の経験と円環的に相互作用している。対象と相互浸透して主―客統合的に作用しあう[10]。われわれは日常的生

活経験の相互浸透的な関係のもとでの意味解釈の重要性を認識していて，文脈を作り変えていくプロセスも有している。住民はガバナンスの担い手として一定の規律のもとで多様性をもっていて，この多様性こそ変革の要因となっている。住民は自己主義や功利主義に毒されることなく，対立を回避せず，他者との対話を通じてコンフリクトを解決していく。人間協働には対立を調停していく局面もあるが，利己的にして利他的な側面があるがゆえに，動態的に収斂していく人間協働の安定性をみる。それは日常的生活経験の相互作用から生成してくる common を有するからである。バーナードが協働体系の common purpose を論じているのは，統一された共同目的というよりも多様性を内包した共通目的を論じるからである。この共通目的も循環的相互作用を経てのことであって，あらかじめ固定的に確定されているわけではない[11]。共同目的と類似目的とを区分したら，フォレットやバーナードは一枚岩の一体性を有するメンバーではなくて，メンバーの多様性を許容しているし，むしろ多様性管理の原流をなすものである。

　そこで，住民，行政組織，行政職員をどのような関係性でとらえるべきであろうか。われわれはフォレットの学説の影響を受けているので，それぞれの主体と対象との間の「創造的相互作用のプロセス」と，そこからえられる「経験」を重視して，認識と主体と対象が，互いに分かちがたく結びついていることに注目する。人間協働をとらえる際に，認識主体と対象を切り離さず，主体と客体，主観と客観が同時に存在する状況としてとらえている。部分の相互関連をどのように認識するかであって，しかも理論も概念も行為を通じて日々変わっていく動態的プロセスとしてとらえている。経験を通じて対象を認識することの重要性をフォレットは論じたが，こうした個々の経験が交織されることにより新たな知識が創造される。まさに～ing という動態的プロセス思考であって，統合というコンフリクト解決の方法こそが，組織の動態化の契機であるととらえる[12]。

　また，行政と住民の協働をどのように理解すべきであろうか。住民と行政はつねに相互作用を続け，互いに形成されていくプロセスを経ていて，一方的に住民が行政に対して反作用しているわけではない。住民が行政との関係性の深さと幅によって，その相互浸透の度合いも異なるが，個々人の個別性や相違は

住民と行政の相互作用のプロセスを経て変化し，有機的に結合される。両者の関係性からも個々人，行政組織は影響される。このような影響しあう動態的プロセスに注目したいし，住民も一方的に行政の下請け化されるわけではない。行政と住民の協働という概念的枠組みすら変化していく。住民と行政との間に何らかのコンフリクトや問題が起こった場合に，双方が自己調整機能を発揮して，それぞれの当事者が自ら全体との関係を踏まえながら相互調整していくことになる。そのコンフリクトを「創発的価値」として認識することも大切である。

このように行政と住民の協働というのは，住民と行政組織が相互に主体的でありつつ，互いに影響しあう関係であって，相互に主体化する動態的プロセスをもたらすような関係としてとらえてこそ，真の協働である。ここでは自己成長的な主体的成長をともにもたらして，M. P. フォレットのいう「創造的経験」を共にもたらす。ここでの事実関係は，主体と客体の相互作用のプロセスにおいて認識されるのであって，経営スタイル，組織のセンスの認識においてもそうである[13]。行政と住民の協働における住民の思考と具体的経験はつねに行政組織と相互に交織しあっているのであって，このようなストレスや緊張を伴う経験を通して新しい状況のための方法に貢献しうる。知覚と概念，思考と活動の相互作用のプロセスを動態的に見ることが大切である。フォレットは，ともすれば概念が実際に存在しているものと見誤り，それによってとらえられる現実，あるいはその概念から引き起こされる活動のものを見ようとしなくなる危険性を論じている[14]。

行政組織，行政職員，住民の協働にしても，その概念（コンセプト）を固定的にとらえてはいけないのであって，住民，職員，行政組織もいかにその経験を創造的にしていくかが問われる。その概念的構図を活動をつうじて包括してこそ，真の行政と職員，住民の協働に発展していく。お互いの相違が明らかになり，互いの価値観がより明確にあらわれることにより，円環的応答が初めて可能になるとフォレットはいう[15]。協働状況で用いられる「言葉」も問題があって，同一の言葉をそれぞれの主観によってとらえているために，互いに異なる解釈を行っていることに注意しないと，健全な協働がえられない。それゆえ統合は，目的や価値意識の変化を前提として，このプロセスの中で真のコン

フリクト解決の道を模索するものであって，このプロセスには，つねに互いの相互作用から新たな価値が生まれる必要がある[16]。

　行政側のこれまでの習慣としては住民を支配しようとしたり，使われる役所用語が対立を激化させたり，行政リーダーの不当な暗示や影響力によって，現実にはフォレットが論じるように統合の機会が見逃される場合が多い[17]。真の行政と住民の協働のための全体状況がもたらされるには，統合による新たな価値の創発が不可欠である[18]。ちなみにフォレットの言う価値とは，われわれの経験に根ざし，相互作用を通じて日々新たに生み出され，行為により変化させられていくものであると認識されている。価値がつねにつくり出され，生み出されるプロセスを「創発」という[19]。

　このように行政組織を支配ー服従型の行政官僚制の枠を超えて，そして機構的機能主義から脱却して，主体的で能動的な組織の動態的プロセスを経て，自己組織的な組織システムへと変革するのがわれわれの意図である。その担い手としての行政職員に対しても自発的動機づけに注目して，行政組織との誘因ー貢献関係の統合的バランスをめざしている。公務員バッシングでは何も生まれてこないのであって，職員を正当に評価して，人的資源投資をして人材を育成して政策官庁へ脱皮することはさらに大切である。われわれが担った人事評価，人事考課マニュアルについては，本を改めて論じることにする。

3. 現行の行政組織

　まず行政組織と比較される企業組織の現在の状況を見てみよう。飛躍的な技術進歩のために，家電メーカーのように，昨日の成功モデルは一挙に崩れ去る。しかし，これまで成功してきたのであるから，そのビジネスモデルの変更は極めてむずかしい。とくにビジネスモデルの変更による成果が自らの退任後しか得られない現在の経営者にとっては，当面の収益を犠牲にする決断はむずかしい。無私の精神，使命感を持つ経営者であっても，当面の犠牲を大きくする決断はしにくい。下請けの大きな再編を含めて現状の変更はつねに大きな壁にぶち当たるし，組織が大きいほど安定的な組織ルーチンが形成されてい

て[20]，その壁は厚く強固である．既得権益といえるほど大きな利益ではなくても，役員，従業員，退職者，取引先に至るまで，現状から利益を得ている利害集団があり，さらに表に出ない現状維持の理由は無数といえるほどある．非公式の了解事項も多数ある．

　過去に成功した伝統ある大企業ほど，その遺産コストのゆえに現状の変更には乗り越えられないほどの大きな苦痛を伴う．多くの企業は自己の問題点を認識していて，やるべきことは分かっていても，破綻かそれに近い状態にならない限り，根本的な改革はできにくく，これまで業績が急回復した日産自動車等もやるべきとわかっていたことを実行した結果といえよう．このことは諸外国の事例でも変わらずアップル，サムスン電子でも破綻寸前まで追い込まれたが，大規模な経営改革で再度，成長を加速させた．見方を変えれば日本の企業もとことん追い詰められれば，事業モデルを再構築して再び成長する契機をつかむことも可能といえよう．

　しかし問題は，企業とは違って，行動の結果がその存亡に反映されない行政組織のような行動である．首長や議会の議員はその施策を次の選挙で信認を受けるが，今までの行政職員は地方公務員法40条で業績評価を受けることになっていても，その基準は甘く財政が危機的状況であっても，追い詰められることはなく，地方財政健全化法でいう「早期健全化団体」に転落するまで危機意識も欠如しやすかったといえる．いかに行政組織の現状維持の壁が厚いとはいえ，財政破綻するまで待つわけにはいかないので，行財政改革を曲りなりにも推進してきたが，その改革が一定レベルに達すると大きな壁にぶちあたり，むしろ規律が緩んで職員の給与削減ももとにもどす圧力が高まって，改革を徹底させることはできない．その結果として，行政改革は本丸を攻められず，周辺の弱小部門の切り捨てや，削りやすいところを削って住民サービスの質の低下を招きやすい側面を有している．健全な住民サービスを維持しながらの財政支出の削減を考えないと，血の通った住民への経済負担の適正な施策にはならない．ゴミ収集の有料化，手数料，使用料の値上げを推進してきたが，一方では法の期限が切れても施設・土地の無償貸与とか，使用料の大幅な減免，使用料の大きな価格格差など不公正な面を大きく残している．これは明らかに既得権益者の優遇であって，しかもその実態を不明確にして，情報開示にも消極的

であるといえる。このように行政組織では現状固定の壁があらゆる領域に及んでいて，行動の成果がその組織の存亡に反映されないので，現実には行政組織は追い詰められるような経験をもつことがなく，一歩踏み込んでの行政改革には利害関係者だけではなくて行政職員の現状維持の壁によってはばまれている[21]。

　このような組織の慣性の実態とその打破について，現実に即して論じてみよう。一度採用した路線を踏襲していくことを，組織の慣性という。組織の慣性が生じる理由として，H. A. サイモンのいう経営体の限定合理性の故であって，意思決定に際してあらゆる状況を把握して，すべての選択肢を精査して意思決定を行っているわけではない。むしろ，手近で思いつきやすく親しみのある選択肢，すなわち前と同じ選択肢に頼りがちになる。とくに前に選択した結果が満足いくレベルであれば，同じ選択肢が選ばれ，一つの路線が形成されていく。またある選択肢を実施するには，さまざまなノウハウが必要になる。それゆえ一度修得したノウハウは，再利用した方が効率的なために慣性が発生する。さらに，ある路線が長期継続されると，その路線の踏襲自体があたかも当然と位置づけられて，組織の中からその継続に疑問も湧きにくくなる。

　慣性は組織の路線選択を狭め，意思決定の手間や労力を省く。また一度獲得したノウハウの利用につながる意味でも，効率性を高める。けれども慣性が働き，実は別の路線への切り替えが望ましい状況にもかかわらず，既定路線に固定化した場合，組織の危機がもたらされる。これを「能力の罠」という。特定の交渉のノウハウがあまりにも深く蓄積されていると，他の制度・仕組みを導入した方がよいにもかかわらず，蓄積されたものを生かす路線に固執してしまう。埋没コスト・慣性を強化する経験の蓄積は，今日では組織の環境適応の障害となる場合が少なくない[22]。

　一度ある路線をとると，その路線を踏襲し続けることの多いのが行政組織の特色であって，組織の慣性が生じやすい。一度走り出した路線を踏襲し続けていく組織の慣性が組織全体に及び，その後も同じパターンを取りやすい。前に選択した結果がまずまず満足いくレベルであれば，他にレベル・アップしていく可能性があっても，同じ選択肢が選ばれ，一つの路線が形成されていくだけではなくて，その仕方が踏襲され続ける。職員にとって慣れもあるが，一度取

得したノウハウは再利用したほうが組織目的の達成に効果的であるからであるが，実態はその効力は枠組みに変化がない場合だけである。さらにある路線が長期継続されると，その路線が職員に当然と考えられて，前例踏襲主義が強化されて，組織の中から疑問も湧かなくなってしまう。前例踏襲主義と組織の慣性が相乗して，環境が激変して切り替えが望ましくなっても，既定路線が固定化されてしまっているので，地方自治体のように財政危機がもたらされても，さらに地方交付税交付金に継続して依存できると妄想したりして，本当の危機になってしまう。シングル・ループの枠組みの改良ですむならば，組織の慣性も効率的な面があるので，その取得したノウハウの再利用が優先されようが，今，論じられていることは，枠組みの変革というダブル・ループの発想であって[23]，蓄積した経験・ノウハウが改革の足枷になりやすい状況になっている。

　組織の一体化のモデルのもとでは，異質の発想を排除しやすく，「集団浅慮」にも陥りやすい。自らが所属する職場や組織が正しい判断を行うという確信をして，論拠もなく過度に楽観的になったりする。自己組織のイメージを覆す情報は無視し，一部に異論があっても認めたがらない。その結果として，ある事業目標の達成をめざす時に，財務的リスクや代替手段の検討不足が生じて元資料を偏見や主観的認識に基づいて分析し評価してしまう。組織一体化モデルの下で議論した結論は，一方向に突っ走る傾向があり，保守的なものはより保守的な方向へのバイアスがかかる。その結果として，事業のリスクとリターンのバランスが崩れ，事業目標を達成できる確率が低下してしまう。行政組織ではその「集団浅慮の罠」に対しても一般会計等からの繰入金でごまかしてしまう。

　行政改革においてはこのような負の共同幻想を打ち破る仕組みの構築に力を入れていて，最終的に求められるのは経営トップ，トップ層の資質に求められる。まず従来の慣行から距離を置いて，自らは批判的な評価者としての立場を取って，意思決定の場で，最初から自分の好みや希望を主張しないことが求められる。そして，過去の経営上の失敗事例を冷静に分析して，その情報を共有できる環境づくりが求められる。たとえば，過去の大きな失敗について，その背景や意思決定プロセスなどを反省して，その情報を共有することも大切といえよう。

3. 現行の行政組織　77

　行政組織が陥った失敗の本質が解明されることが少ないが，失敗の本質をトップ自らが認識して，資料として詳細に記述しておくことも大切である。これは「集団浅慮の罠」に陥らない方策の一つといえよう。目の前の現実を否定し，自分の思い込みに固執するだけでは，将来の行政経営に悪影響を及ぼしかねない。すでに行政組織を取り巻く環境は激変していて，地方交付税依存にも大きな限界があり，税収も減少している。まさに最小のコストで最大効果の実現が財政危機の対応には不可欠であって，首長・行政幹部自らが過去の栄光にとらわれることなく，危機意識を認識できる組織風土づくりの先頭に立ってこそ，行政改革は推進できる[24]。

　一般的な組織一体化モデルの下では，包摂よりも排除の論理を優先させるので，一人で考えれば当然きづくが，集団だと見落として大きな過ちを犯してしまう「集団浅慮の罠」に陥りやすい。投入資源量に基づく政策効果は間違いなのに，それにならされて，最少経費で最大効果の実現という発想を持ちにくくしている。地方交付税依存を当然視し，過度に地域文脈を評価して，将来リスクに対する認識が不足していないかをチェックする機能が弱体化している。この構造的要因の変革も大切である。

　行政組織は責任の問題もあって，細部では厳密性，正確性を要求されるので，あいまいな新規のことに着手することはリスクを大きくする。そのために自治体独自のイノベーションや施策は失敗しやすいこともあって，回避される。一方，行政職員は世評とは異なって「勤勉の精神」から逸脱しているわけではない。整理，整頓，清掃，清潔，しつけの5Sは日本の大企業と同じく職員に律せられていて，真面目で勤勉の精神は行政職員の姿といえよう。そして倫理的，公共的な態度は一貫して持ち続けていて，地域社会の住民の価値基準が行政職員にも反映されているとも言える。それは特定のリーダーが職員に浸透させたと言うよりも，地域社会で住民の間で伝承された努力・勤勉というエートスを反映している。それがさらに鍛え磨かれて，組織文化として行政職員に定着しているといえよう。

　マスコミの公務員批判には，職員の一部例外を誇張したものが多く，行政改革においても生真面目に誠実に実行していて，行政改革委員として感動をおぼえることも少なくない。残業手当の予算が制限されていることもあって，長い

時間のサービス残業を無報酬でこなしてる人も少なくなく，地域社会において人間として立派な人も少なくない。
　民間企業に就職していればもっと多くの年収を得られたであろう人も少なくなく，「ローカル・エリート」と言えるだろう。しかし部長級であっても，その才能・能力に比して，年収が大企業と比べて決して高いとは言えない。年収においてはピラミッド組織の上下の格差は市町村においては小さく，上下の格差は民間に比して縮小されている。それゆえ職員は矜持や社会貢献，非経済的報酬に意義を見出している。そのために行政職員の功績を正当に認めることが大切であって，それを評価する内外のシステムを構築しないと，今後どのような能力が必要なのかを共に考えなくなってしまう。
　地方自治体の行政職員は大きな時代の変化の転換期という認識は薄いけれども，時代は非連続的に変化している。郵政省の研修所で経営管理を教えていたときに，イギリスの郵政公社がどのようにして民営化されたかを論じたが，郵政省の職員にとっては関心の薄いことであった。しかし郵政公社を経て民営化された。地方自治体の職員も地方自治体自体が独立行政法人になることを考えていないが，そのような非連続的変化はありうることである。また，独立行政法人に採用された人が市町村に出向したり派遣されることも考えうるのであって，公務員が定年まで雇用が保障されているとは限らない。現に再建準用団体に転落した北海道夕張市の職員は退職を容儀なくされた人も少なくない。低収入によって転職せざるを得ない状況に追いやられる人も多くみられる。
　若手・中堅の職員も行政組織に囲い込まれるのではなくて，組織内外に機会を求める転職可能能力を高めることは，自己保身のみならずに交渉力をたかめることにもなる。U市では2013年度から全職員に対して「人事考課マニュアル」にしたがって人材育成のための人事評価を行い，その成果によって昇進も容易にするが，恣意的な評価を排して客観的で合意しやすいように基準づくりがされている。これで組織変革が一気に進むとは考えていないが，健全な緊張関係が組織の緩みを是正してくれる。とり立てて処方箋を論じる気はないけれども[25]，目標による管理，挑戦，そしてセルフ・コントロールを重視した組織の活性化であって，特定の人を取り除く排除の論理を求めるものではない。人材育成と包摂の論理を大切にしていて，行政職員の協働意欲を高めること

に力点を置いている。そのために大いに評価に対しての異議申し立てを認めるし，それをもって特定の人をマイナス評価するわけではない。市の行政改革委員・会長として行政に関与する機会をえたことは，行政職員の人的資源管理上の方略を考える契機になっている。行政の内部資料なので公表はしないが，地方公務員法40条1項にしたがって，職員の業績を評価して正当に位置づけて，努力，才能，業績に報いる誘因―貢献関係は大切なことである。経済的報酬は抜群の業績であっても限られているが，社会的報酬，威信，承認，評価づけ，昇進，重要な仕事を担わすことなどは大いに実施することができる。国のキャリヤ組のようなものは市町村には存在しないが，就職してからの人事評価によっては加速的昇進もありうる。それは一回の成績で決まるものではないから，その処遇にたいして他の職員の納得，合意もえやすい。

　行政組織において職員の人材育成に力を入れるのは，職員の専門的知識・能力を高めるだけではなくて，人間協働のシステムとしての関係性を充実させ，さらに人間的成長の場として活力をもたらすためである。個々人の能力を引き出し開発していくことも管理者・上司の責務であって，上司と部下というのは，ともに専門的技能の習熟に加えて，鍛え磨き合う関係でもあって，品性の高潔さも含めて人間的成長を高め合う関係でもある。セルフ・コントロール，組織と個人がともに自己を生かし合う関係を構築してこそ，組織のダイナミズムは維持される。メンバーの決断と信念を重視するのも，ことなかれ主義を排除するからである[26]。ここでは継続的プロセスとしての調整，整合が重視される。

　多くの地方自治体は過剰に地方交付税に歳入を依存しているので，国による各自治体の意思決定への過剰介入が，自治体の横並び的な行動を促進し，自律的な行政経営革新を阻害している。しかも単サイクルの人事異動と減点主義によることなかれ主義をもたらして，住民との継続的な渉外活動を低下させている。ネットで入手しうるデータを収集するのは意思決定するのに際して参考にはなるが，やはり地道に住民や利害関係者と接して，定性情報を集め，それを積極的に活用しないと，行政と住民の協働にしても，きわめて対象領域は限定されたものになってしまう。

　そのためにも各担当者の決済権限の拡大や，定性情報の有効活用を促進する

ような組織づくりが求められるし，行政組織では収益性は低くても将来性（公益性）の高い案件はもっと積極的に着手して，そこが企業組織との違いにもなる。行政組織の自律的な経営革新を通じて，定性情報を入手する職人的な現場担当者を育成する組織の環境づくりが地域社会の諸組織，個人への本当に必要な支援システムになるだろう。

　行政組織には現状を維持し明日もそうあって欲しいという組織の「慣性の法則」がとくに働きやすいのは，そこに既得権益も含まれているからである。その独占的事業システムの下では，競争がなかったり競争が著しく制限されているので，強力な「組織の慣性」が働いていて，それを放置していると職員が互助組織化したり，時には既得権益の擁護のために暴走したりして，行政にとって都合の悪い委員ははずしたりする。圧倒的に権力をもつ行政組織は露骨な権力の行使はかえって効力のないことを熟知しているので，巧妙に抵抗勢力を押しつぶす手立てを講じて，しかし「阿吽の呼吸」のように責任の所在を不明にしてしまう。

　民間企業でも組織の「慣性の法則」が働くけれども，他組織との競争や，思わぬイノベーションや急速な変化が出現するために，既得権益にもかかわらず，組織環境に適合しなければならない。そのために，いやおうなしに，変化する明日に備える準備をしておかねばならない。行政組織のように競争が制限されている組織体では，合併特例優遇期をへて地方交付税の減少が大きくて確実であるのに，その変化を無視したり，場合によっては法令を変える運動をしたりして，変化を忌避しょうとする強力な力が組織ルーチンとしても働く。外郭団体にしても組織自体を存続させることを目的として，そこに出向している行政職員でさえも，その組織の存在理由に疑問をもっても，個人の正義や良識などは無視されて，組織存在にどれだけコストがかかろうとその利権のために維持される。

　市場競争がないがゆえに，職員の互助組織化，かばい合い，既得権益の正当化，住民軽視という長年の慣性は，住民サービスの質の向上も建前化して，自己権益の擁護ということに本音が存する。組織防衛のためには，都合の悪い部分を隠蔽したり，言い逃れを繰り返す人を昇進させたりして，組織慣性の上で組織擁護の行動基準しか持てなくなってしまう。行政官僚制というのは組織の

「慣性の法則」をもたらしやすいだけではなくて，利権の拡大も追求しやすい組織になっている．それは危機的財政状態に陥ってもそうであって，行政改革を推進していても，歳出拡大，組織の膨張をもたらす力は強い[27]．

　行政組織は産業の競争力が問われることが少ないことであって，人事評価も行政能力，組織目的達成労力に加えて，仕事への態度，意欲，関心など主観的な指標のウェイトを大きくしているので，労働力の質を高めると言うより，横並びになりやすい．適切なルールの下での自由な競争は組織効率を高めるが，不適切なルールの下では競争が歪められて，仕事達成への意欲を削いでしまう．不適切なルールとは，あいまい，過少，過剰なルールである．行政組織では「無誤謬性」という形を優先させているので，個人の創意工夫を削るような過剰なルールになりやすい．ルールの不適正な運用とは，一貫性を欠く適用や事後的にルールをつくり適用するケースである．行政組織では過少なルールということはなく，過剰なルールをしかも厳格に適用しょうとするから，職員の自由を奪いやすく，企画においても自縄自縛になりやすい．過剰なルールが枠組みの変革を抑圧している[28]．

　行政組織のもう一つの問題点は，行政組織そのものの肥大化を監視する機能が弱体化しているので，ルールの一貫性を欠く適用や，便宜主義的に事後的にルールを作り適用するケースであって，そのことが行政組織を職員の互助組織化をもたらして，新規採用者を極端に抑制し，さらに自分らの定年延長を意図して，若者の昇進スピードをさらに遅らせている．市場競争と競合する分野でも，市場競争を回避する不適切なルールを作って，一般会計の負担を大きくする繰入金をあいまいな基準の下で増大させている．事後の赤字補填から事前予算制度に移行しておかないと，各事業会計の繰入金への歯止めのない不適切なルールになる．負担の公平性ということなくして，改革への合意形成はむずかしい．

　これまで日本の行政組織においては特殊行政能力を育成してきたから，市場の論理とは直接的に関連を持たせない，いわば労働市場の内部組織化をなしてきたので，転職には有利とは言えない．そのかわりに雇用形態に安心感をもたらしていて，民間のようにたやすく解雇されない．ただ財政状況の悪化によって50代の職員に退職勧奨があったり，管理職は58歳で退職するよう勧奨され

て，ほぼ該当者は実質的にやめざるをえない状況になっている市町村も少なくない。U市に置いては管理職の人は58歳で退職しており，年金生活の65歳までの7年間をどのように過ごしていくかが課題になっている。小さな市なのに職員数が類似団体と比較すると多いのは事実であって，旧町村の合併によって類似施設の統廃合が一足飛びに出来ない状況もある。面積も広くて，地元の住民にとって，利便性を欠くとして，それぞれの施設の存続を望んでいる。

　他方，行政組織もそれぞれの職場単位で暗黙の了解事項や暗黙知を形成していて，それは外部の部外者にとってはとらえにくく理解しにくいものになっている。そのため理念，施策としての行政改革は論じえても，それを実行していく具体的な仕組みとなると行政職員の協力なくして行政改革は推進されないのである。すなわち本格的な行政改革の推進に当たっての，行政職員の改革意欲，貢献意欲にポイントをあわせた研究は少ないが，その積極的な改革意欲を高める工夫こそ行政改革には不可欠である。この点職員の給与水準を一律に下げることは抵抗が大きいが，効力も小さい。しかし，住民の行政職員に対しての感情的反発やその長期持続的雇用形態への嫉妬もあったりして，ガバナンスの担い手としての行政職員とはなかなか感情的に融合しない。行政職員は国家官僚制的組織形態に組み込まれているので，住民に必ずしも顔を向けているとは言えず，地方交付税や債務に依存した歳入なので，自主財源をもたらす納税者の納税の意義を軽く見ている側面がないとは言えない。行政職員と一般住民との間にはその思考様式・行動様式にズレがあったりして，意外に住民と行政の協働にはコンフリクトが生じやすい。両者のパートナーシップがもとめられているが，協働には自発的協働から強制的協働という広範囲の内容を含んでいて，場合によっては行政側からの住民への強制的協働ということになりうる。あるいは行政と住民の協働と言う名のもとで住民を下請化して自己の枠組みの中に組み込んでしまって，それは自発的協働というものになりにくくなっている。

　行政組織は住民に対しての政策的誘導が上手なだけに，住民はむしろ行政組織に依存しその枠組みの中で行動することが楽であることに気づき，それに折り合うように行動するようになる。いわば住民は行政に抱きこまれるような形になり，委員もそのような基準で選ばれやすくなる。癒着ということも生じや

すいのは，行政側の配慮によって委員が選ばれていて，むしろ公募委員は迷惑と思われたりして，公募委員が広い領域で募集されているわけではない。「御用学者」と言われても仕方ない人もいて，行政組織の委員に任命されるのを自己の箔付けに利用している。

　行政改革においては行政職員と対立する施策も少なくなく，首長は選挙公約によって選出されているので，公約と行政職員の利害が大きく対立することも少なくない。ここで行政改革委員として両者の利害対立をどのように調停していくかである。あらゆる領域にわたってコンフリクト・マネジメントは不可欠であって，行政組織を取り巻く利害関係者との交渉や調停は決して容易ではないので，かなりの交渉力や調停力を必要としている。また行政職員にしても，県の下水道浄化センターの市への移管問題にしても，これは市に重い財政負担を強いられるので，県へのねばり強い依存的弱者から強者への交渉が必要である。

　市立病院にしても医大への医師派遣への腰をすえた交渉を必要としており，まさに行政職員の交渉力や調停力を高めないと現状をさらに悪化させてしまう。人的資源の育成にしても一定の枠づけられた幅に終わってしまうから，外部委託も欠かせないのであって，どのようにかね合わせてバランスの良い整合性を高めていくかである。もちろん行政職員も行政改革委員との駆け引きもあって，手の内を見せないから，あるいは情報の非対称性が大きいから，両者が融合して行政改革を推進しているとは言えず，それぞれの立場から対立しながら行政改革を担っているが，それぞれの相手に対して不満を持っているのは当然である。ここでもM. P. フォレットの言うように，調整，整合，統合のプロセスを必要としており，現実にはどのように利害を折り合わせるかである。折り合わせのつけ方やすり合わせによって，一定の合意を経て改革を実施し次のステップと進めている。

　フォレットは，問題に直面してこれを解決するプロセスそのものを重視したのであるが，問題解決の継続的プロセスの中で，ある状況から次の状況へと変化させていく契機を与え，そのプロセスで問題を解決していくのが統合のプロセスである。フォレットにとっては統制はプロセスであり，統制は諸要素の相互関連的な調整作用である。こうした調整をつうじて統合的統一体・機能的統

一体として組織を統制することが，フォレットのいう管理のプロセスである。すなわち管理を自己統制のプロセスと捉え，組織に参加するすべての人々が管理的機能の遂行者として捉えると，リーダーにも相互作用の考え方を適用して，組織はつねに円環的応答によって動態化されているプロセスととらえて，リーダーシップもその流れの中にあり，流れを円滑に継続させていくための「作用」として考えられる[29]。

4. 行政職員への誘因－貢献関係

行政組織にとって強さと弊害に両面性をもつ「部課縦割り」に部課横断的な総合調整機能という「横串」を通すことの重要性が行政改革推進室をつうじて論じられている。しかし縦割りの職務権限との「横串」の調整がむずかしいのは，U市では行政改革推進室（総務課長兼任）にそれほどの力がなく，首長の意向を反映していても，各部課との利害対立の調整が容易ではないからである。そこで行政改革委員が目標を高く広く長期的なビジョンのもとで設定して，実際の実行は行政職員が着実，綿密に行うことを期待している。行政経営戦略も行政改革委員の担うところであるが，戦術も時には論じる。行政職員の提示した案は戦術であっても戦略ではないから，戦略をカバーできない。日本では行政官僚制といえども，決して機械的な組織ではなくて，日本的風土を反映して有機的である。上司の意図を良くつかみ，忠実にそれを遂行していく誠実さが求められる。つねに住民のニーズをとらえるとともに，自ら主体的に自己を鍛え磨いていく努力が必要であって，行政組織も人材育成のための機会を与え，投資を怠ってはならない。財政改革中であっても，大局的な着眼のもとで中長期を展望して人材投資に力を入れていくことが求められる。そして人材育成プログラムにおいて内外の承認，認められたいという行政職員の欲求に対応した評価システムも必要である[30]。人事考課マニュアルは包摂の論理にもとづいて人材育成に力を入れていて，職員を排除や阻害しょうとするものではない。人権，ジェンダー・コンフリクトの解決やワーク・ライフ・バランス（WLB）に力をいれるのも，人材を有用な人的経営資源として考えていて，謙

4. 行政職員への誘因－貢献関係　85

虚に自己成長を目指す人間を支援し，全組織的改革プロジェクトを推進していく改革である。

そのためにも行政官僚制にもとづく「縦割り」の組織形態に「横串」をどのように入れるかが重要であって，ここにまた行政改革推進室の大きな任務がある。部課横断的な総合調整機能なくしては，フォレットの言う全体的整合性は得られず，既存の既得権益が固定化されてしまう。今や，首長の陣頭指揮の下で組織改革が推進されているが，「横串」をいれなくては，いかに行政改革をスローガンにしていても改革に向けての水平的コンフリクトの解決をしながらの相互的調整機能の発揮はむずかしい。

ただ，権限をめぐっての行政組織の利害対立が大きいだけに，「横串」を入れる人々が主体的で，意識的，意図的な努力を持続させなければ，部課縦割りの行政組織に部課横断的な総合調整機能を現実的に機能させることはむずかしい。交渉や調停のコンフリクト・マネジメントを欠くと，あるいは日常的反復の改革プロセスを欠くと，行政改革自体の改革は若干の修正，補充に終わってしまう。

行政組織は組織一体化モデルのもとで，多様性を排し上下が機能的に秩序付けられていると言われてきたが，情報通信技術の急速な進歩で組織内外のつながりが容易になった割には，これまで意識されなかった世代間の認識ギャップも大きくなっている。50代の定年前の職員は正規雇用のままで現行の年収を保証されるような定年延長の施策形成に熱心であるが，若手にとっては，そのような取り組みは，組織の持続可能性や人材の流動性を高める取り組みにマイナスと考えられていて，高年齢層の自己能力の「共同主観」とは大きなズレが生じている。若手にとっては，むしろ広範囲に進める組織間のネットワーキングや外部委託，各種の連携をつうじて，退職世代の持つ知恵や経験を伝承させていく仕組みを考えている。もちろん職員OBの知恵や経験を無視しているわけではないが，余計な「口出し」や干渉を避けたい気持ちは若手に強い。画一的に行政職員を論ずるわけにはいかないのである。

このことは男女職員のジェンダー問題にもかかわってくる。つまり情報通信技術の急速な進歩で男女間のつながり，アクセスはしやすくなったけれども，それと同時に，これまで意識されなかったジェンダー・バッシングのような断

絶が進みつつある。仕事と家庭の両立支援策があれほど論じられて，WLB 施策の定着を試みたのに，逆に出産後の仕事では過重な労働負担になったりして，少子化の歯止めは弱体化している。これまで地域市場で埋もれていた価値を提供できる戦略をどのように企画・立案し実行するためのオープン・グローバルノウハウをどのように開発し蓄積していくかにしても，女性労働に必要な多様性管理にしても，一歩後退しているように見える。行政改革の一環とされていた残業規制もなし崩し的になくなり，そのことが労働時間の短縮と逆行して，子育て環境を悪化させているように思える。ワークとライフは相互浸透して，生産性にも寄与すると言う側面が，目先の利益のために無視されている。ユーザーはライフに根ざしている。

　WLB に対しても誤解があって，ライフを通じての異なった仕事への発想の仕方や企画に活かせることを無視して，二項対立的にワークとライフをとらえている。ますます高付加価値を生み出す異質の発想が必要であるのに，同質の発想に閉じ込めようとしている。組織ルーチンでさえもダイナミズムを求められる今日なのに，その動態的プロセスを無視している人も多い。相互主体的な動態的プロセスを「円環的対応」として論じたフォレット（1868~1933）の思想や理論は今だに理解されていない。女性の相互理解に基づく「円環的応答力」が弱いわけではない。異質性，多様性，相違の意義がまだ理解されていない[31]。

　M. P. フォレットも C. I. バーナードも利他主義的な倫理性を論じても，決して社会的報酬を含めて互酬的社会関係を軽視せず，むしろ重視したし，誘因－貢献関係という枠組みの中でシステム的な相互作用を論じている。WLB 施策もその一環のなかでとらえられていけば，ライフがワークを駆逐するようなものではない。まさにワークとライフの互酬的なバランスの形成であって，フォレットやバーナードの理論になじむものであり，地域市場，家庭で価値を提供できる戦力と結びついている。子育て中であっても在宅勤務であっても，自己統制は求められ，自ら鍛え磨く基本的姿勢は変わらない。そうでないと職場に復帰後の自分の能力発揮に困る。既存の組織の枠組みでは身につけられない知識やスキルを家事労働を通じて身につけることが出来るし，子育てを通じて社会の関係性というものを学習することが出来る。WLB 施策は労働の質を高め

て，コンフリクト解決にも大いに貢献できる。

　そこでバーナードの誘因―貢献の均衡モデルを，D. カッツとR. L. カーンはどのようにみたであろうかを見てみよう。カッツとカーンが維持的入力として論及している，「システムにおける人員雇用とその維持保有は，機械的モデルでは無視している。古典的アプローチにおける組織設計の焦点は，組織によって提供された報酬や組織メンバーの動機付けにはほとんど注意を払っていない。R. マートン，A. W. グルドナーやT. パーソンズの研究よりも先駆したバーナードは，明らかに『経営者の役割』(1938) で記述しているように，その問題を認識していたし，均衡仮説（誘因―貢献理論）を提示していた。バーナードは，人々が組織に参加し，組織の機能付けに自分らのエネルギーをもって貢献する代わりに，自分らが受け取る金銭的報酬やその他の報酬をその代償として受け取ると主張する。安い賃金労働の代わりに失業ということになれば，人々は安い賃金労働を受け入れるだろう。マルクス主義の観点では，労働者が受け取る報酬と労働者が投入し費消した努力とにインバランスがある。けれどもバーナードは，個人が組織から去るよりも組織にとどまることを選択する限りにおいて，そのシステムは均衡が存するという。多くの組織において超過勤務・残業は，誘因―貢献仮説が仮定しているように，組織の安定性を示している。けれどもそこにはまた，変革の期間があって，統合されたコンフリクトの解決があるというバランスと，本質的に綱引きがあるバランスとを区分するための何らかの理由がある」[32]。バーナードの誘因―貢献理論は経済的誘因に加えて社会的誘因の効用の大きさを認識しているので，一時的に経済的に不満であっても，J. G. マーチとH. A. サイモンが不満でも組織にとどまる（受忍の限度）に論及しているように，一定の許容水準がある[33]。

　行政改革には内面的に動機付けられている職員を少なからず必要としていて，いわば，「組織人として心理的契約を自覚した人である。できるだけ多くの有能な，そして意欲的な改革の担い手が，その改革の理念を外から強いられるのではなく，逆に自ら求めて，そのなかに入り込むことで改善は成功への端緒を得ることができる。改革を内面化できるかどうかである。モチベーションの理論でいえば動機の一部に改善を位置づけることができるかどうかである」[34]。さらに田尾雅夫教授は，自己決定しうる選択肢が多くあるのに加え

て,「有能さを示したい,その気持ちを実現させてくれる仕事に内面的に動機づけられているが,この気持ちに棹をさすような否定的な情報や報酬がもたらされたならば,動機づけの程度は弱くなる。この意味でフィードバックは重要である。フィードバックは個人の役割を明らかにしてくれたり,習熟度や有能感を高め,いっそう動機づけにいたらしめることもある[35]」。

　行政改革においても改革はモチベーションの問題であると自覚する首長は少ないが,「改革に向かう心理とは,当事者の意欲を内面から駆り立てるようなしくみの構築を必要としている。自分の出番であるという気持ちにさせるような機会を多くすること,そして,その気持ちを持続させるようなしくみを構築すること[36]」こそ,今日の地方自治体の行政改革に必要とする。行政改革の推進に向けて,いかに職員を有効に動機づけるかである。

　行政職員は行政組織の党首組織的要因を強調するのであるが,組織の類型や比較組織論的研究においては,とりたててその特殊性を強調する意義は少ない。むしろ行政職員だから動機づけにあたって,誘因－貢献関係の枠の外にあるわけではなくて,経済的報酬に加えて社会的報酬は誘因としての意義をもっているけれども,それはC. I. バーナードも論じているように,企業においても同様のことが言える。改革の推進度合に応じて経済的報酬を変動させることは意義のあることであって,事実,職員の5％給与カットを行政改革推進手当的な色彩で2分の1にカット率を引き下げたが,これは行政組織の効率を高めて,職員の改革意欲を刺激している。さらに行財政改革を推進してカット率をなくすことが目標であり,改革努力が報いられるステップが必要であり,精神論だけではうまくいかない。金銭的裏づけは,職員の努力,協力を具体的に認めることになり,職員の承認欲求も満たすことになる。承認欲求を組織内外において充足できれば,一段の効力を発揮しうるから,住民も行政職員を批判ばかりしていては,職員の意欲を喚起できない[37]。

　他方,地元の業者にとって行政組織は大きな顧客でもあって,権益,利益を追求する場になっている。一つひとつの利益はわずかであっても,安定性,継続性が得れるので,入札以外の物品,サービスの購入者としての魅力は大きいし,支払いも確実なので,リスクが少なくて,かつ持続可能性という点でも行政組織との取引には大きな誘因を有している。もちろん場合によっては利

益がほとんどなくて，短期的には割の合わないこともあるが，「不満でもとどまる」領域があるので[38]，赤字だからただちに取引をやめると言うわけではない。行政の仕事はその時は赤字であっても，他のことで埋め合わせしれくれたりして，「損して得を取る」事も少なくない。中長期的にはバランスのとれた誘因－貢献関係になっている。こうして業者にとっては，手堅くうまみのある取引になっていて，行政組織にとっても業者の本当の原価というものを把握できていないので，業者が高めの原価をいうことも可能であって，デフレで原価が下がっていても，高めに設定された納入価格を予算効率化のために値切られるということもない。自治体の方が交渉力が弱い。

　市町村においては入札の積算価格を自ら算定できないことが多く，国，県の基準に依拠して積算するので，それらの資料を入手している業者にしては談合しなくても最低入札価格は容易に算定できる。だからぎりぎりの入札価格で落札することもむずかしくなく，後は仕事の調整である。このように地方自治体は業者にとって安定した，しかも支払いが確実で踏み倒しがなく優良な取引相手になっている。そのことが行政職員の地位的立場を有利にする。いわば業者は行政組織に依存する関係にあるから，行政は権力を発生させやすく，事実，J. フェファーの資源依存モデルのように行政職員は，業者に対して優越的立場にある。このことが行政職員の自由裁量の幅に関係するが，職員に優越的地位・位置づけをもたらす。首長に対しても業者に同じような図式をもたらすが，細部の実務的なことは首長はよくわからないので，突っ込んでの交渉を担うのはやはり職務を担う職員であって，そこに支配的立場を利用しての権力的な図式がえられる。

　このような仕組みのもとでは，行政職員は業者に対して単なる取引の相手というだけではなくて，業者の選定しなおしや価格交渉をよりシビアにもなしうる自由裁量を行使する戦略的地位にいるので，業者は非対等的な相手にもなりうるので，賄賂と言うことではなくて，日頃からの人間関係やスキャンダルのなさが取引条件になったりする。ここでは地元の有力業者も首長，議員をつうじてネットワークを有していても，行政職員にとっては対等の取引相手ではなくなり，業者もその依存関係を暗黙に承認したりして，気をつかう存在になる。これが職員の優越的地位による社会的報酬と言えるものであって，経済的

報酬はえていなくても，誘因として効力を職員にもたらす。

　行政職員の誘因は対内的な経済的報酬と社会的報酬に加えて，対外的なそれも加わって貢献を引き出す多様な誘因をどのようにして提供できるかが組織に問われる。社会的使命，社会性・公共性への献身と行政組織には理念，哲学の要因によっても魅するものがある。職員の貢献意欲は経済的報酬だけに頼らなくても良いだけに，しかも長期的雇用など安定的環境だけに，職員は不満であってもとどまる範囲を大きくして，転出・退職されるリスクは小さい。このことは職員への人材投資を容易にしてくれていて，中長期に誘因－貢献のバランスを図ることも可能にしてくれている。短期の成果主義や能力主義に頼らなくても，誘因－貢献関係のシステムに工夫を加えれば，職員の貢献意欲を高められる。

5. おわりに

　今日の地方自治体の行政職員には組織の環境変化に対応して機動的に行動することが求められる。自ら考え判断し，行動することは行政官僚制のもとでは少ないことであったが，今やそれぞれの職場で素早く的確に行動する知識・知恵と主体的な判断力が職員全体に求められている。企画部門もデスクワークだけではなくて，現場第一線の知恵・知識や意気込みなどを聞けるように出かけて直接接することも大切である。現場の声を改革に生かすために，そこに出かけて聞き取り調査をすることも環境適応には大切といえる。縦割り行政では部課をこえる共同作業はしにくいが，行政改革で横串を入れるように，部課を超えるコミュニケーション力や交渉力を鍛えなくては，組織の機動力は高まらない。さらに行政に関わる国際的な常識を身につけてこそ，グローバルな視点で行政のあり方を考えることができる。「国」を意識させるマクロの財政的連動性を重視する視点も欠かせない。

　行政職員は民間企業の社員と比べて，リスク負担料が少ないので，その職業生活の安定が非経済的報酬として誘因になっている。自己の身分，職場，組織においていずれもリスクが小さく，そのために予想確率も高い仕事に従事して

いて，そのことが精神的ストレスを小さくしている。行政組織を取り巻く環境はかってとくらべて大きく変化してきたが，激変という変化ではないから，対応がむずかしいというわけではない。国の増税路線についていけば，地方財政も破綻を防ぎやすいし，地方財政健全化法でいう「早期健全化団体」への転落の4指標のうち，一番気にかかる「実質公債費比率」25％のラインも，地方自治体の制御によって十分にクリアできる程度の転落ラインである。それを突破して転落してしまうのは放漫財政といえる。地方交付税という大きな援軍が下支えしているのに，「早期健全化団体」への転落は行政経営的には失格といえよう。

　これまで住民，職員というコンセプトは男性を中心として考察されて，ジェンダー的に問題を孕むケースも少なくない。職員の人材育成にしても公式制度として女性を差別しているわけではないが，人材育成の公式的な取り扱いにしても男には広範な領域にわたって人事異動があるのに，女性は女性割り当てのポジションに数多く割りあてられる暗黙の了解事項があったりして，暗黙的インセンティブには男女間に差異が存したりする。確かに明示的インセンティブ装置は男女間に区分を設けないものであっても，慣行や文脈上の非公式の制度が男中心の統治をもたらしたりして，女性が非公式の制度のゆえにジェンダー的にハンディをもたらされて，貢献意欲を削ぐケースも少なくない。ここにメスを入れないとジェンダー・コンフリクトの解決はむずかしい。ここでは法の差別を論じてはいない。

注

1)　Follett, M. P., *Creative Experience*, Peter Smith, 1924.
2)　Fry, B. R., "Mary Parker Follett: assessing the contribution and impact of her writings," *Journal of Management Hustory*, Vol. 2, No. 2, 1996, pp. 11-19.
3)　三井泉『社会的ネットワーキング論の源流　M. P. フォレットの思想』文眞堂，2009年，124-125頁。
4)　同書，126頁。
5)　数家鉄治『経営の組織理論』白桃書房，1980年。
6)　R. マートンの言う逆機能現象やミヘルスの言う目的の置換である。Beetham, D., *Bureaucracy*, Open University Press, 1987, p. 44.
7)　Blau, P. M., *Exchange and Power in Social Life*, John Wiley, 1964, p. 38.
8)　今田高俊『自己組織性』創文社，1986年。今田高俊教授が言う自己組織性とは，システムが環境と相互作用する中で，自らの構造を変化させ新たな秩序を形成する性質を言う。
9)　Tonn, J. C., *Mary P. Follett*, Yale University Press, 2003. フォレットは経験の意味を論じ，統合への

循環的応答のプロセスを経て，全体的状況での認識のもとで統合的行動を解明していると言う。

10) 村田晴夫『管理の哲学』文眞堂，1985 年。
11) 河辺純「人間協働の再生」『経営哲学』6 巻 2 号，2009 年。
12) 三井泉，前掲書，11 頁。
13) Follett, M. P., *The New State*, The Pennsylvania State University Press, 1998 (1918).
14) 三井泉，前掲書，88-89 頁。
15) 同書，97 頁。三戸公・榎本世彦『フォレット』同文舘，1986 年，166-167 頁。
16) 同書，99 頁。
17) 同書，101 頁。
18) O'Connor, E. S., "Integrating Follett: history, philosophy and management," *Journal of Management History*, Vol. 6, No. 4, 2000, pp. 167-190.
19) 三井泉，前掲書，103 頁。
20) Mommsen, W. J., *The Age of Bureaucracy*, Basil Blackwell & Mott, 1974, p. 14.
21) 桃季「大機小機」『日本経済新聞』2012 年 6 月 30 日。
22) 三橋平「組織学習理論への招待 ⑤」『日本経済新聞』2011 年 11 月 7 日。
23) Argris, C., *Reasons and Rationalizations*, Oxford University Press, 2004.
24) 五月「大機小機」『日本経済新聞』2012 年 9 月 11 日。
25) 根本忠宣・渡辺和考「経済教室」『日本経済新聞』2012 年 9 月 17 日からヒントをえた。
26) 三井泉，前掲書，2009 年。
27) ドラ「経済気象台」『朝日新聞』2012 年 8 月 8 日。
28) 西村和雄「アダム・スミス 3」『日本経済新聞』2012 年 7 月 18 日。
29) 三井泉，前掲書，137-138 頁。
30) 太田肇教授の承認欲求に関する『承認とモチベーション』（同文舘，2001）などの諸著書を参照のこと。
31) Follett, *op. cit.*, 1924.
32) Katz, D. and Kahn, R. L., *The Social Psychology of Organizations*, John Wijey, 2ed., 1978, p. 269. レヴィンの準停止的均衡をも論じ，緊張を伴う，新しいレベルへの均衡へと安定させる（pp. 269-270）。
33) March, J. G. and Simon, H. A., *Organizations*, John Wijey, 1958.（土屋守章訳『オーガニゼーションズ』ダイヤモンド社，1977 年。）
34) 田尾雅夫『自治体の人材マネジメント』学陽書房，2007 年，126 頁。
35) 同書，127 頁。
36) 同書，127 頁。
37) F. ハーズバーグ『能率と人間性』（北野利信訳）東洋経済新報社，1978 年。
38) March, J. G. and Simon, H. A., *op. cit.*, p. 99.

第4章
行政改革と行政組織
―地方自治体の枠組みの変革―

1. はじめに

　行政改革においては地方自治体の行政組織をステレオ・タイプ的に見るのではなく，その実態は多様的なので，画一的に他の市の行政改革を模倣してもうまくいかないのである。それは行政組織というものが社会的歴史的な文脈に埋め込まれていて，そのために経済的合理性の一点張りでは財政改革もできにくいのである。地方自治体の行政改革委員を10年以上担った経験をもとにして論じているが，何を行政改革するのかという理論的な枠組みを示すために，まず行政組織を研究してきた行政学における組織論的研究を見ておきたい。このような学習と経験を踏まえて行政改革に向けての私なりの問題意識をもったのであって，それが従来の行政改革とはどのように異なるのかを論じている。これは理論と言うよりは実践の問題であるが，その理論的論拠も示しておきたいのである。
　さらに今日では，県単位で行政管理から行政経営へと名称は変更されているが，その行政経営はわれわれが論じる経営学的行政経営とは違って，C. アージリスのいう「シングル・ループ」の枠で[1]，枠組みの変革を伴わない行政学的「行政経営」であって，そこでの行政と住民の協働もガバナンス改革を伴うものではないと論じたいのである。
　ここでわれわれがめざすガバナンス改革を伴う行政と住民の協働のもとでの行政経営への脱皮や，それに基づく行政改革を示しておきたい。特に行政と住民の真の協働を論じるにあたって，経営学の古典であるM. P. フォレットやC. I. バーナードの学説を引用しているが，これらの理論は行政組織，行政管理に

おいても大いに役立つものであって，H. A. サイモンの影響を上回るともいえるのである[2]。行政改革においても理論と実践をつなぐことは難しいのであるが，われわれが痛感したことは行政改革におけるコンフリクト・マネジメントの重要性である。コンフリクト・マネジメント能力の低いことが行政改革の推進の足枷になっている。コンフリクトにはフォレットが論じるようにプラスに働く「建設的コンフリクト」も少なくなく[3]，行政組織においてはそのような生産的なコンフリクトも抑圧されているのが現状である。

　論考を整理するために，行政改革を理論，実践，コンフリクト・マネジメントに分けて論じるが，現実にはこれらが密接に関係しているのが行政改革の特色であって，それがまた地方自治体の行政改革のむずかしさでもある。市の行政改革委員・会長としてかなりの内部的資料も得たのであるが，守秘義務もあって論考では一つひとつのデータは示していない。言えることは地方自治体財政健全化法の施行によって，自治体の連結の財務諸表も将来負担比率も明らかになるということである。まずわれわれは，地方自治体の行政改革の枠組みを論じていくことにしよう。

2. 自治体改革への問題意識

　経営組織論を研究してきて，企業のみならず広範囲の組織の経営に関心を持ったのであるが，その一つに行政組織がある。地方自治体の介護保険策定委員や情報公開審査会委員などを経験して，行政組織の職員と接して色々と対話をして行政組織の運営や行政管理にも興味を持ったのである。そして地方自治体の行政改革委員として，さらに合併した市の行政改革委員・会長として，急速に財政状況を悪化させた市の大胆な行政改革を担う立場にたっている。ここでもう少し行政組織を本格的に研究しようとした。行政改革のプロセスをつうじて，行政組織の頑強さにも触れ，官僚的組織構造の強靭さ，官僚的組織の堅牢さは学究のささやかな提案を跳ね返すのであり，ここに行政改革のベースになるものを理論的に捉えて，その後で改革に向けてメスを入れようとしたのである。

2. 自治体改革への問題意識　95

　行政組織は典型的な官僚制組織と言われるが，まずこの理論的枠組みをとらえて，その本質のどこに問題があるのかを実態的に把握して，そのあと行政改革へのステップを踏もうとしたのである。その理論的枠組みの中に行政の実態を入れてみると，行政組織の複雑な性格がよく分かる。決して官僚制的組織モデルのような単純なものではなく，M. クロジェのいう官僚制的組織の「抜け穴」というよりも[4]，意外に自由裁量の幅が大きいのである。そして権限は第一線の課長クラスが持っていることが少なくなく，権限が職位に機能的に配分されている事も現実に見られるのである[5]。また，民主主義的な議会であっても，その代表者たる議員が実質的にガバナンスを担っているとはいえないのである。

　自己が地方自治体で経験したことと文献で学んだことにズレがあって，理論と実践の乖離を感じるのであるが，そのことは C. I. バーナードや M. P. フォレットにはギャップを感じるところが少なかった。むしろこれらの経営学の古典を行政改革に役立てていたから，文献を丹念に読んで行政改革を論じる重要性も知るのである。

　地方自治体の財務諸表は意図的に不正を働いたとは思えなくとも，これまで連結で表示されていなかったり，土地開発公社や第三セクターの経理が公表されていなかったので，財政の将来負担比率も住民にとっては分からなかったのである。あるいは減債基金を取り崩して歳入に計上して財政収支を黒字化したりしていた。赤字を表面化させないで，問題解決を先送りしていたのである。透明性が確保されていれば，早期是正もなされたのであるが，そのツケが行政改革へとまわされたのである。情報開示への信頼性を高めないと，住民の行政改革への協力が得られにくいし，行政組織の自主的，主体的な対応が求められにくい。そして行政組織はなにゆえに住民への情報開示を遅らせ，さらには財務報告の信頼性を低下させるような行動をしてきたのかを，もっと行政組織の構造的要因と関連させて論じるためにも，行政組織がどのような論理で動いているかを究明したいのである。

　まず，行政組織や行政管理の文献に即して，より深く捉えてみたい。これは自己に向けての学習ともいえよう。

　われわれはもとより行政経営のプロパーの研究者ではないので，地方自治体

の行政経営全般を論じる気はない。ただ地方自治体の行政改革に10年以上にわたって関与し、それらの経験からも行政経営の視点の必要性を論じたかったのである。行政学的行政管理は今でも行政組織法や他の法の大きな枠の中で行政組織が運営されているので、ルーチン・ワークにおいては有力な学説である[6]。われわれは行政学者の学説の研究を通じて、行政管理の内在的発展の結果としての行政経営への進展を論じていて、行政管理と行政経営が対立的関係とは思っていない。しかし組織モデルとしては組織用具説から組織主体説への転換があって、ガバナンス論で言えば、ストークホルダー論からステークホルダー論へのシフトであって、利害関係者の対立やズレをどのように交渉したり調停したりして、行政経営への新たな枠組みに導くかである。これは行政経営者の役割でもある。

　われわれが論じる経営組織論は、ジェンダー・コンフリクトを含めてコンフリクト・マネジメントを内包したものであって、その具体策としての交渉や調停を論じている。さらに言えば、企業経営に限定されないで行政経営を含む公共経営にも考察の範囲を広げているけれども、そのベースは組織論が担っている。そして利害関係者が多いだけに組織間関係に力点を置いていて、タテ割の行政組織においても近隣の自治体との合併、連携、広域組合（たとえば消防組合）など多様なネットワーキングを考えている。これからの自治体は多様な事業体を運営していくに当たって、事業センスが必要であって、市立病院の経営においてもハコだけを貸しているような発想では、巨額の赤字に耐えられなくなって、次世代へのツケを大きくしてしまう。次世代への配慮や自然との共生、自然によって生かされている認識のもとでは、水にしても下流の人々との共生を考えると公共下水道の重負担にあえいでも、それは利害関係者の中に自然も包摂した行政組織の責務である。

　このように組織主体的な行政経営においては、ガバナンス改革を含めて行政管理よりは幅広い視点から経営のあり方を問うて、個別経営を超える「理念政略的視点」を持って体制の土台や自然を守ることにも意を注ぐのである。

　これまで地方自治体は自主財源が乏しくても、地方交付税交付金による、いわば護送船団方式の全国一律な運営に慣れきってしまって、自ら主体的に行政経営を担う能力を鍛えることは少なかった。財政危機に追い詰められるよう

になって，やっと今まで見直せなかった分野にも行政改革によって切り込めたし，行政改革委員が活躍する余地を大きくした。行政改革委員として経験したことであるが，行政職員には優秀な人々も少なくないから，こうした人々の才能を発揮させる，改革路線に沿った「内なる承認」が必要であって，認めてあげることが職員の本領を発揮させるのである[7]。

　地方交付税に頼って新しい事業を次から次へと手掛けて行政サービスの範囲を広げすぎたのは，議員や首長が選挙を意識してサービスを膨張させたからでもある。画一的な地方交付税依存型の借金構造こそ，市町村を経営的に疲弊させたのであって，今や行政経営の元で行政の仕組みを切り換える時がきている。そのような行政改革に対して利害関係者や住民の反発もあるが，自分らが支払った税金がどのように使用されているかを明確に示せば，住民の意識も変わって，従来型の支出に反発して，歳出の組み替えを求めるであろう。情報開示，特に地方財政健全化法の施行によって市町村間の健全化指標が比較しやすくなるので，住民も合理的な財政支出を求めるようになろう。

　そのことは市町村立病院にも言えることである。地域医療の拠点と言うことで，病院会計は赤字予算を安易に組んでいるが，独立採算の姿勢を貫くことがむしろ地域医療を守るのであって，利益に対する地域自治体の感覚が薄いことは，自治体本体に大きな負担をかけて財政を行き詰らせてしまう。地域医療は決して豪華な建物や施設にすべきではなく，その余力を持って医師の待遇をよくして近隣の病院との競争優位性を保つべきであろう。病院の評判，評価が大切であって，医師の確保のみならずに優秀な医師が定着しなくては，患者を誘引することは難しい[8]。車社会では主婦も車でかなり遠い所まで治療を受けたりする時代であることを病院の新設，増改築でも考えるべきことである。地方財政健全化法の施行によって病院を含めて連結で財政の健全化をチェックするから，身の丈にあった財政の支出しかできなくなって，病院も赤字予算を組んだり，一般会計から繰り出し金を見込んだりしにくくなることを住民にも理解してもらうことである。総務省も病床利用率が3年間連続で70％未満の病院には，診療所への転換や病床数を削減することを求めている。地域医療の縮小につながるという批判はあっても，赤字を垂れ流すような施設の維持だけでは地域住民の利益にならないのである。病院経営においても収支を住民に公開す

るだけではなくて，成果を検証できるように改める必要がある。U市の市立病院においても運営形態を見直し，近隣の病院とのネットワークの再編を進めるとともに，県立医大病院など地域の大規模病院との連携をいかに構築していくかである[9]。いかに新しい病棟に建て変えても，連携で医師派遣機能を維持しないと，地域医療は守れないのである。しかも病院による財政赤字を膨らませば，地方自治体は自ら首を絞めることになる。地域医療を御旗にして市立病院の赤字を肯定しているようでは，早期健全化団体や財政再生団体への転落も早いのである。公設民営も夕張市の診療所のように考える選択肢の一つにすべきである（日本経済新聞，2008年3月7日）。

U市にとっても実質公債費比率が25％を超えると，単独事業など起債が制限される。はたして建て替えても病院の競争力が向上するかであって，施設拡充が裏目になることもある。周辺の病院との競争もある地域だけに，独立採算制で考えないと，自治体の財政の破綻をもたらす恐れがある。地方財政健全化法の趣旨をよく理解していないと，地域医療も守れなくなってしまうのである。

U市において行政改革の一環として，一般会計予算を減らし，公共事業の圧縮や議員定数の削減など行政改革大綱に従って，そして財政健全化団体に転落しないように改革の手は打っている。地方交付税に依存しすぎて行政が肥大化したのであるから，住民も職員も財政肥大化が大きすぎると言う認識が大切である。さらに合併を機に組織のスリム化を進め，自律した自治体としての再生を図る必要がある。職員数の削減，行政サービスの民間委託，上下水道や公民館などを民間業者にどの程度任せるのかの課題も多い。地域の身の丈にあった戦略をどのように構築していくかが，病院経営を含めて財政健全化への道である。もはや地方交付税依存型から脱却しないと，自治体の自主再建はなくなってしまう。

3. 行政組織

行政学者は行政の組織も研究してきたのであって[10]，H. A. サイモンはそ

の代表であって，サイモンの初期の研究は行政学者の視点から論じられている[11]。企業経営と行政経営には共通した基盤があって，M. P. フォレットやC. I. バーナードの理論は行政組織論においても威力を発揮しており，現に地方自治体の行政改革にはこれらの理論を利用してきた。行政職員の人々にとってもこれらの理論を利用したい人もいるようから，ここでバーナードやフォレットの理論を行政組織への適用を行って論じてみよう。

地方自治体の行政管理というのは国の下部機関としての枠組みが固定化して地方交付税交付金に依存しているというイメージを与えてきたが，しかし行政経営には行政が主体的に税収をふやすイメージを与えていて，企画立案していく楽しみもある。これまでは行政改革と言うと財政改革というように枠づけられたイメージがあって，歳出削減のための予算の減少であり，それもメリハリのない，弱いところにしわ寄せがされていたのである。行政経営的発想のもとでの行政改革は，頭脳を持つ意思決定・情報システムとして，行政職員の知恵，アイデア，発想に大いに期待しており，歳出削減だけを求めるのではない。いわば全員が頭脳をもつ経営の担い手として歳入の増加を含めて知恵を出し合って改革していくから，職員は将来展望も自ら切り拓いていける。明るい将来展望も自らの主体的な努力にかかわっている。嫉妬したり足を引っ張りあっては，将来展望を暗くして共倒れになってしまう。

時間はかかっても職員にとっての明るい将来展望は，仕事生活のみならずに人生の充実を与えて，家庭生活，地域生活，自分生活に[12]対してもよき影響を与えるのである。行政組織のスリム化をはじめとして良き全体的整合性が得られた場合には，均衡財政も可能であって，職員の協働意欲を高めるような将来展望が見出せる。市の行政改革委員として意を注いだことはこのことであって，長いトンネルであっても，抜け出る日を楽しみにしている職員の気持ちは痛いほどわかるから，自ら主体的努力によってその期間を短くしてもらいたいものである。職員にその才能があることを信じるし，その信頼関係をなくしては，行政改革のスピード・アップは図れないのである。そのことは行政の組織文化の改革にも及ぶが，それをやれば職員の意識改革にもなって，より短い期間で行政改革は成功するであろう。

地方自治体の行政経営を組織論的に研究していく場を与えられたのはラッ

キーである。市の行政改革委員・会長をしていないと行政組織についてはわからなかったことも多かったであろうが，組織論研究を生かせる場でもある。16年に及ぶ行政改革委員の経験が行政組織の改革についての理論的研究にも役立っている。経営学の古典であるバーナードやフォレットの所説は何回も改革に生かしてきたし，経営学の知識が行政の領域でも大いに利用しうることを確信したのである。暗黙知のような経験，直観で得たこと，そして文献的知識をフィードバックして論じていくが，書いてみて書き表せないことも少なくない。公式的には新設された行政改革推進室を窓口にして色々と論じているが，私の知識を評価してくれるがゆえに（？），行政側の手の内も教えてもらっている。これは貴重な経験であって，的確に判断できる材料になっている。

　行政職員との対話は鐘のようなもので，小さく打てば小さく響き，大きく打てば大きくなり響く。そのために勉強していって対話をしないと得るところも小さいのである。論文を書く意図があったので，文献を読み私なりに勉学もして，その他の人々との対話でえた知識を職員にぶち当てて，より深く聞き出すことができる。こうしてみると行政職員は知恵者であって，その知恵を引き出すには自分も勉学して対話しないと，時間を空費してしまう。訊ねて情報を聞き出すには，人間としての謙虚さや相手が言おうとしていることを理解する能力も必要であって，C. I. バーナードが論じた「意図と意味の一連の応答」と言う解釈学的な理性的判断とともに，共感，共通感覚，理解されるだろうという共通の信念も必要であって，互恵的な相互作用があってこそ，目的に向けての協働のシステムもうまくいくのである[13]。

　地方自治体というのはあまりにもローカルな存在であるというのも，これまた事実であって，首長，行政幹部，議員もその地域の歴史的社会的文脈のなかで存在し，そのためにグローバル経済化でも技術革新がさらに進んでも，その思考の枠組みは変わらないから，財政予算の削減に対しても，地域経済ではその行政組織の存在が大きいがゆえに，地元企業の抵抗は大きいのである。そこで首長，行政幹部，議員そして商工会などの業界団体の人々をうまく結びつけて改革を方向づけるメーンプレイヤーのような存在も必要であって，裏方で目だたなくても，その人の力量によって利害調整を創造的にしていくことができる。さらに言えば，メーンプレイヤーは地元の住民にも支持されるような心の

交流も必要であるから，自己利益を追求しない私欲のない公平で真摯な人でないと，これらの人々とのネットワーキングはむずかしい。やはり行政改革には「シャドウ・ワーク」を担当する黒子のような裏方の存在が欠かせないのである。

もちろん行政組織内部においても数多くの裏方の存在が必要であって，その人々に対しても「内なる承認」を与えるシステムがあってこそ，職員の協働意欲を高めるのである。行政改革には人脈が必要であって，多様なプレイヤーを結びつける媒介者なくしては，改革はなかなか軌道には乗らない。各種の利害関係者を結びつけて改革，それも組織文化の改革を含めた本格的な行政改革へと導いていくメーンプレイヤーが複数存在すれば，改革への潤滑油として大いに役立つ。その人は職員の才能を評価し，改革意欲を信じて，むしろ職員の自由裁量の幅を拡大していくような人でないと，職員も信頼しないし，改革に向けてついてこないのである。

市の行政改革委員・会長としてはじめは外在的に提言していたわけであるが，だんだん公式的な委員会以外に打ち合わせをしたりして，担当の行政改革推進室とも会合を重ねてからは，行政組織の主体的行為者として内在的にも考察するようになったのは，行政組織を内なる論理に基づいて行政改革を推進していく大切さにも気づいたし，「身内」として色々な問題，コンフリクトについて論じ合ってきたからである。このような関係にならないと行政幹部も腹の中の本当の情報を伝えようとはしないし，そしてさらに財政危機の状況では行政改革委員にも情報を開示して協力してもらわないと船が沈没してしまう恐れが現実的に生じてきた。この点で地方自治体財政健全化法の威力は大きいし，行政の危機突破が現実の問題として認識されたからでもある[14]。

地方自治体の行政改革においてはステークホルダー論を適用するまでもなく，利害関係者が多くこの利害を調停していくのも行政改革委員の仕事であるが，それ以上に行政職員を改革に向けて結束させることも大切である。合併した市では旧町村の職員間の対立も生じやすいが，それを行政改革というベクトル合わせによって，バラバラな状況を結束させて，職員間の融合も進むわけであって，地方財政健全化法によって，むしろ対立を抑えて共に危機を突破していこうという共同歩調が，合併した行政組織にパラダイム共有をもたらす機会

も与えている。

　学究としての行政改革委員はルーチンな仕事にも追われる行政幹部とは異なって，全体のガバナンスの思索を深める時間的余裕もあるので，行政改革の将来展望に対しても洞察を与えることができるし，その洞察によって行政職員に長いトンネルの後の希望が持てる将来展望を示すことができる。

　行政組織は行政法や公務員法などの枠に拘束されているので，行政職員もこの思考の枠付けに拘束されやすい。そのために行政改革も枠組みそのものを問うC.アージリスのいう「ダブル・ループ」の思考にはなりにくく，枠組みを固定した「シングル・ループ」の発想のもとでの修正になりやすいのである[15]。少なくとも地方財政健全化法の公布まではそうであった。

4. 行政改革

　なぜ行政組織において官僚制的組織が根強く存在するのか，そしてそれがそれなりに社会的正当性を有していて，行政改革においてその組織モデルが問題にされても，その改革に及んでいないから，経営学的な行政経営も旧来の行政管理論とは内容の異ならないレッテルの貼り変えに終わる場合が多い。行政職員もむしろ官僚制的組織を支持していて，地方自治体の行政改革は古典的な組織構造論や組織用具説を学んでこそ，その改革の論理を見つけ出すことができるような状況である[16]。そうでないと行政改革委員と行政職員との「意図と意味の一連の応答」は感受性の鈍い循環的対応の弱い物になってしまい，行政改革委員の意図も行政職員に意味理解されないままになり，その提言を外部的な圧力として抵抗されてしまうのである。

　組織主体説に基づく行政経営への改革を目指しているけれども，地方自治体は地域の歴史的社会的な文脈の中に埋め込まれているので，地域住民も議員，業界団体，各種団体をつうじて自己利益の追求に走ったりして，行政改革委員も利害関係者間の利害調整に手間取ったりして，本格的な行政改革へと真直ぐに進んでいるわけではない。そして行政経営と言うものが行政管理とどう違うのかも共感，共通感覚として身についておらず，ただのレッテルとして位置づ

けられている。それは地方自治体の中で行政経営とは何かを徹底して議論されておらず，そのために共通の意味理解もなされていない。それゆえ共通の価値観とか共有した組織文化として浸透していないので，財政支出の削減にのみ論点が集中している。

当面の財政危機を回避することにエネルギーが投入されているので，行政改革委員もそれに巻き込まれて，改革のグランド・デザインも歪んできて，議員は後援会や利害団体の意向に左右されてしまうのである。

行政組織と経営組織はこれまで別々の学問領域で考察されてきたが，行政経営や公共経営学の発展によって，組織論的考察がより役立つようになって，共にガバナンスを考えるようになった。行政組織も行政管理というよりも行政経営の視点で論じられるようになってきている。2007年の地方財政健全化法の公布によって市町村は連結で財務状態を示さなければならないから，これまでのように単独会計の会計操作はできなくなって，市町村の財務実態が住民にも明確に表示されるようになる。それでも地方自治体は大幅な債務を抱えていても危機感は薄いのであって，ここにコミュニケーション，対話をつうじて適切な現状認識を求め，その後は改革のための粘り強い交渉と優れた交渉力の発揮なくしては，本格的な行政改革は推進されない。ここに行政改革の実行力を高めるためにも，交渉力を軸にして改革を論じる必要がある。

ところで，地方分権推進委員会が論じた基本原則は，① 基礎自治体優先，② 明快，簡素・効率，③ 自由と責任，自律と連帯，④ 受益と負担の明確化，⑤ 透明性の向上と住民本位，である。そこでめざすべき方向性として，① 分権型社会への転換，② 地方の活力を高め，強い地方を創出，③ 地方の税財政基盤の確立，④ 簡素で効率的な筋肉質の行財政システム，⑤ 自己決定・自己責任・受益と負担の明確化により地方を主役に，と言うことになる。これは行政管理からより主体的に経営を担う行政経営への転換であって，そのために国と地方の役割分担の徹底した見直しや，地方財政制度の整備および確立の方策を論じることになる。行政経営とは，地方自治体が自ら行う行政及び税財政等の推進等による地方分権改革の推進に応じた行政体制の整備及び確立方策を自ら主体的に論じることである。

このように地方分権推進委員会の基本的な考え方は次のようになる（2007

年5月)。「国は，国が本来やるべき仕事のみに専念して，国民・住民の最も身近なところで，行政の在り方を国民・住民がすべて自らの責任で決定，制御できる仕組みを構築しなければならない。このためにも，住民に身近な基礎自治体について更なる体制の充実強化が必要である」と言うことで，行政管理から行政経営への転換を明確に示している。行政経営とは国の下部下請け機関から自主主体的な意思決定機関への脱皮でもある。

　しかしながら，地方自治体の行政職員で旧来の行政管理に精通していても，組織主体説とも言える行政経営に精通している職員は極めて少なく，これでは政策官庁にはなりえないし，タテ割りの行政になじみすぎて，事業推進に当たって近隣市町村との連携や共同行為を考えることが少ないのである。行政改革の企画・立案に当たっても市町村が協力しあえば，もっと市域をまたぐ良い案が出てくるであろうし，企画の相互乗り入れも大切である。少なくともタテ割り行政の枠組みの固定をやめて，広域に提携しあってこそ歳出の削減にもなるし，観光資源を生かした広域の企画もできるのである。点が分断されていて，面としての有効利用ができていない[17]。今日ほど提携を行政経営的に評価する時期はないのである。

　これまで地方自治体は国や県のタテ割り行政の下で，地域同士の連携を欠く構造になっていて，そのために市町村の行政改革も近隣の市町村と連携して改革を進めていくという構想を欠いている。歳出の削減にしても他の市町村と戦略的に提携すればコストも削減できることも少なくなく，合併しなくても広域連合的な事業や共同発注はできるはずである。このようなネットワーキングのもとでは，たとえば財政危機突破10年計画をもっと短縮できて，職員に対してしても明るい将来展望を切り拓くことができる。出口の見えない長いトンネルでは職員の改革意欲も削いでしまう。そこで改革に貢献した人に対しては，「内なる承認」を行政は行い，多様な形の顕彰も行うような認め方をすれば，職員も認められたいと言う欲求を満たすことができる（太田肇『承認欲求』東洋経済新報社，2007）。

　要は改革を奨励するシステムが必要であって，それは住民を巻き込んでの「やり甲斐」をもたらすものである。職員の自己実現の欲求を満たす高次のものではなくとも，職員の将来に対して安心感を与えるものである。今日の行政

組織は巨額の累積赤字のために職員に対しても将来不安を与えているのであって，それを解消するための再建計画をシミュレーションして示すことが大切である。職員に対して厳しい現状を認識させるとともに，そのトンネルの出口を示す将来展望を示してこそ，職員の改革意欲を高めることができる。この視点を欠く財政縮減では職員も疲弊してしまう。そして実行力のある行政改革というのは希望を与え，共感を得るような心のつながりがないと職員はついてこないのである。感性レベルの納得が必要であって，行政改革を権力で強制しても効力は薄いのである。「人生意気を感じる」と言う言葉のように，行政改革への共感，共通感覚の形成があっての改革への理性的判断である。

　行政組織が徹底して身を削ることなくして住民に負担を先に押しつけては，地方自治体での行政改革は成功しない。巨額の財政赤字をかかえているから，歳出を徹底して削減し，まさに削りに削ってこそ，財政赤字の罠から脱することができる。現実には行政改革はかなり骨抜きにされていて，高齢化社会が進展する中で地方自治体にとって国民健康保険，介護・看護保険などの社会保険費を確保していくためには受益者負担は当然になってくる。しかし行政組織にとって巨額の財政赤字は当然という雰囲気であって，その改革意欲が劣化しているのは，住民も一緒になって地方交付税と借金への依存と言う甘えの構造に組み込まれているからである。そこでガバナンスを担う首長などは大局観を持って財政管理をリードしていくべきであって，小手先のケチケチ作戦では太刀打ちできないのである。力弱く削りやすいところを削るのではなくて，強力な利害関係者の反対があっても支出の優先順位を明確にすべきである。

　経営組織と行政組織との比較組織論的研究によって，その類似性と差異が明確になるであろうが，われわれとしても行政経営やそのガバナンスに注目しているから，行政組織の特殊性を過大に評価すると言うことはない[18]。地方自治体の行政改革委員として10年以上にわたって財政改革，組織改革にかかわってきたが，思考の枠組みを変える，C. アージリスのいう「ダブル・ループ」の改革は，過去との連続性・継続性を重視する行政組織にとってきわめて難しいことである。北海道夕張市の厳しい再建計画を職員も知るようになって，若干の財政予算の削減に協力的になってきたが，それでも労組との対立もあって，職員の待遇の引き下げは若干程度である。

行政組織の職員にとっては組織内部のマイナスの評価を極力避けるから，行政改革に伴う内なる裏の評価・裏の承認を失うようなリスクはとりたくはない。そのために市長や副市長などの幹部の全面的支持のないような行政改革は骨抜きにされてしまうのである。それは市の財政状態がきわめて悪化していてもそうである。

　それゆえ行政改革は行政改革委員が外在的に職員に改革を押し付けてもうまくいかないので，トップリーダーが行政改革をしやすいように支援していくのであって，改革の媒体として機能していくのである。これまでの行政改革委員は行政改革の大綱の答申を形式的に行うだけであって，行政改革推進大綱というものを将来展望や早期是正措置への対応と言う視点からよりシビアに検討して，修正の枠を超えての改革ということはなかった。行政改革委員はシンクタンクの役割を果たしていなかったし，同委員の議会の議長や委員長もガバナンスを担っての改革という認識のものではなかったのである。

　今のところ行政組織の体質は行政を取り巻く環境が大きく変化したのにもかかわらず，固定的な行政の枠にはめ込んできたので，自主，主体的な行政経営の感覚を身に着けてこなかった。地方交付税交付金に依存して，それを多く得ることに主眼が置かれていて，住民のためのガバナンス，歳入を増やす経営的努力は第二義的になっている。行政職員にとっては経営学や会計学は，法学や経済学ほど学ぶことは少なく，原価償却，経営戦略というものは，思考の位置づけが低かったのである。自治体間競争という意識はほとんどなく，観光振興にしても収支や競争戦略を欠くので，無駄な観光道路作りをしたりして財政赤字を膨大なものにしていくのである。市立病院にしても患者へのアピールは競争的なのに，近隣の病院との競争優位性を確立する発想はなく，単に地元の業者に仕事を与えるために設備投資をしたりして，赤字を膨らましていくのである。均衡財政主義の考え以前に，赤字への恐怖というものがないのであって，借金に対しても安易な考えを持ちすぎている。その理由として何でもかんでも国に依存しようという丸抱え下請け機関としての自己規定であって，独立した事業経営体としての意識が持てないのである。そのための税収はきわめて限られていても，巨額の公共事業は持続的に行われており，それでもたりないという認識を多くの議員はもっている。行政と議員と二人三脚で財政を肥大化

させていて，そのために行政改革にはガバナンス改革を含めてパラダイムの変革が必要なのである。まさに住民と職員の意識改革と共に，組織文化の変革なくしては行政改革が推進されないような状況である。そして自主財源の税収をふやす創造的な意欲が行政組織内部では乏しいのである。

　組織経営の対象の一つとして行政経営があるが，地方自治体は国の下請け機関に甘んじてきただけに，自主独立経営体としての経営基準が形成されていないのである。それがために地方自治体で経営学に精通している人はきわめて少なく，経営学を学んだ人はいるけれども，行政学的思考に支配されていて，現行の法制度の枠内で行政を運営することを優先させるのである。自己負担（3割）を忘れて，合併特例債や過疎債を当てにした事業に集中してしまい，返済やその事業の有用性，効率性を抜きに支出がされやすい。そのために危機的財政状況であっても，業者の都合が優先されやすく，住民にとっては効用の少ない財政支出であって，ただただ巨額の財政赤字が増えていくのである。この歯止めのかかりにくい議会運営にもなっていて，多くの議員は危機意識も薄いのが問題である。

　行政学的行政管理論では制度に埋め込まれた行政組織のその枠の中での運営を考えているのであって，制度を変えての新たな制度づくりをほとんど全く考えていないのである。そのために固定化された法制度下のルーチンな行政管理をしているのであって，行政改革といえども制度的枠組みの中での改善であって，そこでは非連続的で革新的な変革は論じられていないし，実行もされもしないのである。

　われわれが論じる行政経営では，新たな制度づくりも求めるから，ガバナンス改革を連続的に行うのである。市町村の合併や広域連合は単なる情報ネットワークとは異なって，ガバナンス改革にも論及している。そして法改革，新法の施行などを求めて行政組織の経営を担うのである。このレベルの経営を超える点で，「理念政略的視点」として論じている。このような制度づくりこそ，真の行政改革をなさしめるであろうから，このレベルの議論が行政と住民ともに重要である。

　U市は町村合併でできた市であるが，住民から見た合併の効果は，①住民サービスの維持・向上，②利便性の向上，③地域コミュニティ，市民活動の

振興，④地域の知名度の向上，イメージアップ，⑤行政経費への理解向上，⑥産業活動の円滑化，⑦防災力の向上，などの効果が考えられる。市の立場から見て，①専門的できめ細かい施策の推進，②権限委譲による自立性の向上，③広域的な街づくりの充実，④行財政の基盤強化，経費の削減，などの効果が論じられている。そして都道府県からみて，①市町村への権限移譲の進展，②出先機関等の再編による経費の削減，③調整等の事務の削減，である。

　U市も基礎自治体である市町村の規模，能力の充実，行財政基盤の強化のために合併したのである。それは①地方でできることは地方で，②規模，能力の充実と言う地方分権の推進，③人口の減少社会に突入，④少子高齢化に対応した，サービス提供・専門スタッフの必要と言う少子高齢社会への対応，そして広域的な行政需要の増大である。地方自治体はリスク化社会の進展によるブレの大きい，厳しい財政状況に対応するために，より簡素で効率的な行財政運営が必要になっていて，更なる行政改革が行政経営的に求められているのである。

　われわれは行政改革をガバナンス改革の問題として論じてきたが，これは行政組織の管理能力の大きさに依存している[19]。コーポレート・ガバナンスと同様に，行政と住民の協働というのは，まさに住民の主体的関与と言うガバナンス改革であって，組織内外のさまざまな問題を解決する潜在力が高ければ，行政組織の統治もしやすいということである。これまでは統治は国・県の意向で進められていて，たいして統治能力がなくても行政組織は管理されてきたし，逆に地方分権，地方自治が実質化されていなかったので，ガバナンスを担う行政経営の自由が大きく拘束されていた。ガバナンス改革のために組織改革をするのであって，その一環として財政改革がある。企画立案能力，利害関係調整能力なくしてはガバナンス改革ができないのであって，トップ・リーダーシップなしでは行政組織は機能しないのである。行政改革も行政職員の改革への意欲と能力にかかわっている。

　かつての市立病院は地域の医療機関として競争の少ない地域独占であって，しかも地域の大学医学部の医局の主張所のようなもので医師の確保にも心配はなく，医局も植民地支配のような気もあって，優秀な医師も派遣し，若手の医

師にとっては大学付属病院と同様に良き研修の場であった。裕福な市町村の病院は設備にも金をかけたのであるし，入院患者も大学の付属病院とのタイアップもあって，転院して手術も受けられたのである。ローカルであっても地域では信頼される病院として存在し，そのために病院の収益も安定し，一定の時期までは黒字を累積させることができたのである。しかし周辺の市に新たな市立病院が設立されたりして競争が激化し，車社会が広範な領域の移動を可能にして，市立病院と言えども本格的な病院経営を必要としたが，地方交付税に依存してきた自主財源の乏しい市町村は，公共事業のやりすぎもあって巨額の財政赤字を累積して，潤沢に病院経営に金を投入できなくなり，そして黒字であった病院も競争優位性の低下によって赤字へと転落していくのである。競争相手が強力なこともあって，少々の増改築や新設では競争に勝てなくなっている。そして巨額の金をかけて病院を新築しても人口減，他の病院への移動性の高まりによって，さらに赤字が増える可能性も高く，それが市の「早期健全化団体」への転落を早めかねない状況でも，利害関係者にとっては病院の新築は大きな工事受注につながるので，業界利益のために大規模なものを推進しようとするのである。

　地方公共団体にとっても将来予測は株価で示されるように容易ではなく，思いがけない「まさか」と言う不振も予想されるだけに，フルセットの病院新築はさらにリスクの大きいものになっている。いわば行政改革に逆行していると捉えやすいのに，行政改革委員の多数は病院間の連携を考えないで，自前で地域の医療機関をフルセット化しようとする。リスクの恐ろしさを甘く認識しているのであろうが，市の財政規模，巨額の累積赤字の下ではリスクの大きいギャンブル的事業になっている。医師を継続的に派遣してもらえる可能性や周辺の病院との競争優位性を考えると，リスクが大きくても，地域の拠点の医療機関にしたい願望が強い中で，逆風であっても，市の行政改革を実行していかなければならないのである。

　そうしたなかで市の行政改革委員・会長としての責務を果たしていかなければならないので，冷静な判断が必要であり，市長，議員，行政幹部などに行政改革のあり方を論じるのであるが，政治家は選挙公約もあって財政縮小には難色を示したりするから，どうしても行政改革のための交渉力が必要である。利

害関係者が多く存在する行政改革では，交渉，調停，コンフリクト・マネジメントが不可欠であって，行政幹部にも行政経営の観点からガバナンスのあり方を考えてもらい，危機意識を高めることしかないのである。

市の行政改革にはあらゆる問題が絡むだけに，すぐに実行していくのはなかなかむずかしいのであるが，2007年に公布された地方財政健全化法によって，大きく歯止めをかけられたのは事実である。ただ認識の薄い議員もいる。連結の実質財政赤字比率や将来負担比率を考えると，病院を地方公営企業会計として市全体から分離して人事権や給与決定権を与えても，どの程度に病院の競争優位性を高められるかは疑問であって，将来負担比率の高まりによって「早期健全化団体」へと転落していく可能性もある。

まさに組織のガバナンスを担う行政経営者を必要とする時代であって，病院においてもハコがあるからと言って機能するものではない。やはり病院は医師の能力・技能を含めてヒューマン・サービスが必要であって，患者あっての病院なのである。しかも巨額の設備投資を必要とするのであって，その設備投資が患者を満足させるとは限らないのが病院経営である。ユーザーのニーズは多様化しているから，きめ細かい対応が必要になっている。

地方公共団体財政健全化法（地方財政健全化法）では，平成19年度決算から指標を公表し，財政健全化計画の策定の義務付け等は平成20年度の決算から適用された。まず健全段階であるが，フロー指標として実質赤字比率，連結実質赤字比率，実質公債費比率である。ストック指標として将来負担比率（公社・第三セクター等を含めた実質的負債による指標）であって，監査委員の審査に付し議会に報告して公表することになった。

財政の早期健全化とは，自主的な改善努力による財政健全化を行う。それは，① 財政健全化計画の策定（議会の議決），外部監査の要求の義務付け，② 実施状況を毎年度議会に報告し公表，③ 早期健全化が著しく困難と認められるときは，総務大臣または知事が必要な勧告をする。そして最後の財政の再生とは，国等の関与による確実な再生である。それは ① 財政再生計画の策定（議会の議決），外部監査の要求の義務付け，② 財政再生計画は，総務大臣に協議し，同意を求めることができる。「同意書」は，災害復旧事業等を除き，地方債の起債を制限する。「同意書」は，収支不足額を振り替えるため，償却

年度が計画期間内である地方債「再生振替特例債」の起債が可になる。③財政運営が計画に適合しないと認められる場合等においては，予算の変更等を勧告される。そこで，チェック機能の充実・強化が求められる。監査委員の独立性の強化（組織，選任方法，OBの就任制限，議選委員のあり方等），監査能力の向上（監査委員の人材確保等），そして外部監査のあり方が問われる。

また，議会制度のあり方も論じる。議会の団体意思決定機能や監視機能の向上策や，議会制度の自由度の拡大，議員定数，幅広い層が議員活動できるための制度の環境整備である。ここに地方自治体も行政経営の視点から行政と住民が協働して，ガバナンス改革を含めての改革をせざるをえなくなっている。

5. 行政と住民の協働

国の下部機関・下請け機関としての地方自治体の行政組織は，多額の地方交付税に依存していて，自主財源が乏しいので実質的には一割自治という市町村も少なくない。住民からの税収をあまりあてにしない構造的要因によって，行政と住民との協働というのは，行政が住民を自己の下請けに用いると言うように，対等な協働と言えるものではなかったのである。しかし今日では，住民との協働なくしては行政もやれなくなり，手数料や使用料の値上げや，住民の協力なくしては行政組織も運営がしにくくなって始めて，行政と住民の協働がガバナンス改革を伴って論じられるようになり，行政管理から行政経営へのパラダイム変革が求められるようになったのである。われわれは行政と住民の真の協働に向けての理論的裏づけをC. I. バーナードやM. P. フォレットの概念的枠組みに求めている[20]。

行政管理は法律を中心とする科学的言語に基づく論理性にとらわれて，人間間の共感，共通感覚の形成を妨げてきた。それゆえ行政改革を論じても，それは住民の心からの協働をもとめるものではなくて，本当の意思疎通ができていないのである。だから法学思考の科学的言語のもとでの対話には感性をマヒさせてしまう側面があって，効果的に心にひびく対話にはなりえないのである。心にひびく対話があってこそ，住民も行政との協働を本物にしようとし，共感

があってこそ行政との協働意欲を高めるのである。

　行政学的行政管理には互恵的な相互作用に基づく共感，共通感覚を無視していて，インフォーマルなつながりをもとめようとする気持ちも弱い。そのために行政と住民とは齟齬をきたしやすく，その誤解が対立を激化させたり，そして事実関係の把握さえも歪めてしまうのである。

　地方自治体においても，行政組織の職員と住民の対人的交流が薄れてきて，住民への思いやりが失われ，感受性も欠けてきている。そのことが住民を利己的にしているが，われわれは住民の利己主義を否定して外在的な規範を住民に押し付けるものではない。ふつうの個人は利己的であるとともに利他的であって，社会生活は個人がもつ他者を顧慮する共通感覚と利他性の支えなくしては成り立たない。利己と利他の相互作用があってこそ共通感覚が形成されて，それによって社会的関係は総括的に統合されている。このような共通感覚があってこそ，個人に本来そなわっている自己規制，自己形成，自己修正の能力が活性化するのである。

　このような認識のもとで行政と住民の協働を考察してみよう。住民と行政の協働を成立させるための相互作用は，住民の持つ利他的な面を引き出して，行政に貢献し，行政が住民に貢献してこそ互恵的相互作用が促進されるのである。住民が持つ行政との共通感覚は，自己の体内で行政の意図した考えを取り入れて，住民と行政の相互作用プロセスのもとで形成される。自分自身を行政の立場においたり，行政との一体化によって共通感覚は磨かれていく。すなわち，行政の考えを自己の経験の構成内容に取り入れて，組み替えて，相互作用を豊かにして，いかに住民の協働意欲を引き出すかが行政経営の機能である。C. I. バーナードや C. アージリスには互恵的相互作用や行為の意味交換によって，協働を互恵的にならしめる共通感覚の重要性を認識していたのであって，感性と理性とを結びつけるのも共通感覚である。

　住民と行政の協働には理性的な認識だけではない。感動，思い入れが，個々人の感情，心遣い，感覚をよみ返してくれるのである。物事の有様と周囲の状況，事情に照らして判断を行うのが共通感覚の本質である（中村雄二郎『共通感覚論』岩波書店，2000）。M. P. フォレットは状況の法則に基づいて全体的状況を把握して，当事者間のコンフリクトの解決を目指す「統合的解決」を論じ

ている。このような解決には，相互作用から創出される共通感覚があってのことである。

これまでの地方自治体においては，協働行為に必要な住民と行政の相互依存性をより緊密にする行政施策はなされていなかった。行政改革の一歩として，住民と行政の協働を円滑にする互恵的な相互作用を促進できる場の設定が必要である。それによって双方の自己中心的感情の抑制による相互同感が高められて，行政改革も共通感覚のもとで推進される。感受性の低下，共通感覚に障害が生じていることが，財政規律を失い，住民エゴ，業者エゴ，職員エゴを拡大しているのである。

われわれは利害関係者，利害団体との交渉を通じて，共通感覚，感受性に注目して，利己に凝り固まった人も感情に生気が戻り，互恵的相互作用が可能であることに気づくのである。他者もこのことを認識することが大切である。したがって行政経営においては，他者を顧慮する共通感覚と利他性を支えてくれる相互作用の循環的応答こそ，組織のマネジメントではきわめて大切である。住民が利己的存在であることは否定できなくても，住民と行政との互恵的相互作用を通じて行政改革を推進していく共通感覚を形成し，そこでは住民に自己犠牲を強いるものではなくて，利己的な感情と利他的な感情を併せ持つことができる。この利己と利他が織り成す互恵的な相互作用には，同感，感受性を軸にして，個人の深いところで折り合いを付けることが大切である。行政組織の共通感覚は，あるいは状況の変化に対応して新しい状況に創造的に適応していく共通感覚のダイナミズムの形成には，感情，心遣い，感性が磨かれてのことである。行政学的行政管理には，このような発想が欠けている。

住民と行政の人間協働には，互恵的な相互作用が必要であって，そのために巨額の財政赤字にも感覚がマヒしている状況を打破して，感受性のある感覚を磨くことが大切である。

人間が利己的にして利他的な存在であることを考えると，感受性のある感覚が互恵的な人間協働を可能にし，共通感覚の形成に意を注ぐことが大切である。人間協働の発展には，相互理解，協力，感情移入，思いやり，他者への配慮など互恵的な相互作用をもたらす要因が必要である。そのことを住民と行政の協働というガバナンス改革においてはとくに認識すべきことであって，行政

経営はこのような理論的枠組みのもとで行政組織や住民との協働を考察している。感覚マヒから開放して、知情意を活性化し、感受性を高めて互恵的な協働をもたらす共通感覚を形成していくことも行政経営の仕事である。互恵的な状況のもとでの人間協働を求めたいのである。

今日の地方自治体は財政危機のみならず、住民の行政状況に対する感受性も鈍化しマヒしていて、住民と行政との対人的相互調整もうまく機能しなくなっている。そのことが住民を利己的にして、目先の利益の追求のために次世代・子供たちの世代に対しても無責任な施策に転じている。その利己的行動を統制するような規制も形成されていないから、さらにそれぞれが利己的行動に走る悪循環に陥っている。もともと社会生活に利己と利他の相互作用のもとで共通感覚が形成されていたのであって、それによって社会関係は統括的に統合されるのである。C. I. バーナードは、諸個人の関係性・相互作用から成り立つ協働行為を論じたが、その誘因－貢献関係も個人が利己的と利他的な感情を併せ持つ状況のもとでの話である。バーナードが論じた協働を成立させるための相互作用は、個人のもつ利他的な面を引き出して、他者に貢献し、他者が自己に貢献している互恵的な相互作用を論じている。自分自身を他者の立場に置いたり、他者との一体化によって、このような共通感覚が磨かれていくのである[21]。

われわれは行政と住民との協働をこのような磨かれた共通感覚のもとで形成されているとは思わない．現実には感受性が薄れ、感情、心遣い、感覚が弱体化しており、無感動、無感情、無感覚な住民も少なくないから、行政改革への熱い思いも伝わりにくいのである。ここに行政と住民の協働も危機的状況にあるといえるのであるが、そのような認識も住民には薄いがゆえに、行政と住民の協働もスローガンに終わっていることが多い。それは協働の意味理解が得られないのと、互恵的な相互作用を通じての住民と行政の協働がそれぞれのエゴによって阻害されているからである[22]。住民と行政との相互信頼関係が形成されていないだけではなくて、思いやり、心遣いが欠けて共通感覚が形成されにくいのである。さらに言えば、層としての社会的格差の拡大と共に、個人間の格差も拡大し、人間性疎外、労働疎外、労働空間からの疎外が深刻になっているから、共通感覚が形成されにくい状況になっている。

とくに地方自治体における行政と住民の協働と言うからには，互恵的な相互作用にもとづく共通感覚の形成が必要であるが，そのためにも地域に密着した感受性のある感覚が求められる。しかしこれらの要因への配慮を欠いて，住民のエネルギー投入だけを必要としては，行政と住民という人間協働は発展させられないのである。ローカルな地方自治体の行政改革を担う人はこのことに自覚的でなければならず，勝手に行政と住民が協働していくわけではないのである。少なくとも意図と意味の循環的な交換プロセスが必要なのである。

　われわれが行政と住民の協働と言う地方自治体のガバナンス改革を人間協働という視点から論じたが，それは決して抽象的な論議に終始するものではない。地方自治体が社会的歴史的な文脈に埋め込まれた状況のもとでの人間協働を論じているから，画一的に論考するものではない。すなわち各地方自治体の蓄積された経営資源の差異やそれを動員していく組織的能力に格差があるので，行政と住民の協働の仕方を多様的に捕らえていて，要は経路依存性は異なっても有効多様性（等結果性）のもとで自己の強みを生かして有効性を高めればよいのである。しかし人間協働の原理というのは異なるものではなくて，女性に不利というのはジェンダーバイアスである。フォレットのいう「状況の法則」も全体的状況のもとでとらえて状況把握は異なっても，人間協働の「科学性」は有している。ただ解釈学的には，意図と意味が循環的に応答している領域である。それは唯一絶対の真理を求めるものではない。そして状況とは絶対的に客観的に存在すると言うよりは，解釈学的，認識論的な状況であって，そのもとでフォレットは「状況の法則」を論じている。それは「循環的対応」と言えるように，常に応答し発展していくプロセスの中にある。行政と住民の協働においてもフォレットが論じたように，人間協働における意味解釈の共有が求められるのである。さらに意味がらせん状に展開して，新しい意味が付け加えられていくのである[23]。修正や改革と言うのはそのために必要であって，行政改革にしても答申したらそれで終わるものではない。それは住民の社会生活そのものの向上につながり，その方向付けは，価値観に左右されるが，バーナードがいうように「宗教と信念の問題」になってしまうのである[24]。ここで哲学，宗教，信念，究極的目的を論じる余裕はわれわれにはない。

　フォレットの「状況の法則」に基づく「統合的解決」はプロセス的なコンフ

リクトの解決を論じていて，決して「統合」は固定的な位置づけではなくて，円環的対応にもとづく「将来に向けて発展し続ける状況」である。それはその時ごとの主体的活動に異質なものが取り込まれながらも，次の新しい全体を形成していくプロセスである。このような円環的対応にもとづくプロセスとして実現される統合を通じて，フォレットは全体と個に相互浸透し共感，共通感覚を得ることによって創造される「共同責任」と言うものの，マネジメント上の重要性も論じている[25]。状況の法則にも認識ギャップによって時間を空費し，時には誤解もあってコンフリクトを増大させるプロセスがあっても，フォレットは理論と実践の「入り子」関係をつうじての研究で，コンフリクト・マネジメントにも大きく貢献したのである。行政と住民の協働には，このような思想的背景を理解しておく必要がある。

6. おわりに

地方自治体は地方自治，地方分権という大義名分のもとで，利害関係者が利害を追求しやすい行政組織になっている[26]。小規模自治体では首長の権限は大きく，議会も利害代表が議員になっていることもあって，行政改革においてはとくに利害が対立しやすい。首長といえども利害対立を調停する能力が高いと言えないから，地方交付税をアテにした公共事業を継続し，自己負担分が累積赤字になるのであるが，それへの歯止めは弱く，土木建設業界にとっては事業規模の縮小は死活問題であるので，この予算の削減には行政組織は強力な交渉力を必要としている。しかし，これまで行政組織は交渉や調停に力を入れて組織的学習をしてこなかったので，累積赤字の削減を含めて，問題を先送りして，自己の定年を待ったり，人事異動によって担当が替わり，本格的な行政改革へとこまを進められなかったのである[27]。

しかも国のタテ割り行政に安住して，近隣市町村との水平的ネットワーク，戦略的提携のもとでの共同事業体構想や緩やかな事業の経営統合を考えずに，いわば二重投資をすることも少なくなかった。市立病院にしても単独でフルセットの病院を建てて運営していこうとするから，人口減，少子高齢化の影響

をまともに受けて，競争優位性を確保できないがゆえに，地域医療の拠点というコンセプトにしがみついて，累積赤字を是認してしまっている。

　このような地方自治体の借金依存体質を打破したのが地方財政健全化法であって，連結の財務諸表，将来負担比率などのハードルによって土地開発公社の借金も含められ，いわば住民に透明の財務状態を知れる情報公開が求められるようになった。

　さらに地方財政健全化法のハードルは，早期是正措置である「財政健全化団体」への転落が起債制限と言うことで大きな歯止めになった。ここに行政改革は従来の財政支出の削減から，組織の構造的改革にまでに至っていて，はじめて行政改革委員の提言も生かされて，行政組織の職員も行政改革委員とより踏み込んだ協働による，組織文化の変革も論じるようになったのである。

　かくして行政組織において地方財政健全化法の公布以降は，行政改革委員・会長の役割が大きくなって，手弁当で何回も会議を開くなどでより深く職員と論じ合うようになったが，町村が合併した市だけに問題は多様化していて，われわれにとってはコンフリクト・マネジメントの実践の場になっている。議員定数の削減は合併後大幅に行われたが，さらに削減を求めたり，合併特例の区長を廃止して，特別職にかかる賃金をなくしたりしても，さらに予算削減によって歳出を大幅に減らした緊縮型にしても，10年に及ぶ緊縮型でないと将来展望は拓けないのである。

　このような状況を住民，行政職員によく理解してもらわないと，本格的な行政改革はできにくい状況である。地方自治体は地域の歴史的社会的文脈に埋め込まれているので，その文脈の根強さを無視して論じても空論化してしまう。行政組織がどういうものであるかを論じずに[28]，行政組織の職員の高給を批判しても先には進めないのである。財政再建団体に転落した北海道夕張市の事例を知っていても，甘い幻想を持つ人が多く，シビアな行政改革には反発が大きいのである。

　地方自治体の行政組織は官僚制的組織といわれているが，行政改革委員として経験したことは，J. G. マーチ等の「ごみ箱モデル」・あいまいさモデルに近い側面もあって[29]，行政学的組織論では対処できないことも少なくない。そこで行政学で論じられてきた組織論を検討したが，今日求められているの

は行政経営にもとづくガバナンス改革であって，まさに行政と住民の協働である。これを理論的に掘り下げて，住民の下請け化から脱する行政と住民の真の協働の理論的枠組みを論じている。

実務経験に裏付けられた行政改革を論じているが，単なる現象を記述するのではなくて，行政組織の本質を踏まえて[30]，その理論的問題点を改革という視点から地方自治体の行政改革を組織論的に論じている。

注

1) Argyris, C., *On Organizational Learning*, Blackwell, 1992.
2) Wood, J. C. and Wood, M. C.（ed.）, *Herbert A. Simon*, vol. 1, 2, 3, Routledge, 2007.
3) M. P. フォレット『組織行動の原理』（米田清貴・三戸公訳）未来社，1972年。
4) Crozier, M., *The Bureaucratic Phenomenon*, University of Chicago Press, 1964.
5) 泉田健雄『職務権限』白桃書房，1987年。
6) 今村都南雄『組織と行政』東京大学出版会，1978年。同『行政学の基礎理論』三嶺書房，1997年。西尾勝『行政学の基礎概念』東京大学出版会，1990年。同『行政学』有斐閣，1993年。
7) 太田肇「働き方分析」『プレジデント』45巻10号，2007年。
8) M. E. ポーター『競争優位の戦略』（土岐伸・中辻万治・小野寺武夫訳）ダイヤモンド社，1985年。病院経営においても，4章「差別化の基本的考え方」，5章「技術と競争優位」のような考え方が必要になってくる。
9) 若林直樹「組織間ネットワークによる互恵的意図の信頼関係の発達」『日本企業のネットワークと信頼』有斐閣，2006年，129頁を参照のこと。
10) D. ワルドー『行政国家』（山崎克明訳）九州大学出版会，1986年。
11) Simon, H. A., *Administrative Behavior*, 3rd., Free Press, 1976（1945）. H. A. サイモン『経営行動』（松田武彦・高柳暁・二村敏子訳）ダイヤモンド社，1989年。サイモンの本は組織内部の意思決定過程の研究であって，これは行政組織にも当てはまる。それゆえサイモンの理論をキチンと理解すれば，そのままでも行政効率は高まるのである。また，知識の不完全性や予測の困難性のゆえに，リスクは不回避である。そこで代替選択肢をどのように見つけるかである。H. A. サイモン・C. E. リドレー『行政評価の基準』（本田弘訳）北樹出版，1999年。
12) 渡辺峻『組織と個人のマネジメント』中央経済社，2007（2001）年。
13) C. I. バーナード『経営者の役割』（山本安次郎・田杉競・飯野春樹訳）ダイヤモンド社，1968年。A. シュッツ『社会的世界の意味構成』（佐藤嘉一訳）木鐸社，1984年。
14) 公職研編『財政健全化法と自治体』公職研，2007年。
15) Argyris, C., *Knowledge for Action*, Jossey-Bass, 1993.
16) Blau, P. M., *On the Nature of Organizations*, John Wiley, 1974. Scott, W. R., *Organizations*, Upper Saddle River, 2003（1981）.
17) 西尾勝『行政学』有斐閣，2001年（1993年）。西尾勝教授によれば，「行政改革はもともと政治の論理と行政の論理が交錯する課題である。…それは，ときに政権担当者が政治路線の変更を象徴するものとして企画するという点で，政治的色彩を帯びることは免れない」（375頁）のである。
18) 土屋守章・岡本久吉『コーポレート・ガバナンス論』有斐閣，2003年。
19) 勝部伸夫『コーポレート・ガバナンス論序説』文眞堂，2004年。
20) Follett, M. P., *Creative Experience*, Longmans, Green, 1924. M. P. フォレット『新しい国家』（三戸公監訳）文眞堂，1993年。

21) 小濱純『初期アメリカ経営管理思想における解釈学的特性と物語性の研究』雄松堂出版, 2005年。
22) D. ワルドー『行政国家』によれば、バーナードの『経営者の役割』は、「合衆国における主要な、生産的な作品である。…その独創性は明白であったし、その影響力は明らかである。そしておそらくそれは、いまだ十分掘りつくされてはいない。行政における道徳性が関心の的になってきている時代において、管理者の道徳的役割についてのバーナードの論述は注目に値する」(29頁)。
23) Tonn, T. C., *Mary Parker Follett*, Yale University Press, 2003.
24) バーナード『経営者の役割』(山本・田杉・飯野訳) 309頁。
25) 小濱純, 前掲書。阿辻茂夫『組織決定の科学』関西大学出版部, 1999年。
26) 出井信夫『基礎からわかる自治体の財政再建』学陽書房, 2007年。
27) 田中豊治『地方行政官僚制における組織変革の社会学的研究』時潮社, 1994年。
28) Simon, H. A., Smithburg, D. W. and Thompson, V. A., *Public Administration*, A. A. Knopf, 1950 は、『行政学』もしくは『行政管理』と訳されようが、邦訳は『組織と管理の基礎理論』(岡本康雄・河合忠彦・増田孝治訳) ダイヤモンド社, 1977年である。
29) J. G. マーチ『あいまいマネジメント』(土屋守章・遠田雄志訳) 日刊工業新聞社, 1990年。J. G. マーチ・Y. P. オルセン『組織におけるあいまいさと決定』(遠田雄志・A. ユング訳) 有斐閣, 1986年。
30) 橋本信之『サイモン理論と日本の行政』関西学院大学出版部, 2005年, 第11章「NPMと日本の行政改革」を参照のこと。

第5章
行政改革とコンフリクト・マネジメント
―財政赤字下の地方自治体と行政経営―

1. はじめに

　われわれは行政と住民の協働というガバナンス改革をつうじて，行政組織のガバナンスのあり方を問い，行政官僚制に基づく行政学的行政管理論の限界を克服しょうとした。男女共同参画経営にふさわしいガバナンス改革によって，制度的にもジェンダー・コンフリクトを解決しうる仕組みを構築しようとしていて，それはマクロの制度化といえる。さらに行政経営の立場から主体的に男女共同参画を推進して，行政と住民の協働に内容を与えている。これはミクロの制度化といえようが，経営学的行政経営に立脚した主体的な行政改革によってそれを可能にしている。

　H. A. サイモンの行政行動論はきわめて精緻な行政組織論ではあっても，行政レベルを超えるガバナンス改革は論じられておらず，統治と行政が非対称性であっても，その相互作用やコンフリクト状況は述べられていない[1]。C. I. バーナードもどのようにして行政改革のもとでガバナンス改革をしていくのかの構造化プロセスや制度化は一種の空白になっていて，行政組織のガバナンス改革には用いにくい[2]。経営学史上のすぐれた学説である M. P. フォレットやバーナードやサイモンの所説は行政組織を論じるにあたっても丹念に読んで改革に役立ててきたつもりであって，U市の行政改革委員・会長として行政改革の推進にはつねにフィードバックさせてきた。次期の行政改革大綱の作成にも大いに学べることを期待している。それにもかかわらず行政組織のガバナンス改革になると，新たな制度づくり，構造づくりになって，どのようなガバナンスにしていくかが問われる。今の地方自治体の行政改革においては，このレ

ベルのガバナンス改革が手薄になっている。そのために行政管理ではなくて経営学的な行政経営の視点の重要性を論じていて，統治領域には男女共同参画経営も含まれる。そのためにもジェンダーバイアスを克服してジェンダー・コンフリクトを解決しやすい組織の仕組みも必要としている。

　それは少子化対策，夫婦共働きによる世帯給的年功序列賃金の崩壊への対策というよりも，ガバナンス改革を通じての行政と住民の協働による民主主義的なフォーラムの形成などを求めるからであって，そこには思想，理念，価値観を組み込んでの人間尊厳を重視したようなガバナンス改革になっていて，人間尊厳への理念を欠く功利主義的な手段合理性を追求するものではない。そのために利害関係者や既得権益者に対して，粘り強い交渉を行うし，コンフリクト・マネジメントの重要性を認識している。これまでなされていなかったコンフリクト・マネジメントの視点から地方自治体の行政改革を論じるのはそのためであって，行政組織のガバナンス改革にかかわるがゆえに，これまでとは違った照射をしている。U市の行政改革はその実験とも言えるし，改革への壁や障害を自覚的につかみとることができる[3]。

2. 行政とガバナンス

　地方自治体のガバナンスを担う人は住民の満足度を高める責任がある。ただ満足とか幸福感は主観に左右されるので，画一的なものではなく，ガバナンスの担い手としては所得や生活水準の向上という共通した項目を重要な判断基準としている。人生が苦あり楽ありであれば，将来世代のために膨張し過ぎた財政支出を削減してこそ健全な社会であって，その将来展望のために現在は我慢をして，目先の利益にとらわれないのが健全な生活様式といえよう。住民の幸せや生活の安定を支援していく地方自治体のガバナンスのあり方は，地域，規模，環境に応じて条件適合的に決められるが，効率一辺倒ではなくて，地方自治体のおかれた文脈への適合である。

　行政改革においては自治体財政観にも左右される。①住民の選択と自治体間競争で効率化を図る「選択と競争」と，②住人の生活を保障し公正の見地

を重視する「公正と標準」という対立する立場がある。U市のような小規模自治体では，地方交付税への依存率が大きいこともあって，競争的財政政策に消極的である。また市場原理や民間の手法を活用し成果・顧客志向の行政を推進するNPM（新公共経営）の行政経営には消極的であって，伝統的な行政管理の枠組みを維持しょうとしている。行政改革においても競争の導入による公共サービスの改革を推進する方向にはなかなか賛意が得られない。そもそも大規模地方自治体とは違って，U市のような人口の少ない市では，外国から導入されたNPMによる効率性，有効性の改善効果に関する認識でもさほど期待されていないし[4]，地方自治体特有の文脈にそって行政組織の特殊性を強調して，競争志向的な経営原理の適用への抵抗は大きく，そのような競争的財政政策は組織文化になじまないとしている。

　たとえばローカルな地方自治体では，市場化原理を適用する場合には複数のしっかりした民間事業者の参入が必要だが，募集しても能力や採算上のネックでエントリーしてこない場合には，現実の問題として採用できない。むしろ供給業者間の競争による効率や質の向上よりも，地域経済の活性化と地域の協働型モデルの方が入札談合を防ぎ，適正な価格で長期持続的に関係を継続させて行くという考えが浸透している。地元業者にとっても徹底した入札制度のもとでの市場原理の活用は，大手企業の下請けとして地元の業者が組み込まれるようになって，余計に地域振興を低下させてしまうという危機感が強い。逆に入札予定価格が1千万円以下の工事では，過当競争によって落札価格は著しく低下していて，業者の体力を不当に弱めている。

　また，NPM的財政運営制度についても，市民会館，体育館，公共施設などの管理代行を担う指定管理者制度にしても，ローカルな小規模自治体では参入したい民間事業者はきわめて限られていて，多くはこれまでの外郭団体の文化・体育事業団などの委託者が指定管理者になっていて，市職員の定員は過剰なのに，さらに仕事の減少化をもたらしている。行政改革手法については，①総人件費改革，②公共サービス改革，③地方公会計改革（連結ベースの財務諸表），④情報開示と住民監視の強化，を指針としている。これは効率化，有効性を高めるというガバナンス目的からはずれて，手続き的なメニューとして手段の目的化をもたらしやすい。手段的目的性を徹底させても目的合理性を

高めるとはいえない。その理由として全体的整合性を考えずに，手法と手法，手法と制度の間で発揮されるべき補完性や相乗効果をもたらしにくい構造にしてしまっていて，またそれが新たな構造化を形成しにくくしている。たとえば地方財政健全化法に基づいて，一般会計以外に特別会計や地方公営企業・第三セクターを含めた連結ベースの財政指標を使用することになっているが[5]，実態は個別の官庁会計の数字を加工して算定されている。これは企業会計に準じた本来的な連結ベースの財務指標とは連動せず，現実的には会計改革のメリットは情報開示だけにとどまる。予算管理を分権化した行政評価にもなっておらず，年度末終了後の 2 カ月間の出納閉鎖期間内での会計間操作を可能にしていて，操作困難な企業会計の連結財務諸表の作成とは表示の仕方を異にしている（山本清「経済教室」『日本経済新聞』2009 年 4 月 30 日）。

　山本清教授は民間手法を取り入れた地方自治体の行政経営においては，たとえば NPM の一律的な適用はむしろ逆効果として，地方自治体の規模，文脈，環境に対応して柔軟に適用することが望ましいとする。そこで，① それぞれ地方自治体の環境・条件に適合した対策を立てるように各自治体の自主性にゆだねる，② 制度・手法間の相互補完性に留意する，③ 合理的根拠に基づいた政策形成の文化・文脈を構築することである。とくにローカルな地方自治体では選挙目当てのその場限りの人気取りの政治的支持だけを得ようとして，合理性に欠ける政策企画や行政への圧力を排除しないと，財政悪化への歯止めを無くしてしまう（同）。選択，競争を抑圧し，その大義名分として横並びの公平，標準の重視を言うが，それは思想，理念，価値観を欠くガバナンスになっていることが少なくない。さすがに大規模自治体ともなると，現在の財政硬直化から脱するために NPM など行政経営的手法による財政の効率性・有効性改善効果に対する評価は高く，現実に民間準拠の経営に近い行政組織を求めるような状況になっている。P. R. ローレンスと J. M. ローシュの論じた条件適合理論のように[6]，状況，文脈に合わせて行政改革の手法を考えたいが，あまりにも地方自治体は横並び意識が強いために，主体的営為のもとでの条件適合性の追求になっておらず，行政経営の手法のもとでの主体的な改革を欠いている。それは地方交付税の獲得を目的として事業を推進してきたからである。

　行政官僚制とタテ割り行政になじんできた地方自治体の行政組織を改革して

いくには，数多くのコンフリクトが発生しそうな項目は回避されて，問題は先送りされるので，この領域の行政改革は推進されない。われわれはコンフリクト・マネジメントを有効的に用いて行政改革を推進しようとしたのであるが，行政組織においてはコンフリクト・マネジメント能力を組織的に育成してこなかったので，行政職員はコンフリクトをもたらすことを回避しがちである。しかし市町村においては合併交渉や広域連合交渉，土地売買交渉など交渉すべき領域は増えていて，単なる対話を超える交渉能力を必要としており，その優劣によって財政負担が大きく異なる状況になっている。事業構想にもとづく交渉が決裂することも少なくないが，第三者介在の調停によって，「破談」になったことが修復されて調停が成立する場合もある。交渉がこじれてしまったことでも調停者の力量によって，無理難題と思われていたことも解決の糸口を見出して調停が成立するケースのように，改革には交渉や調停の能力が求められる時代状況になっている。

　とくに行政改革においては何回も交渉することが少なくなく，改革を進めていくうちに行政改革委員が利害関係者の既得権益をめぐる利害対立を調停して，コンフリクトを解決するなどで，交渉したり調停したりする場面や状況が増えている。そのために行政改革委員は交渉者や調停者として有能でなければならないケースもふえていて，ただ行政改革大綱を答申をするだけではすまない状況へと変化しているのは，それだけ財政悪化が急ピッチであって，行政職員の待遇も引き下げていかないと，住民も納得しなくなっている。世論，世間は厳しく行政運営を公式的，非公式的に監視したりして，実情に精通するようになってきた。行政改革委員に対しても任務を引き受けた以上は，住民の信頼に応えるべく行政運営の改革を推進すべく責務を負うべきであって，安い委員報酬（報酬を半分にした）だからといって責任を免責されることなく，住民のチェックは行政改革委員にも及ぶ。ましてや会長ともなると行政改革委員に対して経営権限を有しているわけではないのに，行政改革推進への要望が強くなって，その責任を感じる。ボランティアな社会貢献活動においても同様なことが言えるようになっているのであろう。突き詰めれば地方自治体の多様な問題に対しての責任を住民が負うというガバナンスになってきたからでもある[7]。それはある意味で行政改革委員に対しての励ましであって，人間として

成長していく機会が与えられている。

　地方自治体の行政職員は住民と直接的，間接的に接する機会も少なくなく，その住民である職員が大半であって，地方自治体の税収の安定的な税源にもなっている。それは地域で買い物もし，生活をしているから，行政上の問題点も把握しやすく，行政改革の具体的な情報源になっていて，そのことをわれわれ行政改革委員が公私にわたる人間的接触によって対話を深めて，具体的な行政改革に生かしている。行政改革推進大綱の原案の作成に当たって，住民でもある行政職員が作成に向けて情報をフィードバックしているので，小さい市ほどガバナンス領域にも改革が及び，行政とガバナンスが分離しやすい大きな市よりは，目的合理性に向けて改革しやすい。行政官僚制のもとでは手段合理性を目的化しやすい行動様式になるが[8]，これを正すのも行政改革委員の仕事である。へぼ将棋のように王手王手の改革では派手に見えても大きな改革にはならず，4手5手先を洞察する改革プランを必要としている。

　地方自治体のガバナンスの担い手は住民であるが，それを直接的に担うことは不可能であるから，選挙によって選んだ議員に行政運営を条例等で決めてもらい，このルールに基づいて自治体の運営を委ねている。それゆえ，究極的には行政職員の不正や財政赤字の責任をとるのは住民になるから，地方自治体が住民の信頼に応えて合理的，健全に行政運営されているかを常にチェックする必要がある。住民が行政をチェックする方法として制度化されているのは，行政に関する情報公開請求や住民監査請求であり，さらに法的手段として情報公開請求訴訟や住民訴訟という方法もある。裁判所に行政情報の公開や，自治体の違法と思われる行政運営によって自治体が被った損害の賠償を求めて訴訟を提起しうるのも，住民がガバナンスの担い手であるからである。

　しかし現実には，地方自治体の行政運営を担っているのは行政職員であって，その独占的な情報支配によって議員もコントロールされ，行政官僚制の精緻化によって自己を保全して，大きな力を有している[9]。ここでは住民が行政に介入できないほど行政運営力を発揮して，ほぼ全部を任せざるを得ない状況になっている。そのために行政と住民の協働というのは，住民が行政の下請けとしてさらに協力していかざるを得ない状況になってしまい，行政の都合の良いように住民は社会的貢献活動を奉仕的に行っている。

そこでわれわれはガバナンス改革の一環として行政と住民の協働をとらえて，行政の都合ではなくて住民の都合にかなうような行政運営を求めて，制度的な統治のあり方を問うている。それは住民の信頼に応えるような合理的かつ人間的な行政運営であって，そのためにも住民の信頼を高めるような行政改革を推進し，必要に応じてさらにガバナンスを再構築していく。住民こそガバナンスの担い手であると言う基本路線を変えてはならない。

そのためにも法律で律しきれない不文律が存在し，その文脈を守るための秩序を肌で知り重んじられてきた生活様式がある。フォーラム型の行政と住民の協働というのは本来的に存在していたガバナンスのあり方への回帰であって，行政組織が大規模化してむしろ住民を支配していたのを本来的なガバナンスに改革して，行政運営を目的合理性の追求のために活用することと言えよう。感受性が鈍くなると，手段合理性が肥大化して価値観や制度化の形成というガバナンス領域が軽視されてしまう。住民の要望を欠く行政運営は不毛であって，つねなる住民の信頼と注意を喚起するために広範な領域にわたっての情報公開が不可欠である。そうであればこそガバナンスの担い手として行政運営の責任を担い，行政運営を委ねていたからこそ財政再建のために自己犠牲を求められても協力する仕組みを担っている。行政組織と議会とのよき緊張関係も求められる。

行政改革にはガバナンス改革も伴うが，その枠組みを提供する行政経営も当然に理論的論拠を必要とする。しかるに行政経営の諸研究の論拠は行政管理と類似してるものが多く，あえて行政管理という用語に代えて行政経営というレッテルを必要とするようには思えない。そこでわれわれは行政経営を論じる理論的論拠を M. P. フォレットや C. I. バーナードに求めている。もともとフォレットやバーナードは企業に限定されない広範な経営を論じるものであって[10]，行政経営，公共経営を十分に論じる普遍的な理論的枠組みを有している。

われわれは裁判所の調停委員や地方自治体の行政改革委員として実務にかかわったが，そこでのフォレットやバーナードの切れ味のすごさを実践的に感じてきた。特に行政改革においては歴史的，文化的，社会的，経済的文脈に埋め込まれた行政組織の改革というのは，それらから切り離された個人に還元されるような意思決定論は，理論的にエレガントであっても，住民の共感，相互理

解，同感，共通感覚を得られないがゆえに行政改革においては無力である。まさに色々の文脈において住民に共通理解を得られるような意味解釈をもたらされなくては，地方自治体の行政改革は空回りしてしまう。

そこでわれわれは行政改革においては意味と意図の循環的応答をつうじて，意味解釈に共感をえられるように努力したのである。その共感・同感というのは理性的判断と言うよりも心情的な心の共鳴であって，このような感情的な受け入れなくしては，行政改革も実効力を伴わない。感性的な同感・共感を欠くと行政改革もメンバーの協働意欲を欠く，むしろ強制されたものとして，少しの改革の進行をもってお茶をにごされてしまう。いわば外部から押しつけられた外圧として行政職員に捉えられて，自発的で能動的活性を内発させない強制としてとらえられやすい。

われわれは行政改革をガバナンス改革として行政と住民の協働という枠組みとしてとらえるとともに，組織用具説に立脚した行政管理から，自ら自己変革や主体的能動性を発揮する組織主体説への転換として捉え，それを行政経営の理論的枠組みとしている。そこでは行政と住民の協働をなしうる共感・相互理解のもとで，文脈依存的な意味解釈や共通認識のもとで行政経営のあり方を論じる。

行政管理，行政経営において H. A. サイモンの研究は知られていて，もともと行政学者であったサイモンは行政管理学者としての評価は高い。限定された合理性のもとで，価値判断を伴う価値的前提の重要性は認識しても，その領域は棚上げして，事実的前提のもとでの行政領域を「管理行動」としてサイモンは意思決定的アプローチのもとで深い洞察をなし，徹底した研究を行なった。それは当然に行政組織の意思決定プロセスを究明したのであって[11]，われわれも大いに学んでいる。「満足化原理」はまさに行政組織にあてはまり，もともと多目的な行政組織においては「最適化原理」を取りえない目的間の矛盾を伴うような領域でもある。しかしながらサイモンは結局は，個人的意思決定に還元されるような論考で組織用具説に近いものであって，組織主体説，組織そのものの存在を認め，その自己組織的な自己変革を論じるわれわれの立場とは異なるものであって，行政管理に限定されるような思考である。

われわれがめざすのは自己変革をなしうる，構造を作り変えていく自己組織

系のシステムのような行政経営であって，ここにサイモンの行政管理論とは一線を画す。われわれがいう行政経営では経営の担い手がガバナンス改革も担うのであって，そのような構造生成的システムとして行政経営のあり方を問うている。自己変革，変身する能力を自ら有しているからこそ，行政改革は歴史的，文化的，社会的，経済的，自然な文脈のもとで埋め込まれている，しがらみの多い行政組織だと認識した上での，改革になる。

　地方自治体の行政改革委員・会長としての主な仕事は，首長，議会，業界団体，その他の団体，住民や利害関係者の利害対立の調停人としての役割である。裁判所の民事調停委員としての経験を生かして利害対立，コンフリクトを調停してきたが，自ら積極的に利害対立を調整するために交渉することもあって，改革には交渉力を必要としている。行政組織の部課長とも交渉するから，組織上の職務権限はなくとも，専門的権力というか改革を支える専門的知識，スキルが必要であって，経営学者としての専門的知識に加えて，裁判所の調停委員としての実務経験を生かしている。数多くのコンフリクトを調停してきたので，行政改革に伴うコンフリクトの発生は当然と思うし[12]，そのコンフリクトの解決に力を入れている。議会，行政，各種団体，住民，利害関係者のコンフリクトは多様であって，厳しい対決も迫られるが，敵対的交渉に終始しているわけではなく，協調的交渉に転じることも少なくないのは[13]，共通感覚，共通理解，共感を重視するからである。

3. 市立病院経営

　医師の新しい臨床研修制度のもとでは，医師は専門とする診療科を自由に選べる。さらに人事面では大学医局・医学教授の影響力が弱まり，勤務先も本人の希望が尊重されるようになった。開業の自由，知識が専門に偏って総合的な診療能力がつきにくい医局から離れる自由もある。慢性的な医師不足のなかで医師が自由に診療科や勤務先を選べば，どこかに穴があくのは当然と言えよう。総務省，県，市も医師の人事には関与できないから，責任ある改善策を示せない。市立病院にしても市長は病院経営の要である医師の人事権を実質的

に持たない。市民は選挙などを通じて市立病院の維持・拡大を市長に託すけれども，現実には選挙や住民の意向と無関係な大学教授が地域医療の生殺与奪を握ってきた。しかし，教授を頂点とするピラミッド型の医局組織からは，低賃金で重労働を強いられる研修医の反発もあって，今日の研修医が研修に専念できる環境づくりがなされて，研修医が自由に診療科や病院を選ぶことが可能になって，そのことが医局の力を弱めるとともに，医師の偏在を加速化させた。

たしかに地域医療を支えるためには，まずよき医師を得ることであって，県外で初期研修を受けても地元へ戻ることもありうるから，医学生のつなぎとめとして奨学金を拡充しても，今日の医学生は将来勤める医療機関と診療科双方を縛る拘束条件に素直に反応しないし，金銭で釣られるほど医学上の選択は単純ではない。ある県では入学金・授業料全額と月10万円を出してもそうである。

2004年度から研修医制度が始まったが，大学医局も「手持ち」の研修医が減ることを見越して医師の引き揚げの動きが活発化して，それが公立病院の医師不足を招き，U市の市立病院にしても産科の医師がいなくなった。辺境では地域医療が崩壊しつつあって，大学の法人化，診療報酬改定も医師引き揚げの原因といわれるが，医師の派遣は大学の教授の考え次第ということで，自治体病院はさらに，医師の人事に関しては無力になっている。大学の医局にしても公立病院への医師供給が思うようにならなくなっては，市立病院が大きな新病棟を建設しても，必要な医師数を確保できるかわからない（『朝日新聞』2009年3月27日）。

これを市立病院の病院経営という立場で考えると，このまま病院から医師の引き揚げを図る大学医局に全面的に任せていては地域医療は崩壊するので，特定の私立大学や医療機関を指定管理者にする「公設民営化」も考えられる。市立病院では大学系列を混在させることは難しく，大学系列混在のモデルはないに等しい。しかし，研修制度が変わり，医学部医学科卒業生の約半数は大学病院以外での研修を選んでいるので，人手不足の大学が医局存続のために医師引き揚げに走る流れは変わらない。そのために市当局は行政経営の視点から市立病院の経営を考えるべきであって，もうハコをつくって大学医局に「丸投げ」する時代は終わり，市立病院の中に民間の産科を開業させるなどの経営的工夫

がいる。新しい医師臨床研修制度そのものを否定できないので，行政経営的視点での市立病院の経営がますます大切になっている。

　ところで，市立病院の経営というのは，経営資源に軸足を置くリソース・ベスト・ビューよりも市場の機会と脅威の分析に軸足を置くポジショニングビューの方が分析しやすい。すなわち，ポジションを空間的な立地や，人の心の中の「心理的な位置づけ」，競争相手，取引相手との関係における「立場」をミックスして考えると，M. E. ポーターのように個別事業の競争戦略構築や，「選択と集中」の決定を導く戦略思考法になる。市立病院においては，同業他病院，患者や供給業者，潜在的な新規参入業者（私立病院の参入），代替品（医薬品依存や個人医院の参入）などのプレイヤーにまで視野を広げて，市立病院のポジションを競争優位性という視点から考察することになる。企業では少数の大口顧客がいたりして，事業の成熟期や衰退期では「厳しい値引き」要求で急速にポジションが悪化する場合があるが，市立病院では小口の患者を多数かかえている事業なので，国の制度的側面はともかくとして，数量割引や価格値下げという圧力はかかりにくい。この点でポジションを占めやすい有利性を市立病院は有しているし，地域医療機関として住民，患者の信任・信頼もある（沼上幹「経営戦略論の系譜と本質」④『日本経済新聞』2009 年 3 月 31 日）。

　このように市立病院はポジショニングビューでは，個別病院事業の競争戦略構築は決してむずかしくないのに，病院経営が赤字というのは余分な高くつく建設コストがかかったり，近隣の経営との棲み分けや患者の定着がうまくいっていないことも考えられる。人口の減少と患者の広域移動を車社会が可能にしていて，病院の評判，名声と言うもの，すなわちハコよりも医師等の力量によって患者数が左右されているのは，同業他病院との競争優位性を真剣に考えなければならないことを意味している。大学の医局の「植民地」のようにハコだけを貸しているような市立病院経営では，ポジショニング的な見方が弱く競争力を低下させる[14]。

　他方，市立病院の設置者である行政当局も行政経営には戦略的な思考が内包されていることの理解が少なく，経営資源に軸足を置く戦略論であるリソース・ベスト・ビューにもなじんでおらず，自己の経営資源の点検も十分ではな

い。そのために自己の経営資源的な弱みにも気づかず，行政官僚制的に画一的に運営しょうとして行き詰っている。ポジショニング的に言えば，市場の機会と脅威に鈍感であるがゆえに，病院経営が赤字であっても，実質公債費比率25％のラインのぎりぎりまで支出して160億円と言う巨額の金をかけて新病棟の建設を計画した。その新設による「ポジション」を軸にした分析もなされていない。遠くない将来においてのきびしい見通しにも，建設に伴う業者利益が優先されて，新病棟建設にかかわる財政シミュレーションも開示されていない。

　初歩的な組織間関係論を持ち出すまでもなく，連携，提携による「組織間結合のメリット」を追求するのは，すべての産業でいえることである。このことは地域の公立病院でもいえるし，規模拡大を目的とすべきではない。地域の医療機関として救命救急への態勢を維持するのは警察と同じようにコストがかかり，急患のためにつねに医師や設備を確保しておくのだから，当然にその部門は赤字をもたらすが，赤字になっても地域医療にとって必要な投資と言えよう。住民に安心，安全を与えるためである。とくに重症患者を診る2次救急病院の態勢をとるとそうである。

　それゆえ行政改革の対象になっている病院に対して，これらのことを配慮していくが，それを理由に病院全体が赤字になることを当然視はできない。周辺の既存の病院のベッドもあいているから，組織間連携の仕組みを双方が工夫すれば，新病棟の建設にしてもそれほど大規模なものは必要ではない。当初の160億円という予算額は収支計算上も過大と言えるし，市の財政負担を大きくするだけである。われわれが言いたいのは赤字の続く病院をさらに大規模化しても人口の減少のなかで周辺の病院との競争が激化して，競争力の確保はきびしいということである。それよりも連携を強化して役割分担を明確化して病院のフルセット主義から脱皮して，患者との信頼関係を強固に確立して，さらに重点的に投資して医療機関としての威信を高めることである。

　巨大な新病棟の建設には大きな財政負担をもたらし，しかも公債発行に依存して実質公債費比率を悪化させて25％のラインも状況によっては突破しかねない。そして新病棟建設負担を市が補填できてもわずかな幅であるから，無理に黒字化しょうとしたら，余計な検査をしたり，「乱診乱療」になりかねな

い。新病棟建設規模を適正化してこそ，かなりの縮小になるけれども，そのほうが財政バランスが取れて，報酬も市場に見合って医師が確保できようし，医大系列として連携はうまくいきやすい。一部の住民の言うような医師の公募だと高給の医師ばかりになるだけではなく，それぞれの医療手法が違うので医科間の調整もしにくい。医療報酬の不正請求があっても経営責任があいまいでは困るし，そのような信頼できない病院に患者を紹介できないし，開業医も連携しょうとはしないであろう。むしろ新病棟の建設の規模を縮小して，その縮小した予算の一部を周辺の病院の補助に回して，市立病院に産科医を確保できなくても，周辺の病院で子供を産みやすくして，より充実した産科を周辺に救急体制でも確保する方が住民に安心を与えるし，不十分な態勢では再び産科を設けても産科医1－2人ではむしろ不安感を高めて，医療機関としての信頼を低めてしまう[15]。既存の周辺の医療機関との連携を強化して，採算的にも無理な大規模な新病棟建設はむしろ無謀であるばかりではなくて，市の行政改革に逆行し，ハードなハコがあってもソフトの充実がないと，患者の信頼も低下させやすい（『朝日新聞』2009年4月15日）。

　老朽化した病棟にかえて新病棟の建設という趣旨は良く理解はできても，行政改革委員としては極力予算をセーブすることを提言してきたが，そのために隣接した病院・医院（産婦人科医院を含めて）との連携の仕組みとか補助金の支払い方法とかに力を入れて，効率的・機能的で住民・患者に安心と信頼を与える連携の仕組みがあってこそ地域医療機関であると論じてきた。住民は単独のフルセット主義の市立病院を求めてはいないし，病気の性質によっては高度の医療を受けたいのであって，大学の付属病院でも難しいことを地域のローカルな市立病院に求めてはいない。病院選択の自由を求めているのであって，医大付属病院にしても決して遠い距離ではない。自らの経営資源に見合った治療しかできないのであって，病院の恒常的赤字に耐えられるほど市の財政規模は大きくなく，持続可能性を考えると，病院経営戦略上も的を絞らざるを得ないし，フルセット主義の幻想を抱いていては，財政も破綻してしまう。行政経営的視点とは経営責任を明確にして，膨張主義に歯止めをかけるとともに，状況・文脈に合わせた経営戦略を構築しているから，まさに既存の医療機関との連携戦略に力を入れている。われわれの言う「組織間結合のメリット」の追求

こそ，市立病院の事業構想とすべきであって，巨大な新病棟の建設を自己目的にしてはならない。まさに R. ミヘルスの言う「目的の置換」であって，手段を目的化しており，その利害関係者の利権が病院経営のあり方を歪めていて，それを是正していくことも行政改革の一環である。利権政治というものがあるとすれば，議員も一緒になって業者の利権を追求して，市の財政赤字を加速化させても責任を負わないとなると，住民はそのような行政組織を信頼せず，行政と住民の協働といっても住民を行政に都合のよいように下請け化してしまうやり方は，やはりそのガバナンスを信頼しないであろう。

今日では，医療・看護・介護の需要が年々増えているが，医師・看護師の供給が追いつかない。U 市の市立病院にしても約 160 億円かけて新病棟の建設の予定であるが，既に産科を閉鎖したように，はたして医師の確保ができるかが問題である。日本の医療システムが旧態依然として時代の変化に対応していないので，勤務医が不足している。開業医偏重の医療制度と政策によって，病院勤務医の実情を無視しすぎた結果といえよう。日本の医師会が開業医の組合的存在であり，病院勤務医の立場を代表しておらず，他方，病院の経営主体が自治体，大学，医療法人など多岐にわたり，それぞれの立場も異なるため団結しにくく，規制当局との交渉力が弱い。交渉自体も上手とはいえない。しかも病院は支配－服従関係の強い組織なので，医療現場の悲痛さも経営トップに伝わりにくい。病院勤務医は日本医師会の利害代表構造では自分らの利益が反映されにくいから，病院勤務医団体を設立して団体交渉権を持てば待遇も改善されよう。そして勤務条件から先端医療機器の導入に至るまで基準を定めて，厚生労働省や関係当局と交渉すれば，日本の病院勤務医の報酬も高くなり，過酷な勤務状況も緩和され，患者サービスも向上して，病院経営を安定できるように患者を誘引できる。

日本の医療現場の前近代的慣行と制度を改革しなくては，医療分野での品質とサービスの向上は求めにくい。医療介護産業の生産性向上は病院勤務医や看護師等の待遇改善があってのことであって，それが政府規制と既得権益を守る勢力によって妨げられている。市立病院ではそのために廃業したり規模縮小している病院が少なくない。レセプトの電子化，混合医療の解禁などによって市立病院も赤字体質から脱却できる（悠憂「大機小機」『日本経済新聞』2009 年

4月11日)。

　われわれは市立病院の赤字体質からの脱却のために，病院経営のガバナンスのあり方を問うているのであって，医師や看護師等の待遇悪化を目的としないし，むしろその勤労意欲を高める条件設定，品質とサービスの競争に打ち勝って競争優位性を確保することを求めている。市立病院は地域医療機関としての役割が大きいし，U市の病院も長い間黒字体質であった。ハコではなくて中身の充実を患者は求めているのであって，周辺にも公私の病院が複数あって競合するので，その競争優位性はかなり医師，看護師等の力量に左右されている。それゆえ病院の経営資源はソフト面も重視されるし，社会的評価，評判というものが患者数に影響を及ぼしている。近くて利便性が高くても，車で行けば周辺の病院も決して遠いとはいえないような競合状態なので，広域医療のネットワークのもとでの提携関係の強化や，「競争と協調の相互浸透的な仕組み」も考えるべきであろう。まさに行政経営，病院経営は組織間関係の結びつきの仕組み（戦略的提携など）が大切である。

　U市の市立病院は2009年度には新病棟の建設に取り掛かり，その後の行政改革推進の結果として総事業費は大幅に削減されて，概ね65億円程度という規模に修正された。新病棟に求められる機能として，①地域密着型かつ地域中核病院としての機能，②医療情報システムの構築，③安全，安心な施設，④災害支援病院的機能，⑤癌，高齢者医療，在宅医療などの診療機能の充実，⑥健診機能，健康教育の充実，⑦救急医療体制の充実，⑧診療連携の強化，を目指している。病棟の病床数は176床であり，人々が利用しやすい，安全・安心で，地域性を重視した患者やスタッフの負担を少なくする計画になっている。行政改革推進の粘り強い交渉の結果として，U市の行財政能力に見合った病院建設事業へと大幅に計画を練り直したのも，2009年4月から施行された地方財政健全化法対策として，連結会計の赤字増大を避けるためでもある[16]。建設規模を縮小しても，それでも病院経営は決して甘くなく，むしろ競争条件は厳しい。

　そうでないと一般会計予算から病院事業への長期持続的支出が大きくなって，安定した支援的支出にはならないからである。少なくとも財政基盤の弱い市の市立病院は，市民に安全で安心な医療を提供しつつ，病院経営の財政的健

全化を図って，将来にわたって継続していける安定した経営を主として，病院全体の規模を考えるべきであって，ニーズのレベルや規模に適合しなくては，病院事業の安定化は保たれない。累積赤字を減少させていく行政改革の枠からはずれると，実質公債費比率や将来負担比率に直接的に係わってくる。建設業者は利害関係者の一つにすぎないのに，その意向でこれまでは財政規模に見合わない建設，土木の工事を地方交付税を当てにして膨張させてきたことを反省すべきである。

　われわれの論じる行政改革はこのように市立病院改革を含めて広範にわたり，ここではそのすべてを論じることはできない。住民の命のとりでの役割を果たし，過疎地では救命救急センターや小児救急医療拠点として公立病院は重要な存在である。しかし，2007年度で約8割の公立病院が経常赤字であり，公立病院を有する地方自治体の中で累積欠損金を抱えていたところも8割を超す。私的病院と経営状況を比較すると，人件費が割高であるのに加えて，病床利用率が低い。これまで公立病院は民間病院の2－3倍の建設コストがかかり，民間病院ならば年間医業収入の範囲ないでなければ資金調達ができないので，建設コストは1病床あたり1千万円以下であるのに，公立病院はそもそも民間の2倍と高いうえに，吹き抜けや無駄なコストがかさ上げされている。民間が扱わない不採算医療を手がけていることは一部の負担であって，多くは現場感覚とずれた首長や病院担当部署による意思決定や，医療現場にそぐわない地方公務員に準じた給与体系が，当事者の勤労意欲・協働意欲に影響して，現場発の病院改革，いわば創発的改革を阻害しており，ここでも行政経営の立場からガバナンスのありかたを問う思考が求められている（長隆「経済教室」『日本経済新聞』2009年3月23日）。

　かくして長隆氏は，「公立病院は，自らが果たすべき役割を見直し，改めて明確化すると同時に，経費について，一般会計，病院会計どちらで負担するかという区分に関し明確に基準を設定し，健全経営と医療の質の確保に取り組む必要がある。民間病院との間になぜ効率性にこれだけ差があるのか，市民の理解を得るべく，合理的根拠を開示すべきだ。説明できない公立病院は公での経営の必要がないといわざるを得ない」（同）という。

　総務省の公立病院改革のガイドラインでは，①山間僻地・離島など民間医

療機関の立地が困難な過疎地等における一般医療の提供，②救急・小児・周産期・災害・精神などの不採算・特殊部門に係わる医療の提供，③地域の民間医療機関では限界ある高度・先端医療の提供（県立がんセンターなど），④研修の実施などを含む広域的な医師派遣の拠点としての機能，などを示した。まさに，「公共病院の選択と集中，再編・ネットワーク化と経営形態の変更によってこそ，医師不足を迅速に解決でき，同時に自治体の財政破綻も防止できるだろう」（同）という。

　このような組織間関係を重視した連携は相乗効果を期待しうる。現に米国での広域医療圏統合ネットワーク（IHN）は，病院や開業医などの医療機関が連携して医療事業体を構成し，高品質かつ多様な医療サービスを提供しており，多くが非営利組織で，地域の健康維持にも貢献している。在宅医療サービスや老人ホーム，独立開業医グループなどを含む医療関連機関が連携して，単一の事業体を構成すると共に，マーケティング，運営管理，財務，購買などを共通することで，組織間関係システム全体として業務の効率化を図りうる。また各リソースを事業全体でより効率的に利用して，全体的整合性を高めて医療の質向上を目指す。地域医療機関が統一事業体（独立行政法人）を形成して，公立病院はその傘下のサテライトとして特色を持つことで，IHN の強みが発揮できる。日本では二つの公立病院が統合して地方独立行政法人となり，一つをリハビリ専門病院に業態を変えた。これは，医師，看護師の獲得競争と患者の奪い合いによる共倒れを避け，統合で経営を安定させた例である。市立病院が私立大学を指定管理者として任命し，その付属病院となることで存続に成功した事例もある。二つの公立病院を独立行政法人としての再編ネットワークを生かして，医師の偏在を是正して医師不足を解消し，かつ医療の質は飛躍的に高まり，さらに税金の投入を基準の範囲内に抑えて黒字化を達成したが，さらに老朽化した病院施設の増改築なども民間並みの単価で行う計画にしている公立病院もある。

　たしかに，投資がなければ利益は生まれず，公立病院も場合によっては積極的投資策を必要としょう。その際に重要なことは，ガバナンス構造を見直して病院を事業経営する視点をもつことである。これまで行政経営のガバナンス不在が，施設のみ豪華でコストの割高な公立病院を生み出したが，ここを改革す

れば，公立病院の新築単価を坪当たり60万円と従来の半分に抑えることも十分可能であると長隆氏は言う。本来的には，総事業費を民間価格並みの年間医療収入の範囲内で収めれば市民の税金を投入しなくても十分に持続可能性を高めるし，さらに地域での重複投資を避けるために，再編，ネットワーク化で相互補完的な役割分担することが重要になる（同）。このことはM. P. フォレットが状況の法則で論じた地域特性，文脈に適合した全体的整合性の追求になる[17]。組織間関係でもローレンスとローシュの言う条件適合性を求めて戦略的提携はなされる。ただ提携すれば良いというものではなく，組み合わせのメリット追求を行政経営的に考えなければならない。

4. 改革とコンフリクト

　行政改革委員はガバナンスの担い手である住民を代理して行政運営のあり方を問うているのであって，巨額の財政赤字も結局は住民全員の責任になることを自覚しているから，住民の信頼に応えられる合理的な行政運営を委譲された行政組織の運営の仕方にもチェックを入れている。そのようなチェックを入れやすいような情報公開やガバナンスのあり方を討議している。外在的に対峙してチェックを入れるのも一つの方法であるが，われわれは内在的に行為主体的存在として行政改革大綱の作成プロセスに関与して，その立案に専門家としてボランティアな社会的貢献活動の一環として協力し奉仕している。

　ここでは実践的知識の厚みにおいて行政幹部には遠く及ばないが，むしろ基礎的知識，C. I. バーナードやM. P. フォレットのような経営学の古典的知識が大いに活かされている。学究として期待されているのも行政組織の職員が入手しやすい流行の知識や国から降りてくる法令的，ルール的知識ではなくて，まさに物事の奥に潜む根源的な基本的思考であって，薄っぺらい実践的知識は要求されないし，実務的知識は800人の行政職員が有し，それぞれの立場で考え，きわめて広範な領域をカバーしているのであり，多くの行政職員は勤勉に働き学んでいる。

　それゆえわれわれは，フォレットのいう状況の法則のもとで全体的整合性を

捉えて，条件適合的な改革を文脈依存的に推進していけるように行政職員にお膳立てすることであって，ここでは組織論者としての知識が行政領域においても意外に生きてくる[18]。ルース・カプリング型の組織間関係の構築による戦略的提携は[19]，タテ割り行政のもとでも実践可能であって，県などの上からの指導による行政規律と比較して，自治体の自由裁量の幅を大きくして，状況，文脈に合わせて自由で柔軟な組み合わせができるのであって，ネットワーク型の中小企業の異業種交流グループとは共通した手法を取りうる。経営組織論者として自己の専門的知識を活かせる場と表現の舞台を得たが，それは「自己実現の欲求」の実現という高次のものではなくて，自己表出レベルのものであるが，行政組織に内在的に介在することによって学ぶことが多く，バーナードが AT&T 傘下の NJ ベルテレホン会社の社長としてえた実務経験を理論化しょうとしたことがわかり，バーナード理論を深める機会を持った。まだまだバーナードに学ぶことが多く，それを行政組織においても有効に生かせて，バーナードの切れ味を実証している。それは多くの学究とは違った捉え方かもしれない。

　大規模な市ともなると，行政改革の大綱は行政組織内部の市長を本部長とする行政改革推進本部が副市長，部長などをメンバーとする幹事会，そして中堅・若手職員による実務部隊であるワーキングチームと行政改革の推進体制をつくっていく。市民と直接対話する現場の視点で改革の議論を行うのがワーキングチームであるが，それらの議論のもとで行政改革の推進案が作成される。それが行政改革大綱案として行政改革委員に答申され，若干の修正を経て市の行政改革推進大綱が策定される。このシェーマでは行政改革委員は形式的に答申する形になり，実質的には行政職員が作成した行政改革推進大綱案が大綱になり，委員の意見が反映される度合いは小さい。

　ところがわれわれのところでは，その前の原案作成に関与して議論するから，うちの職員以上に発言力を持って職員が審議した行政改革の課題を吟味，検討し，新たな案も作成する。いわば答申される前の段階で会長として，あるいは専門家として市のめざすべき方向を考え，どのように行政改革を推進していくかを考える。原案作成に深くかかわって責任を持てる形で行政改革への取り組みを空洞化させることなく実践化していく。すなわち行政改革委員は市民

の代表者として行政と協働して，改革を推進できるように審議するだけの存在ではない。いわばガバナンスの担い手として，行政改革に積極的な役割を果たしているのが特色である。行政改革をすすめるための具体的方策も行政改革推進室などと協働して案として答申される内容にいち早く関与して，立案プロセスに参加することによって，行政改革を推進していくにあたっての問題点やコンフリクトにいち早く気づき，その対策に取り組むことができるので，案の答申においても的確に判断して論じることができる。

　行政官僚制でも統治の問題は無視されているというわけではない。ただ統治・ガバナンスは政治の領域として行政と分離して論じられ，これが行政の肥大化をもたらした[20]。それは次のような理由による。統治の法の決定的部分をなすのが適正手続きといわれるが，この合法性の理想を現実化した適性手続きは，次のように定式化される。① 統治は影響を受けるすべての法的利害への適切な配慮によって抑制されなければならない，② 法の作成と適用は理性にかなっていなければならない，③ 法的事実の信頼できる確定が保障されなければならない，④ 基本的な最低限の人格権が保護されなければならない（北野利信『経営学原論』東洋経済新報社，1996年，93頁）。

　行政と住民の協働というガバナンス改革は，水平的な「意味と意図の循環的応答」のプロセスを経るから，リーダーシップ論からフォーラム論への転換を意図してこそ，その応答性が生きてくる。「統治されるものの賛意が，少なくともある程度まで，彼らの統治者に対して与えられなければならないという必要が，横たわっている」（117頁）といえよう。このことはフォレットによっても学ぶことができる。

　こうして，われわれが行制改革をむずかしいと感じたのは，もともと効率の悪い事業分野が多くあり，時間感覚も事業間で多様であり，ムダといわれる仕事でも住民にとっては欠かせないものもある。住民サービスは広範にわたり，しかも考慮すべき価値判断があまりにも多くて，単なる効率性では計量できない。ただ行政組織を取り巻く環境は大きく変化していて，累積する財政赤字をさらに増やす状況ではなくなっている。決して行政職員がまじめに仕事をしていないということはなく，むしろ一部はハードな仕事をこなし，組織外でも多くのことを学習している。行政改革に積極的に打ち込んでいる行政職員も少な

くなく，改革を通じて希望を見出している（中野雅至『公務員クビ！論』朝日新聞社，2008年）。

　たしかに組織と制度を関連させて考察する必要があるが，とくに公務員の制度改革はむずかしい。中野雅至教授は次のような理由をあげている。① 公務員制度を抜本的に改革した時の効果の不確定さ，② 現在の公務員制度はそれなりに機能している，③ 改革に当たって的確なモデルがない，④ それなりに苦労して仕事をしているわりには，マスコミからスポットライトを浴びていないので，政治家も改革意欲を削いでいる，である（166-167頁）。地方自治体にとって自治労傘下の組合との労使交渉は交渉力の差異もあって，大幅な変更には交渉が難航しやすく，それを苦労して克服しても住民や議員の評価は低い。改革し甲斐がないというケースもある。官民の両方の職を経験した人は極端に少ないので，それぞれの極端な印象に振り回されやすい。情報を発信するマスコミも同様である。意外かもしれないが実際に公務員の仕事をやってみると，それなりの難しさと持続的な努力を必要とする。行政改革を担当している部課においても，かなりの勉学をしていないと改革案づくりはできないし，議員を含めて他者に的確に改革の必要性を説明できない[21]。このように行政職員にとっては行政改革は負担が大きい割には，努力が認められにくく，歳出削減においてはむしろ利害関係者からやり方を批判されがちになっている。われわれは行政改革推進にあたって，この点にも配慮していきたい。

5. おわりに

　地方自治体は地方財政健全化法の施行によって，財政規律を厳しく律することを求められていて，きわめて優遇される合併特例債（自己負担は30％で，残りは地方交付税で返済）の発行など，地方交付税依存の体質も転換を迫られている。市町村合併もその一つの選択肢であって，U市も6町村の合併協議会での討議を経て，2村が離脱し，4町村が合併して新市ができたが，それも合併特例債というあめ玉に魅力を感じたのも事実である。それを当てにして旧町村が合併までにそれぞれの事業を拡大したことが，合併後の市の借金をさらに

大きくした原因になっている。身の丈に合わない過剰な債務のために実質公債費比率も25％近くになって，財務工夫（歳入に計上される臨時財政対策債や退職手当債の発行など）によって何とか「早期健全化団体」への転落を防いでいる状況である。経常収支比率も100％をこえて107％とか104％ともなると，全く財政的に身動きの取れない状況になっている。

　このような状況のもとで市の行政改革を推進し，行政と住民の協働というガバナンス改革も行っているが，これは男女共同参画社会の実現に向けて行政職員の意識の改革とともに，行政組織の規模，文脈，環境に応じた条件適合的なガバナンスのあり方を問うていて，効率や有効性を重視するNPM（新公共経営）や競争原理を公正，標準を重視する考えの上位におくというわけではない。文脈，状況を考慮して行政経営を担うが，首長や議員が有能でなければ行政が多くのことをお膳立てして誘導しているのが現実であろう[22]。責任を担う賢い生活者が増えれば，行政は一段と情報を開示して住民の監査に耐えうる行政経営を担わなくては，住民のチェックはさらに厳しくなろう。それが行政と住民の協働の中味であって，それぞれのやり方，手法の相互補完性が注目されるし，その対立も解決可能であり，むしろシナジー効果をもたらす組み合わせが論じられる。

　行政組織のガバナンス改革をもたらすような行政改革にはコンフリクトの発生が不可避であるが，本格的な行政改革とコンフリクト解決をもたらすコンフリクト・マネジメントとは表裏一体の関係になり[23]，そうでなくては改革は実行力を伴わない空理空論になってしまう。行政経営は行政改革を推進していく制度的な手法であって，民間手法を取り入れているだけに制度的文脈に呪縛されない合理的な政策企画が行政改革を安定的に持続させる。ただガバナンス改革をなしうる経営資源を有していない市町村に対しては，それぞれの行政組織の環境，条件に適合した対策でなくては改革案が宙に浮いてしまって条件適合性を失い，かえって混乱をもたらし，逆機能の大きいものにしてしまう。オープンな文脈において，競争的財政政策よりも住民の生活を保障し公正の見地を重視するのは小さな市町村に多く，その条件適合性を否定するものではない。全体的状況に適合した行政改革を各自治体は推進することになる。

注

1) Simon, H. A., *Administrative Behavior*, 3rd, Free Press, 1976（1945）.（松田武彦・高柳曉・二村敏子訳『経営行動』ダイヤモンド社，1989年。）
2) C. I. バーナード『経営者の役割』（山本安次郎・田杉競・飯野春樹訳）ダイヤモンド社，1968年。
3) 数家鉄治『組織の交渉と調停』文眞堂，2008年。
4) 大住壮四郎『NPMによる経営革新』学陽書房，2005年。
5) 小西砂千夫『自治体財政健全化法』学陽書房，2008年。兼村高文『財政健全化法と自治体運営』税務経理協会，2008年。
6) P. R. ローレンス・J. W. ローシュ『組織の条件適応理論』（吉田博訳）産業能率短期大学出版部，1977年。
7) 佐川泰弘「地方行革とガバナンス」岩崎正洋編『ガバナンスの課題』東海大学出版会，2005年，11-30頁。「ガバメントからガバナンスへ」を論じる。ガバナンスは，「市民・国民・住民など，『民』が政策過程全般に参画していくという一種の理想状態を表現している」（11頁）という。
8) 斎藤美雄『官僚制組織論』白桃書房，1980年。第2章「経営官僚制と統治官僚制」を参照のこと。
9) 佐藤慶幸『官僚制の社会学』（新版）文眞堂，1991年。第7章「官僚制と組織文化」では，社会的文化的文脈のもとで組織文化を論じ，そこに官僚制的組織の特色を見出すと共に，さらに普遍的側面を「組織の通文化的アプローチ」にもとづいて論じている。
10) Follett, M. P., *Creative Experience*, Longmans, Green, 1924.
11) Simon, H. A. and Ridley, C. E., *Measuring Municipal Activities*, The International City Manager's Association, 1938.
12) 畠山弘文『官僚制支配の日常構造』三一書房，1989年。「…コンフリクトは単に利害の対立ばかりではなく，視角の対立を含むという点が強調されてよい。視角の対立を強調することは，コンフリクトが半ば永続的たることを意味する」（64頁）。
13) R. A. ロビスキー・B. バリー・D. M. サンダース『交渉力』（高杉尚孝監訳，小西紀嗣訳）マグロウヒル・エデュケーション，2008年。
14) Schelling, T. C., *The Structure of Conflict*, Harvard University, 1980. T. C. シェリングはコンフリクトをゲーム理論的に論じて，そこでは相手の動きに対応する相互依存的理論を戦略的に論じる。戦略には変革も含まれていて，組織間相互作用関係の変革論理も論じうる。
15) D. オズボーン・D. P. プラストリック『脱官僚主義』（小峰弘晴・前嶋和宏訳）PHP研究所，2001年。パラダイム・シフトの難しさを論じる。「新しい組織文化を受け入れればうまくいくと信じさせなければ，パラダイム・シフトは起きない。そのためにまず，信頼を勝ち取ることである（389頁）。
16) 喜多見富太郎「地方財政の再設計」青木昌彦・鶴光太郎編『日本の財政改革』東洋経済新報社，2004年。これまでの地方債に対する「暗黙の政府保証」の内実を述べ，さらに「暗黙の政府保証」を生み出す制度的メカニズムが述べられている。
17) Tonn, J. C., *Mary P. Follett*, Yale University Press, 2003. トンはフォレットの状況の法則での経験の意味を論じ，それは統合への循環的応答のプロセスを経て，全体的状況での認識のもとでの統合的行動を解明している。それは参加的民主主義のもとでのパワーウイズである（19章）。
18) Hoffron, F., *Organization Theory and Public Organizations*, Prentice-Hall, 1989. 行政組織は企業よりも多目的であって，しかも政治的な価値判断にも左右される。そのために組織の有効性の基準は多様であり，しかもあいまいで，多元的で相互にコンフリクトをもたらしていることも少なくない（p. 341）。
19) Aldrich, H. E., *Organizations and Environments*, Prentice-Hall, 1979, 10章「戦略的選択」で「ネットワークとルース・カプリング」を論じる。

20) 森田朗『現代の行政』京都大学教育振興会，2000年。ガバメントからガバナンスへのシフトが論じられている。それは，「これまでのガバメント（政府）による一元的な権力的統治に代わる，新たな政治社会のあり方を示していることは間違いない。その新たな政治社会の像とは，一言で言えば，自立的な多数の主体が相互に協調し，多元的な調整を行うことによって安定した社会秩序を作り上げる社会である」(165-166頁)。
21) 武藤博巳編『自治体職員制度の設計』公人社，2007年。
22) 佐藤俊樹『意味とシステム』勁草書房，2008年。佐藤俊樹教授によれば，「法の運用には官僚制が不可欠である。法が果たす役割が大きくなればなるほど，人的・物的な資源の調達，記録の保持などで大規模な官僚制組織が必要になる。その一方で，法が外部で不確実性を強く抑えているからこそ，官僚制組織の内部では不確実性を強く制度化できる。わかりやすくいえば，個々のメンバーがその負担に耐えられる」(302-303頁)。
23) 数家鉄治『コンフリクト・マネジメント』晃洋書房，2005年。同『組織の交渉と調停』文眞堂，2008年。

第6章
組織間交渉の理論と技能
―異文化とジェンダーの視点―

1. はじめに

　最近では組織行動の本においても章を設けて交渉を論じる本が増えてきたが，米国のビジネス・スクールでは以前から交渉の科目があって，ビジネス交渉は広範に論じられている。われわれはそれから学ぶことが多いが，交渉術に焦点が合わされていて，組織論的に論じられているものは少ない。そこで，組織理論，特に組織間関係論の視点から交渉理論を論じて，そして交渉理論を現実的に適用させるためには交渉技能との関連も大切なので，そのことも論じている。これは市の行政改革委員・会長として経験したことであるが，改革には交渉が不可欠であって，具体的，現実的な交渉となると交渉技能が欠かせない。そこで交渉理論を踏まえて交渉技能を論じていて，交渉という領域では交渉理論と交渉技能が密接に関係している。いわば実践的な交渉技能の実務から交渉の理論づくりがなされていると言える。その理論からわれわれは学んでいる。

2. 組織間関係と交渉

　われわれは既に「交渉の理論と技能」（2007年），「組織の交渉とビジネス交渉」（2007年）で交渉理論を論じたので，重複を避けて異なった文献をつうじて内容を深めていきたい。紙幅が許せば事例をふやして論じたかったが，それらは次の機会に論じることにする。また交渉理論と交渉技能は密接に関係して

2. 組織間関係と交渉

いるがゆえに，取り立てて明確に分離して論じないが，文献を学ぶことによって交渉技能が磨かれる側面を有している。もちろん，裁判所の民事調停委員や市の行政改革委員として調停や交渉を担ってきたので，その経験で得たことを理論化していくことをめざしてはいるが，実際のところ，交渉実践を理論化していくことはむずかしい。それゆえ事例として論じて，交渉研究の材料としたい。

ここで論じる組織間交渉とは，企業間交渉のみならずに，市町村合併交渉など色々な組織を取り扱うが，行政組織間の連携交渉や企業組織と行政組織の連携交渉などを含めている。今日の経済情勢や社会情勢のもとで広範な領域にわたって交渉力の向上が求められている。異文化間交渉，国際ビジネス交渉においては日本の組織は劣位にある。そこで組織間関係論など組織理論の基礎的研究をベースにして，理論的枠組みの再構築を考えている。たとえば，山倉健嗣著『組織間関係』（有斐閣，1993年）などをベースにして交渉を論じれば，理論的枠組みもしっかりしてくる。「組織間パワーとコミュニケーション」での対境担当者こそ交渉の担い手であるし，組織間調整メカニズムの担い手もそうである。「組織間変動と変革」においては交渉の担い手によって成果がかなり左右される。ちなみに，「組織間変動は時間的経過にともなう変化を取り扱うのであり，組織間関係の継時的・動態的分析と言えるであろう。また組織間変動は，組織と社会とを結びつける媒介項としてきわめて戦略的な位置を占め，組織論の視点から，現代社会論を構成しょうとする際の拠点ともなる」（181頁）と山倉健嗣教授はいう。その主体的な努力と交渉は大きくかかわっている。

組織間の依存関係を処理・操作するメカニズムは，その依存処理の方法の違いにより，①依存関係そのものを吸収してしまう自律化戦略，②組織間の相互依存を認めたうえで組織間の合意を形成していく協調戦略，③組織間関係が当事者レベルではなく，第三者機関の介入やそれへの働きかけを通じて調整される政治戦略がある（191-192頁）。ここでの組織間交渉は「協調戦略」を主たる対象にしていて，組織間調整メカニズムの変動を主に取り扱う。交渉者は，組織間協力プロセスの担い手である。われわれは，垂直的，水平的，対角的な相互依存性に注目している。地域社会も組織間のネットワークとしてとら

えうる。

　地域社会を構成している組織はモノ，人，金，情報などの資源交換によって連結されているのみならず，人の兼務・兼任によっても連結されている。「かかる組織間連結をどのように形成・維持していくかが地域社会の構造・変動にとって重要なポイントになる」(266-267頁)。地方自治体では人の重複は商工会，市の審議会委員など多く，組織間の資源ネットワークのあり方も多方面連結になり，一面的連結は少ない。ローカルな地域では，組織間ネットワークにおいて中心的地位を占める組織は，地方自治体であって，地域社会において価値ある資源を有している。「重要な資源に対するコントロールのゆえに，中心的組織は地域社会に対するコントロールのゆえに，中心的組織は地域社会に対する広いパワーの基盤をもっている。このように地域社会の解明にとっても，組織間ネットワークにおけるポジションがきわめて重要になる」(267頁)。中心性が依存関係の決め手になる。

　そして組織は，「意図的であれ，創発的であれ，組織間関係のネットワークを通じて，社会に影響を与えていくのである。そこで，組織間関係のあり方こそ問わなければならない。したがって，・・・組織間の資源依存，組織間の調整メカニズムのあり方，組織間の媒介組織の分析が不可欠である。また組織間の直接的関係とともに，間接的関係にも配慮が必要である」(279頁)。ただ交渉理論的には，組織間の直接的関係を取り扱うが，環境の複雑性・流動性が増すにつれて，いかにして組織間調整メカニズム，組織間ネットワークを形成していくのも[1]，交渉の担い手の力量によって成果が左右されるといえよう。

　経営資源を動員していく能力が組織的能力であって，交渉力もその一つである。人，モノ，金という経営資源がすぐれていても，それを活用する交渉力を欠くと，それらは有効に利用されない。逆に経営資源は劣位にあっても，小国の外交官のように交渉力によって劣勢をカバーしうるし，ビジネス交渉においても同様のことが言える。日本企業の国際ビジネス交渉のように人，モノ，金に恵まれていても，交渉下手のゆえに利益を出しにくい。最近では国際ビジネス交渉の重要性が日本企業全体に認識されてきたけれども，まだそれを担う人材は系統だって育成されておらず，相手のペースにはまるビジネス交渉も多い。他方，交渉とは駆け引きだと一面的に認識されやすいが，このような捉え

方では交渉の枠組みを固定化させてしまい，むしろ交渉の枠組みを弱体化させてしまう。信頼関係の形成なども交渉の重要な項目であって，O. E. ウィリアムソンがいう取引コストを下げる[2]。

交渉や調停というのは現実的な対応であるから，完全合理性下の完璧主義をとらない H. A. サイモンのいう「限定合理性」のもとで妥協や譲歩を含めて，そこでは駆け引きや情報の非対称性のもとで情報操作もありうる。むしろ情報の偏在性を利用しての交渉も少なくなく，さらに J. フェファーの資源依存モデルが示しているように[3]，権力格差や経営資源の優劣によって交渉の仕方も異なってくる。

次に，交渉について詳述してみよう。森下哲朗教授が論じるように，「交渉学は実践的な学問である。交渉は結局は人と人とのやりとりであり，さまざまなバックグランドをもち，きまぐれで，感情の起伏があり，個性あふれた生身の人間という要素を欠いては存在しない。したがって，よりよい交渉を行うためのさまざまな理論を学んだとしても，やはりみずから実践してみてその効用や限界を身をもって知る必要がある」(48 頁)。実践知というものの積み重ねと理論的フィードバックが，より実践的な交渉者にしてくれる。また，状況認識の食い違いのもとで行われる交渉は，いかに話し合いの土俵に上がらせるかである。「交渉の必要を認めない相手を交渉の場に引き出す交渉である。すなわち，当事者の立場，利害，意見の主張が一方的であり相手がその不一致の調整を必要と感じない場合である」(太田勝造・野村美明編『交渉ケースブック』商事法務，2005 年，西潟真澄，68 頁)。

異文化交流のもとで交渉はおこなわれるが，日本人にとって交渉はこれまで駆け引き，策略というイメージを与えてきた。それゆえ日本人の多くは，「交渉を『勝ち負け』と理解している。このため，日本人は交渉において，過度に攻撃的になり，手段を選ばないほどの強硬な交渉姿勢をとろうとする。ところが，いったん，勝てる見込みがないと分かると，今度は過度に淡白な諦めの交渉姿勢となり，卑屈なくらい譲歩してしまう。問題は"勝つ"以外の道は"降参"するしかないと考える日本人の考え方にある」(中嶋洋介『交渉力』講談社，2000 年，46 頁)という。交渉は勝ち負けの生存ゲームでなく，「交渉は対立の解消と合意を目的とする社会的行動である。交渉には要求と譲歩があり，

理性的な大人の立ち居振る舞いが要求される。交渉は，譲歩することで自分のほしい物を手に入れることができる確かな手段である」(47頁)と述べる。ここでは双方の利益を両立させる手法にもなる。

高杉尚孝『実践・交渉のセオリー』(PHP文庫，2005年)では次のように言う。交渉においては，沈黙は大きな不利を招く。① 便利な技術や戦術を習得すれば交渉のテクニシャンにはなれる，② しかし，必ずしもそれは効果的で生産的な交渉を保障しない，③ そこで，効果的な交渉をするには，伝えるための強い意志が必要である (69-72頁)。また交渉においても，新たな考えを浸透させるには時間がかかる。① 変化を受け入れるには時間が必要，② 説得には一貫性と忍耐力が不可欠，③ 潜伏期間を交渉スケジュールに折り込む，④ 理解を深めるための時間を自分にも与える (152-153頁)。さらにどこがいけなかったかの自己点検も大切である。① 相手のほめ言葉に乗せられすぎた，相手の「よいしょ」にたやすく乗らない，② 寛大になりすぎた，安易な同情や親切心に流されない，③ 予算の限度をテストしなかった，相手の予算の限界は必ずテストしてみる，④ 価格面の交渉に陥ってしまった，予算の範囲内でのベストな合意案を構築する (160-165頁)。加えて，交渉を円滑に進める有能な交渉者に必要な能力として，① 複雑な現象を分解した上で，要素間の関係をつかむ (分析力)，② 本質をつかむ (イシュー抽出力)，③ お互いの満足度を高める解決策 (代替案の立案能力)，④ 組織内での交渉力 (198-201頁) をいう。

交渉においては，注ぎ込んだ労力の呪縛を解き放すことも必要である。そこで，① つぎ込んだ埋没費用はきっぱり忘れる，② 金額としがらみの呪縛を解き放つ，③ 理性をもって感情を抑える，④ 周囲も埋没費用を理解して交渉を見守る (211-213頁)，である。さらに交渉当事者にとって，どこがいけなかったのかを反省して，① 相手の発言をさえぎってしまった，相手の話を聞く忍耐力を持つ，相手の真意を探り出す，② 自分本位の結論に短絡してしまった，理解の正しさを相手に確かめる，③ 言葉と態度が合致していない，誠実さが不可欠である (24-29頁) という。忖度して相手の意を読み取る時代状況ではない。

次に中嶋洋介『分かるほど強くなる交渉のマネジメント』(アーク出版，

2003年）についてみてみよう。これまで日本では非言語メッセージ，ボディランゲージのコミュニケーションが重要な意味をもっていた。①顔の表情（笑顔など），②声の調子，③不用意にもらす「なに気ない言葉」，④「うなずき」と「相槌」，⑤相互信頼を表すアイ・コンタクト，⑥相手の顔を見ようとする眼鏡外し，⑦上体をそらした腕組み，⑧タッチング（握手，肩たたき，抱擁など），⑨心の不安を表す自己タッチ（鼻をこする，顔をなでる），⑩腕や足の組み替え，⑪机の上を片付け始めるのは終わりのサイン，⑫拒否・否定を意味するシグナルである，会話と無関係のしぐさや動作，⑬行為や同意を表すシグナルである姿勢や動作の連動，⑭心の余裕や自信を表す，スティプリンク（Steepling, Steeple），両手の指先を合わせて両手の指全体で教会の尖塔のような格好をつくり，顎の下にあてる動作，⑮心理的に優位に立つ，指をさす（180-186頁），である。

　さらに，弱者の交渉のし方として，「交渉は当事者間のパワーバランスがすべてである。交渉を成功させて所期の目的を達成するには，相手の関係において有利な状態を作り出す必要がある。一般的な弱者の場合，相手に比べて自分が持つ固有の力は小さい。対策は固有の力を増大させるか，他から力を借りてくるか，世論などの第三者の力を味方につけるしか方法はない」（193頁）という。それゆえ，弱者が交渉を有利に展開するには，パワーバランスを変えるための交渉方針と交渉のシナリオが重要な役割を果たすことになる。

　交渉においてもF. ハーズバーグの衛生理論のように[4)]，満足を高める側面と不満要因を減少させる側面がある。バーゲニング等を通じて交渉取引をおこなっても，それは不満要因を減少させるに過ぎないことになって，満足を高めないことはよくある。これまでの交渉は，P. ゼンゲのいう「学習する組織」でなかったがゆえに，足して2で割るという妥協を中心としていた。M. P. フォレットの言う「統合的解決」でなかったので，C. アージリスのいう「シングル・ループ」の思考のもとで枠組みを固定化させていた。枠組みを変えて，さらに知的創造性を刺激する「ダブル・ループ」の発想が発揮されやすい状況のもとでの交渉は，双方の満足要因を高めることも可能にする。ゲーム理論，バーゲニング論もこの点ではうまい交渉とはいえない。交渉はゲームのように勝敗を競うものではないからである。

たしかに権力論的に，勝利をめざすパワー交渉術がある。ジム・トーマス『パワー交渉術』（安達かおり訳，トランスワールドジャパン，2006年）では，忍耐・辛抱を強調する。「交渉において，忍耐こそが究極的に試される技術である。忍耐をもって，すべてのたわ言を切り抜けるのだ。忍耐をもって，相手の弱みを暴く。辛抱強く頑張っていれば，相手はできる限りの条件で合意してくれるかもしれない。辛抱強さを欠けば，そのような配慮をしてくれることもないだろう」（198-199頁）という。「時間をかけても，単純で盲目的な抵抗に遭うだけだろう。相手に対して尊敬の念を持ち，相手が気持ちを変え，満足のいく結論に達することができるよう時間をあげよう。協議においてその事項が重要であればあるほど，もしくは両方の交渉人の最初の意見の溝が大きければ大きいほど『嘆く』時間もより多く必要になる（199頁）というように，ただパワーで押し切るだけではない。

ゆっくりしたペースの交渉の方が，「よい取引きになる可能性は高い。急がない交渉の方が，問題に気付いて訂正する時間がある。徹底的な質問攻撃にもひとつひとつ答えることができるし，答えの内容も総合的になる」（200頁）。さらに言えば，「ゆっくりと交渉を行えば，両者がリラックスし，お互いをよりよく知ることができるようになる。協議を一休みし，必要であればさらに宿題をすることもできる。もっと繊細で，独自性のある方法で，両者の利益を得られる術を模索することもできる」（200-201頁）という。したがって，粘ることにもなり，「あいまいな状況下で粘れば，もっと知的な提示で切り出すために必要な情報を得ることができる。最初の粘りのセリフに対する相手の反応の柔軟性を見れば，どの程度の提示額を切り出せばいいかという重要な情報が得られる」（113-114頁）。

3. 組織間交渉

欧米では，交渉は一種のゲームとしてとらえられて，交渉による対立する利害関係を解決することを目的としている。そこでは「脅し」はゲームの一つの「仕掛け」と見られている。たとえば，「欧米人は交渉でよく『脅し』を使

います。これも交渉をゲームとして考えている典型的な例といえます。すなわち、『駆引き』を一つの手段として考えているので、交渉目的を達成するために必要ならば、当然に『脅し』を使うのです。つまり、『脅し』を使って、それに対する相手の反応を見て、次の反応を考えるのです」（佐久間賢『交渉戦略の実際』日本経済新聞社，1996年，29頁）。すなわち交渉をビジネスと同じ意味にとらえて、脅しに対して大局的な面から見て適切な対応をしている。もし交渉を駆け引きという狭い意味に理解している場合には、脅しに対しても、「局部的な対応に陥り、相手の思う壺にはまってしまう心配があります」（30頁）。それゆえ、交渉はゲームとしてとらえると、相手が「脅し」をしかけてきても、①冷静に対処することで、②相手に対して「しこり」になるような悪い感情をもってはいけない。すなわち、「相手に対して感情的なしこりをもつと、それが態度に現れ、結局相手との信頼関係を築き、ビジネスを完成させる目的にとって障害となるからです」（31頁）。まさに信頼こそ、取り引きにともなう取引コストをさげる。

しかし、現実には脅しは存在するし、排除しにくい。むしろ、高杉尚孝『論理的思考と交渉のスキル』（光文社新書，2003年）によれば、「ほとんど全ての悪徳交渉戦術の根底には脅しが存在すると言えます。脅しが交渉の有機的な一部だと言われる所以でしょう。そのように考えると、脅し的な側面が交渉戦術にあるのは一般的であると言えます。ですから、仮に脅しがあっても別段驚く必要はない」（176頁）と言う。「無論、脅しなどない方がいいわけです。しかしあったとしても、それは耐え難い屈辱でもなければ最悪の惨事でもありません。残念ですが、悪徳交渉戦術の一部であると考えるといいでしょう。そうすれば脅しによって心理的な過度の動揺を覚えることを回避できます。結果、より冷静に対応することが出来ます。ここでも、平常心を保つために『良い思考』が役立ちます」（177頁）。何故なら、「脅しは相手方が脅されたと感じてこそ効力を発揮します。相手が脅されたと感じなければ意味がありません。『良い思考』で脅しを形骸化するのが得策です」（177頁）。すなわち、良い交渉とは、①相手方がそれぞれの利害を尊重したと互いに感じることが出来る、②相手方のやり方がフェアであったと互いに信じることができる。自分と相手方の両方の満足度が高まる交渉であって、そのためにも交渉を複数の要素を

もつ「パッケージ取引」と考えているといえる（45頁）。文脈に合わせた条件適合的な対応になる。

　これまでの日本型の交渉は，力と対決ではなくて，お願いも一つの交渉パターンになっている。同情や共感をもたらす形で，ソフトに自分のところに引き寄せて，要求を通すのである。ジェンダー的には女言葉がそうであって，劣位のもとでお願いしている。下請け企業が親会社と価格交渉する場合も，力の対決ではではなくてお願いという形をとるが，要求を実現したり，譲歩を少なくする交渉になっている。ここでは交渉という言葉は用いなくても，非力を自覚した交渉になっていることが少なくない。と言うのは日本では，交渉とは対等の立場の言い草であって，対等はおこがましいと言うことで，あえて交渉という言葉を用いないことが多い。しかし，お願い，譲り合いは国際ビジネス交渉では，マイナスの逆機能に働くことが少なくない。交渉理論を本格的に学ばないと，脅しや時間的圧力に屈しやすい。交渉を一旦決裂させる手法にも，減点的評価の日本の交渉者は弱いので，交渉決裂という脅しには弱い。手の内を外国の交渉者に読まれている。

　日本の交渉術は理性的に相手を対象化して距離をおいて観察して条件を出すよりも，好意的な感情をもたらすことに意を注いでいる。接待したり社交に力を入れて，いかに相手を気分よくさせるかが重要であって，そのために豪華な場所で接待して気分よくさせることになる。その後商談に入っても，条件を受け入れる構えが出来ているので話しがしやすい。気分を害すると反対しやすい素地を形成して，厳しい競争条件を出してしまう。その意味で商談は全く別の人であっても，相手は気分良くしているので，交渉しやすくなる。社用族が交際費をふんだんに使って接待に明け暮れていたのは，日本の交渉術では相手を気分よくさせることでほとんどの目的が達成されたからである。文脈の異なる異質の人間は交渉しにくいといわれるが，それでも相手を接待等で気分良くすれば，折り合えた。

　今日の国際ビジネス交渉や異文化交渉においては，知の力，教養が必要とされていて，仕事特化人間の交渉力は総合戦になると弱点になりやすい。多様性管理と同じく，多様な対応が求められるのであって，その多様性を理解していくには異文化理解を含めて，教養を幅広く持たないと，それぞれの文化的背

景をもつ人々との条件適合的な対応が出来にくい。M. クロジェは官僚制的組織においても文化横断的研究の必要性を論じたが，特殊フランス的文化は当然に交渉のし方にも反映する。フランスの個人主義のもとでは，全人として組織に没入するのではなくて，部分人としてそれぞれの組織に部分的包含し，同時に複数組織に関与している[5]。官僚制的組織も全人ではなくて部分人を対象にしていて，ルール，手続きの適用も部分人を前提としたものである。C. I. バーナードはこのことを組織人格と個人人格の区分のもとで論じた[6]。

　バーナードは両者の関係をシステム的にとらえたので，個人人格と組織人格は相互浸透していて，そこでは職務，役割を機構的機能主義のように，切り取って論じるものではない。M. ウェーバーの官僚制も全人を支配しようとしたものではなくて，部分人を対象としてルール，手続きの体系に組み込んだのであった。支配の正当性を獲得するために全人の存在を無視しないで，支配の正当性信仰を論じた。しかしウェーバーの研究対象は部分人・組織人格であって，バーナードのように「全人仮説」を取らない。しかし部分人の領域が肥大化して，全人の領域を侵食して，近代官僚制さえも「鉄の檻」になる可能性を指摘したといえる。R. ミヘルスも手段が目的化する「目的の置換」を論じているが[7]，徹底した機能特化は，それが自己目的化して，包摂から排除の論理に転じやすい。ここでも女性はジェンダーバイアスのために，排除されやすかった。固定的性別役割分業のせいもある。

　次に A. ローゼンバウムによれば，異文化間交渉では，議論型よりも問題解決型アプローチの方が有効であるという。すなわち，「問題解決型の交渉者は，もっと広い視野からものごとを見て，交渉の障害となる要因をばらまくことなく，できるだけ多くの成果を得ようとする。接点を見つけられるところでは，どこにでも共通の土台を作り，段階的に交渉に取り組む」(ハーバード M. U. 編『交渉力』D. H. B. R. 訳，ダイヤモンド社，2006年，183頁) という。ただ，「多くの文化で交渉が儀式化されており，特に交渉の初期の段階ではその傾向が強い。たとえ交渉相手が儀式を求めていないことがわかっても，こうした相手の文化の交渉に関する儀式を知ることが重要なのは明らかだ」(183頁) という。

　交渉理論は学究として大切であっても，現実の交渉においては水面下に隠れ

ている。それゆえ実際に交渉を担う人々は交渉技能を教えてほしいという要望が強い。そこで米国を中心とする交渉技能を紹介するが，文化的文脈を異にするので修正も必要であるのに，そのまま用いる人も少なくない。そのために，むしろ現実には逆機能が生じたり，反感を高めて交渉が決裂することもある。W. ユーリー，R. フィッシャーのいう「ハーバード流交渉術」は双方が満足する「ウィン－ウィン解決」をめざしていて[8]，それは有力な解決手法ではあるが，つねにうまくいくというわけではない。そこで日本での交渉の事例になるが，日本企業のビジネス交渉は相手に手の内を見せるということで，なかなか交渉事例が公表されない。そこで，きれいごとではない生々しい交渉をして，実践的な交渉技能を発揮してきた橋下徹弁護士が実行してきた事例を示そう。大阪府の橋下徹知事（現・大阪市長）が弁護士として活躍した時代に書いた『最後に思わず YES と言わせる最強の交渉術』（日本文芸社，2003 年）には予断と偏見をもって接していたが，内容を改めて読んでみると，国際ビジネス交渉では，「脅し」のかけひき術，「まんまと相手を言いくるめる逆転の交渉術」など，決して無視できない内容である。「ありえない比喩による論理のすり替え法」，「相手の"面子"をうまく利用する」，「安易な"ふっかけ"戦術は交渉に悪影響」，「"初めにルールありき"の交渉は必ず失敗する」，「相手の矛盾はその場で必ず指摘する」，「交渉は圧倒的に後攻が有利」，「相手方の窓口は必ず一つに絞る」，「当事者意識こそ交渉を解決する」，「相場観をもとに具体的なゴールを設定する」，「問題先送り型解決の弊害」，「交渉を優位に運ぶ雰囲気づくり」，「体力，精神力もかけひきの重要な要素」，「『知らない』『聞いていない』の使い方」，「言い分の簡素化で，感情的な相手の気持ちを整理させる」，「こんな礼儀を欠くと足をすくわれる」，「相手を逃さない言質の取り方」，「感情的な議論をふっかけて交渉の流れを変える」，「スタート地点は共通の座標軸を設定すること」，「感情に流されないのが真の交渉法」，「相手をねじ伏せるデータの使い方」，「"借り"ではなく"貸し"をつくれ」，「第三者をうまく利用して説得する」，「厳しくみえる交渉でも視点を変えれば突破口がみえてくる」，「攻撃と防御のバランスをとって攻める」，「飲み食いしながら交渉はできない」のは，「交渉には自分を偽り，ある役割を演じる面がある。酒食の席は素になりやすいので不向き」（211 頁）という。「第三者をうまく利用して説得

する」は,「だれに話をすれば,この人は言うことを聞くかを,交渉の過程で見抜く作業は大切」(197頁)という。

これはわれわれも裁判所の調停委員として経験しているが,弁護士代理人が調停制度を積極的に活用して調停委員を利用して相手方を説得させるのである。権威ある第三者を活用するのは,裏社会に多い。「相手をねじ伏せるデータの使い方」とは,「交渉の序でデータが最も威力を発揮するのはデメリットを裏付け強調する場面」(190頁)である。「感情に流されないのが真の交渉法」とは,「相手方を好き嫌いレベルで判断しない。冷静に損得勘定で話を進めていく」(183頁)。「スタート地点は共通の座標軸を設定すること」とは,「相手方と共通の基盤は初めはない。その場で話を聞きながらつくっていく」(181頁)ことになる。「相手の考える間を与えないテクニック」とは,「交渉には勢いが必要。相手が揺らぎだしたら考える時間を与えず一気に結論に持っていく」(175頁)ことを言う。「相手を逃がさない言質の取り方」とは,「こちらの要求を認めたうえで,相手方が譲歩してくれることを確実にしておく」(167頁)ことを言う。次に「こんな礼儀を欠くと足をすくわれる」は,名刺や靴,カバンの扱いなど,最低限のマナーの欠如が劣勢を招くことがある」(165頁)。「言い分の簡素化で,感情的な相手の気持ちを整理させる」とは,「本題と関係ない話で激高している相手は,言い分を簡素化させることで原因に気づかせる」(162頁)という。

「体力,精神力もかけひきの重要な要素」とは,「交渉上手には,とにかく動き回れる体力とどんな相手でも一対一で話せる精神力が必要」(144頁)なのである。「交渉を優位に運ぶ雰囲気づくり」とは,「交渉に臨む場や環境は重要。ハード面をきちんとすれば交渉の中味にも好影響がある」(141頁)という。「問題先送り型解決の弊害」とは,「交渉によって最終的に問題を解決すれば,相手との間に新たに大きな信頼を獲得できる」(136頁)からである。「相場観をもとに具体的なゴールを設定する」とは,「相場観によって決着を予想し,目標を立ててから交渉に入っていく」(125頁)やり方といえる。「相手の矛盾はその場で必ず指摘する」は,「たった一つの言い逃れを見過ごすと,相手方は際限なく言質を翻すことになる」(101頁)からである。「安易な"ふっかけ戦術"は交渉に悪影響」というのは,「緻密で複雑な作業が必要な交渉の

現場で，安易な金額のふっかけ合いは混乱をきたすだけ」（96頁）という。「最後の段階で欲をかいてはいけない」とは，「自分の目標ラインでまとまるのなら，さっさと妥協。下手な欲をかくと泥沼に」（81頁）陥る。「ありえない比喩による論理のすり替え法」とは，「まったく無関係な比喩によって，相手の主張が間違っているかのような錯覚に陥らせる（72頁）方法をいう。ここでは権謀術数も考慮する。

　そして，「交渉の足かせになる"信頼"」とは，「人間性を含め，互いに認め合う親しい関係は交渉の足かせになることが多い」（58頁）と言う。「人を動かすお願いの仕方」とは，「相手方の価値観に訴え得る"お願い"だけがその人を動かすことができる」（55頁）と言う。交渉における「脅し」とは，「相手の一番の弱みを察知し，そこにつけ込んでこそ，勝機がみえてくる」（53頁）と言う。「交渉に勝つ"聞く技術"」とは，「相手の言葉を自分の言葉で置き換えながら聞くことで，相手の主張の本質がみえる」（33頁）という。

　このように橋下徹弁護士の交渉術は，「ヤクザ系」を除いて異色であって，その実践テクニック，交渉術は，むしろ国際ビジネス交渉では，「ソフト型」の多い日本企業に「ハード型」をミックスさせており，しかもハーバード流交渉術の「原則定立型」も掛け合わせて，ビジネス交渉をより本腰を入れたものにしてくれよう。

　次にグローバルな交渉を研究してきた R. M. マーチの『日本人と交渉する法』（川口智子訳，PHP研究所，1988年）について論じる。事態が悪化したときの日本人と欧米人の違いとして，まず日本人は，①時間的プレッシャーや最終期限をあまり意識しない，②あいまいな表現や沈黙に逃げ込む，③たびたび上層部や本社の判断を仰ぐ，④事態が悪化すると，動きが一層遅くなる。⑤攻撃的な戦術や圧力を受ける状況では，すぐに脅され，自分が犠牲にされていると感じる。他方，欧米人は①時間を意識し，最終期限のプレッシャーを感じる，②攻撃的になり，すぐにフラストレーションをあらわす，③その場での決定権をもつ，④日本人の言葉を用いない態度を理解できない，あるいは誤解する，⑤チームのまとまりに欠ける。メンバーは日本人を言い負かし，自分のチームの主導権を握ろうと競い合う（222頁）。欧米人の感覚では，交渉も組織内人間行動ととらえて，個人に還元されやすい。

R. M. マーチによれば[9]，国際交渉の問題での「戦略的交渉プロセス」とは，次のような技能を求める。① 交渉チームのリーダーやスポークスマンには個人間のコミュニケーションを行うための高度な技能が要求される，② 相手を攻撃することなく，明晰に思考し，戦略的に行動できること，③ チームワークよく交渉できること。これはすなわち，十分な準備と計画を怠らないということである，④ 進行中の交渉のすべてを絶えず把握し，考察できること。すなわちリーダーとチームは戦略やビジネス問題と同様，人事について絶えず把握していなければならない，⑤ この把握と考察は，絶えず相手と相手の要求，利害について，及び自分のチームのそれらについての知識と洞察にも加えられるべきである (223-224頁)。これらは組織間関係論的にもいえることである。

　国際ビジネス交渉においては有能な国際交渉者を必要とするが，マーチは通説とは違うような有能なコミュニケーターを言う。すなわち，① 相手をよく観察し，相手の言うことを良く聞く，② それぞれの状況に応じて，それにプラグマティックに対処する，③ 特別な才能（忍耐力，柔軟さ，寛大さ，感情移入）をもっているとか，それが必要であるとは考えない。反対に非国際人はそう考える，④ 自分自身について，自分の内的状態（感情，思考，とくに他の国の人々に対して自分が抱いている固定観念）についてよく知っている，⑤ 自分が関わっている外国人についての自分の観察とは逆の考え方をしてみることによって，外国人を一定の型にはめがちな自分の傾向に対処する (229頁)。他方，国際人ではない管理者は，「自らの実体験に基づいて外国人を判断するのではなく，自分がその個人に会う前から言い古されてきた仮説や範囲や結論によって彼を判断しょうとする。彼らは外国人に適応するためには特別な技能が必要だと思う。彼らは何らかの客観的な基準が存在するかのようにそれぞれの国民を比較する。彼らは自らの実経験をよく検討するよりも，それぞれの国民を比較し，評価して，その違いを説明しょうとする。その結果，彼らは自分の固定観念をますます強めることになる。一方，本当の国際人は自らの経験の結果として自らの固定観念を修正する」(226頁)。ここでは交渉の経験に基づいて主体的判断を重視している。女性交渉者に対しても固定観念で見ないし，その活用も考えている。

4. 異文化間交渉

　R. M. マーチは交渉を類型化して次のように論じる。交渉にはゲーム型交渉と術策型（アート型）交渉がある。ゲーム型では，「ゲームだと言う観点からすれば，それぞれのサイドは相手側と同じルールで交渉していると思い，お互いフェアプレイでいくものであると思っている。彼らはいわば敵がどう動くかがよくわかっているわけで，試合の流れから得た情報はほとんど意味がない。しかしながら，術策型（アート型）の交渉では，それぞれのプレイヤーの技が重要となり，そこには規定されたエリアも，お互いの合意に基づくルールも，たぶんフェアプレイの意識すらない。一方がテニスなら，アート型の方は獲物を求めて互いに忍び寄る二人のハンターに似ている。そしてそれは容易に忍者同士の戦いやゲリラ戦にまで変質していく」（38頁）と言う。このように日本の交渉は，ゲーム型が術策型に変容したりして，とらえようがないこともあり，ゲーム型交渉になれた欧米人にはわからないこともある。他方，国際交渉には，文化の壁もある。すなわち①欧米人がある特定の項目について交渉するのに対し，日本人は総合的な合意を求める，②欧米人は複数のスポークスマンを含んだ緩やかなチームを編成するのに対し，日本人はチームの結束を強める，③日本人の重要な意思決定者は表面に出てこないのに対し，欧米人の意思決定者はチームのスポークマンやリーダーとして活躍する（R. M. マーチ『日本人と交渉する法』川口智子訳，PHP研究所，1988年）と言うように，交渉スタイルに違いはある。

　結果として，日本人の友好的な交渉といっても，「かなり多様であること，そして関係を進展させるためには絶えず努力しなければならないということを我々はみてきた。友好的な関係（そしてゲームのような雰囲気）を保つためには，各交渉者は相手と接触するために，これらのケース（省略）が教えてくれたことを生かして，特別に備えなければならない。ほとんどのケースは潜在的に衝突の可能性を秘めながら，関係の根本にある義務の認識，および個々のマネジャーの手腕が，衝突を避けバランスを保つための重要な要因となってい

る」という（98頁）。といっても，日本人の交渉が複雑とはいえない。

　他方，日本国内では，「問題を抱えたときに大方の日本人が陥る生来の傾向は，援助と支持を期待して自らを相手の慈悲心に委ねてしまうというものである。もちろん，それは浪花節的なアプローチの本質で」あり，「請願する側が相手よりずっと強い力を持っていたなら，いわゆる『ブラックリスト』や『商売上の村八分』をほのめかすような脅迫を使うのはそれほど珍しいことではない。裁判沙汰にするとか，それを実行に移すというような脅し方は例外である」（111頁）。国際ビジネス交渉では，相互依存関係の構造になっていないので，かなり状況にあわせた多様な交渉戦略が存在する。

　また，日本では仲介者の活用が交渉には欠かせない。「仲介者は，交渉中にも相手方に関する入手困難な情報を提供したり，問題や衝突を解決するのを助けたりする。欧米のチームと違って，日本のチームは決定が差し迫っているのではない限り，主要な意思決定者は彼らのトップと話したいと望むこともあるだろう。このときにも，やはり直接コンタクトをとるより仲介者を通す方が適切だ。その結果，両者のトップによる非公式の会談を持つことになるかもしれない」（184-185頁）と言う。ここでは建設的な戦略は交渉上の問題を解決する鍵でもあるから，「仲介者が問題を解決するのではなく，問題を明確にするための最後の手段として仲介者を使うべきである」（185頁）という。

　さらに回避を用いる戦略もある。「国際戦略や日常生活における日本人の戦略の中でも，回避的な戦略は最も多様で，最も巧妙に使われ，そして最も日本人の体質にあったものである」（191頁）。沈黙と返事の延期や，成りゆきを見る，などである。「回避的戦略と言うのは，何かを秘匿し，それを伝えようとせず，見えないようにする戦略である。交渉の時のこの戦略は，ちょうどポーカーをするときのポーカーフェイスにたとえられる。日本人は真実を隠匿し，穏やかな仮面をかぶり，感情を表に出さないのが非常にうまい」（193頁）ようにみえる。日本社会は自らの心理的充実感や価値観や一体感を他者に依存する傾向にあり，この本音を表出させない文化的背景が理解できれば，日本人の言葉を用いない言動を理解し，受け入れるのは非常に簡単なことである（197頁）。しかし，「日本人の言葉を用いない行動を読むことは外国人に大きな難題を突き付ける。そのためには偏見や軽率な判断，恐れを捨て去り，鋭い理解力

と，微妙な相違を正しく解釈する術を身につけなければならない」(210頁)と言う。ここでは予断と偏見の弊害を論じている。

日本では，客観的に物事を分析する能力を軽視しがちであるが，情報を収集するだけではなくて，適切な情報解析のもとでどのように効果的に活用していくかである。さらに情報の質を見抜く能力も大切であって，代理変数からことの本質を見抜くことも出来る（堀栄三『大本営参謀の情報戦記』文春文庫，1996年）。他方，外国では情報には金をかける。

たとえば，『キッシンジャー秘録』で交渉の秘訣を示されているが，矢部正秋『ユダヤ式交渉術』(三笠書房，1990年) で的確に要約されている。交渉の秘訣とは，「綿密な準備をすることである。問題の実務面だけでなく，そのニュアンスを知らなければならない。交渉相手の心理と狙いを調べ，どうすれば双方の主張の一致点を見出すことができるかを見定めなければならない。交渉者は，こうしたことすべてに精通していなければならない。なぜなら優柔不断の印象を与えれば，相手はためらうか非妥協な態度をとるからである。交渉のテーブルに座ったら，即座に返答できなければ権限がないのだと相手に思われてしまう」(164頁)。このようにすぐれた交渉者たるH. A. キッシンジャーの手法は，「おそらく綿密な事前準備，事前情報の入手にある。情報の入手に金を惜しまないというのがユダヤ人ビジネスマンの極めて優れた特色だが，キッシンジャーもまたその例にもれず，情報こそ力の源泉であることを明確に知っていた」(164-165頁) という。

日本語自体があいまいであるけれども，「日本人は異文化に対する感受性がゼロに近い。・・・外国相手の交渉では日本のビジネスマンもほとんど失格だ。日本も国際化が進み英語の達者なビジネスマンも増えたが，交渉不調の底に言葉の違いという文化の壁が横たわっていることに気づいている人は少ない (136-137頁)。交渉者は傲慢さの罠に陥ることなく謙虚さを身につけて，自己の力を過信しないことである。「しょせん一個の人間の能力も，知識の範囲にも限界がある。自分より弱い者に対しても幼い者に対しても謙虚でないと，世の中をわたっていくのは難しい」(54頁)。これは戦略的謙虚さではない。

ここで異文化間交渉に焦点を合わせた交渉を見てみよう。川村悦朗『外国人との交渉術』(日本評論社，1995年) によれば，「交渉とは，まず戦術であ

り，それを前提とする戦略なのである。交渉人は，当然戦略家でなければならない。換言すれば，交渉とは戦略思考に深く根ざしたものである」(111 頁)。この交渉力は，「交渉者の精神面での強さ，情報収集力，交渉の全容を予測する能力などから構成される」(111 頁)。交渉で重要になる心的要因としては，① 主体性，大胆さ，慎重さ，決断力，心のゆとりなどである。② 交渉項目の設定と情報の資料化，③ シナリオの作成も交渉には不可欠である（111-112 頁）。さらに，「交渉では，話の内容以外にも，外見や表情，身振り，手振り，目配りといったことについても気を配ることが大切である。良い印象を与える最も重要な要素は表情である」(138 頁) という。そして交渉がうまくいくためには，「交渉相手から信用されることが必要となってくる。交渉相手の立場によって態度を変えるようでは相手に信用されない。自分が信頼されるに足る人間であることを売りこむことが重要である」(140 頁) という。交渉で合意するということは，「交渉相手にとっては欲求を満足させるということと同意語である」(142 頁) から，「事前にあらゆる角度から相手の要望の水準を研究する必要がある」(143 頁)。また交渉者同士で，「アイディアを出し合って，うまい解決法を考えようと積極的に提案し合うのである。こうした非公式の交渉で，交渉の落としどころを探るのである。もちろん，こうした交渉ができるのは事前の話し合いによる相互の信頼がある場合に限られる」(143 頁)。日本では女性を主体とする家庭の生産的機能が社会関係資本の形成貢献してきたのであって，この点で専業主婦の貢献も大きい。信頼は，O. E. ウィリアムソンの言う取引に伴う取引コストを下げて，交渉をさらに生産的，建設的にして，統合的解決を可能にする。

　さらに，川村悦朗『国際ビジネス交渉の決め手』(読売新聞社，1997 年) では，既に国際ビジネス交渉の時代に入って，日本の将来に重要な影響力を及ぼすから，「政府の国際交渉力を強め，民間企業も国際交渉力の再検討と再構築を考えるときです」(81 頁)。日本人は国際感覚がなくて，国際交渉力の威力を認識していないので，それが弱点になっているという。しかも，「日本人はプレッシャーに弱く，集中力がない── ピンと張りつめる緊張感を心の中に作り，新しい状況に自らを置き，闘うタフさがなければなりません。国際交渉は戦争と同じで，攻めによる真剣勝負です。自分の心の中に緊張関係をつくるこ

とが大切です。②虚構づくりによる錯誤―― 先入観を捨てて，情報の収集，分析を見直し，虚構による時間とロスを防ぎましょう」(81 頁)という。このような状況設定は，日本企業の国際ビジネス交渉には不可欠であって，とくに組織間交渉の理論と技能が重視される。

　女性で交渉理論の大家である J. M. ブレットは，優れたグローバルな交渉人は，「文化的な境界を越えて取引すること，紛争を解決すること，決定を下すこと，そして戦略的な柔軟性を駆使することを熟知している。文化は交渉人の利害と優先順位に影響を与えるだろうが，交渉人は一度お互いの利害がわかれば，それを統合するために特別なことは何もする必要はない。文化横断的に交渉がなされる場合に戦略的柔軟性が必要となるのは，交渉人の利益を理解するプロセスにおいてなのである。戦略が倫理の範囲内であれば，すぐれたグローバル交渉人は，自分らの利害が合致するほどには，利害がどのように合致するのかには関心を持たない」(J. M. Brett, *Negotiating Globally*, Jossey-Bass, 2001, p. 209) のである。文化的要因は一つの影響要因であっても，主体的な交渉人は文化相対主義的に考察して，文化を戦略的に生かしている。文化に縛られて，主体的な判断を欠落させることはない。

　さらにブレットによれば，「自己の交渉モデルを相手に押しつけるのは，短期的には効果的な戦略かもしれないが，長期的にはそうとは言えない。様々な種類の交渉相手の間を巧みに泳ぐ交渉人は，交渉戦略のあらゆる側面を理解し，流暢に使いこなせる人である。こうした文化横断的にこなす優れた交渉人は，自分の目標を重視するだけでなく，相手が達成したい目標も尊重している。交渉人が狙うのは，統合的合意を形成するのに用いる，相違点と両立点に関する情報の探索である。交渉人は直接的な質問を通じて信頼関係を築くことと，プロポーザルから情報を抽出することの両方に長けている。交渉の成果分配にはパワーが影響を及ぼすことを認識しており，直接，間接の影響力行使をパワープレイとみなし，それらを効果的に回避もしうる」(Brett, 2001, pp. 76-77) と条件適合的な対応である。

　範雪寿教授・弁護士によれば (『中国ビジネスとんでも事件簿』PHP 研究所，2008 年)，「国際ビジネスの場で正当な評価を受け，フェアな条件を勝ち取るためには，自分たちの行動が相手にどう評価されるかを意識して行動する

ことが賢明だ。日本人の美徳である気配りのよさが裏目に出て，対中貿易や投資事業，ビジネスの交渉場面で受身的な立場を招き，不本意な契約を交わされたり，不利な契約条件を飲まされたりすることもある」(84-85頁) と言う。ビジネス交渉の際に，日本企業の担当者の多くは「イニシアティブを取りたがらず，まず相手の条件に耳を傾ける姿勢を示すことからスタートする。これは対中交渉においては，消極的な印象を与えるのみならず，相手の提案や契約の原案を出発点として交渉を始めることになる。最初から相手にとって有利で，自分を受動的な立場に置くのだ」(85頁)。

さらに日本人の対中ビジネス交渉の弱点として，「日本人は物事を論理的に順序だてて説明したり，ビジネス上の取り決めを合理的なルールと基準に基づいて説明したり，相手に理解できるように説得し，納得させるのが苦手である。欧米のビジネスと同様に，中国のビジネスの現場でも交渉事の確定，論理的展開，結論という流れが重視される」(85-86頁) という。少なくとも，「対中ビジネス交渉に当たっては，なにがあっても決して諦めないという強い心構えと精神力が求められる。ところが日系企業の多くは，投資判断が気が遠くなるほど鈍くて遅い割に，交渉の正念場においてはあきらめが早すぎるという傾向がある。この傾向を生む日本人特有の精神構造を改めなければ，今後の対中ビジネス交渉において，日本がますます劣勢に立たされることは明白だろう。なぜならば，異文化の経営環境におけるビジネスの交渉とは，知力と精神力を使った総力戦以外の何ものでもないからだ。勝負においては，常にファイティングポーズを取り続けることが鉄則である」(126頁)。それゆえ，「及び腰や泣き寝入りになれば，相手はこちらの足下を見て攻め込んでくる。戦う姿勢を示し続けないと，相手から攻め込まれる一方だ。攻め込まれたまま相手の要求を受け入れるわけにはいかない。攻めに転じることができなければ，結局，ずるずると引き下がるだけの守りの交渉に終始してしまう」(126頁) という。謙譲の美徳が裏目に出る。

それゆえ，交渉の達人とビジネス交渉を行うには，「用意周到な事前準備を行うことが大事だ。あらゆる可能性とリスクを予見し，スキームごとの対応策を腹案に持っておくかどうかで勝負は決まる。だが日本人は職人気質で，対中ビジネス案件を，事業部門ごとに秘そやかに進めることが多い。そのため組織

内部の調整や擦り合わせをせず，外部の弁護士や専門家にも審議してもらうことなく，リーガルチェックもそこそこに交渉テーブルに着くことが多い。その結果，中国企業や地方政府等を前にした交渉の席で，日本企業の事業部同士，または自社の知財／法務部担当者同士で内輪もめしたりする。ビジネス交渉の相手に，自分たちの準備不足を披露し，本番前に負けを宣言するようなものである」（128頁）という。また，「キーパーソンの契約担当者との私的な交流にこだわり，契約書を含むあらゆる法的文書に目を通すよりも人間を信用する。これは交渉の負けを意味する」（128頁）ことになる。すなわち交渉とは，「常に対等なルールと力の勝負である。相手が弱そうだからといって甘く見てはいけない。逆に強そうだから，手強そうだからといって，低姿勢になって卑屈な態度をとってはいけない」（131-132頁）。また，「自分の文化や価値観が相手に通じることを期待しない。下手に強要したりすると，交渉はうまくいかない。交渉術として自分が相手に寛容であるところを時に見せることも，大きな武器になること」（132頁）がある。これをP. M. ブラウの社会的交換理論では，「戦略的寛容」として論じる[10]。

R. M. マーチによれば，国際ビジネス交渉の構造とは，① 交渉前の準備段階，② 概括的な見解や見通しについて意見交換して，開始，③ 双方が要求を明確にし，相手の譲歩を引き出すなど，駆け引き，④ 両者の関係が気まずく，バランスの欠けたものになって，難航，そして ⑤ 両者の懸念の問題について共通の解決策を受け入れることを決意して，合意と言うプロセスを経るのである（前掲書，212頁）。ここで交渉とは駆け引きであるという見方が強いが，それも日本人と欧米人とでは相違があるという。日本人の駆け引きは，① 全体的な合意を得ることが中心となり，個別の問題は論じない，② 大きな譲歩はしない代わりに，要求もほどほどである，③ 根本的な相違（たとえば理念や概念などにおける）を認めるのに時間がかかる，④ 相手に立場をも一度説明し，明らかにして合意を求める，である。他方，欧米人のそれは，① 逐条的に交渉し，個々について合意を得ようとする，② 相手を説得しようと努め，ディベートに似たスタイルを使う，③ メンバーの多くが「人を引き付ける」発言をおこなおうとする，である（220頁）。ゲーム型交渉とは，このような手法である。

4. 異文化間交渉

欧米人チームは説得力があり，戦略的な独創性に優れているのに対して，「日本人は複雑な交渉に心理的に十分な準備をしておくことはできる。日本人の忍耐強さ，時間的プレッシャーへの無関心，慎重なスタイルは，移り気な欧米人のスタイルよりもはるかに安定している。また日本人のチーム構造も重要である。普通チームは一人のスポークスマンを中心に組織される」(221頁)。衝突のきっかけになるのは，次のようなことがらである。「欧米人の交渉者は口頭での説得力に大変な自信がある。残念なことに，日本人はこうした欧米スタイルの説得にはそれほど感化されない。というよりむしろ，日本人はそれに懐疑的であり，ときに猜疑的でさえある。したがって，自分では回答不能と考えている問題を力をこめて議論する欧米人に対して日本人が何の反応も示さないとき，多くの欧米人は急速に不信といらだちを募らせていると考えていい」(221頁)という。このことは最近の日本では，中高年層と若年層でも口頭の説得力を重視する若者にとっては，いらだちになっている。言語表現や口頭という交渉力は，日本ではまだ組織的に十分に考察されていない。

ここでいう異文化間交渉というのは，ジェンダー間の交渉も含まれていて，ジェンダーバイアスの克服のための交渉には女性の交渉力を制度的に高めることが大切である。組織内外のジェンダー・コンフリクトの解決のための交渉など，ジェンダーの視点は欠かせない。しかし交渉理論の研究者には女性も少なくないのにもかかわらず，特に女性の交渉力を高めるような方策はほとんど論じられていない。ジェンダーバイアスもとくに意識されていないのが現状である。女性群を中心としてどのように交渉すれば，ジェンダーバイアスを解消しうるのか，そして女性それぞれが交渉力を高めることによって，どのようにしてジェンダー問題を解決していくのか課題も多い。それは日本では，男文化と女文化とが大きく分離されてきて，そこに断層が生じているのも一因である。その架け橋をする努力を欠いていたため，男が妻子を扶養するという年功序列賃金が崩壊しているのに，女性労働が本格化しない一因はここにある。

ジェンダーの視点は組織間交渉においても大切なのに，交渉理論ではほとんど研究されていない。これでは女性のジェンダーバイアスの克服のためにも交渉力を高めると言うことは実現されないし，女性労働の本格化はさらに遅れて，組織的，制度的整備は遅々として進まず，WLB（ワーク・ライフ・バラ

ンス）による子育て環境づくりも，まだ理想論とされて，先を見据えた現実的な取り組みになっていない組織内外の状況である。

　外交交渉における性的配慮は，1400年前の聖徳太子の時代にもあった。交渉におけるジェンダーバイアスは今日のビジネス交渉でもあって，日本では女性の交渉者はきわめて少ない。しかし，交渉には粘り，辛抱強さを必要とするから，女性に適したビジネス交渉も少なくないはずであるのに，現実には女性が交渉を担うことは少ない。ただ，米国ではJ. M. ブレットをはじめ交渉理論の研究者には意外なほど女性が多いのであって，交渉とは男性的な仕事と見えても，実際には女性的な仕事の要素を多く含んでいる。ジェンダー交渉でなくても，交渉は合理的経済人モデルのようなものではないから，女性の才能，能力が生かせやすい領域として，そしてジェンダーバイアスを克服する実践の場として大いに評価されることを期待したい。それは交渉理論の位置づけも変えていくであろう。

　日本では，男文化と女文化が明確に区分されていて，女文化は男文化に依存し，哀願する体系になっている。そのために男文化の権力的基盤として経済力を必要としており，妻子を扶養しうる経済力が不可欠なのである。経済力を失くすと男文化の基盤が壊れて，女文化も男に従順に従うというものでなくなる。逆に女性が経済的に自活していくと，力関係に大きな変化をもたらし，男文化，女文化も変容していく。女性労働の本格化こそ，男文化，女文化の垣根を変えて，ジェンダーを超えての行動様式として，これまでの男女区分の文化を変えて，個別的組織文化をより重要にしていく。ここでの組織文化は個々ごとに多様性を有していて，むしろ多様性管理を必要としている。それは女性にも国際ビジネス交渉を担わせる機会を与えよう。

5．おわりに

　交渉というのは状況に即してなされるから，コンテキスト・フリーではありえない。制度的，文化的，歴史的などの文脈のもとで交渉がなされている．組織内部でも交渉がなされているが，今日の中心をなすのは組織間の交渉であっ

て，国際ビジネス交渉が花形である。異文化間交渉は価値が多様化し，思考様式・行動様式も異なるので，交渉のし方も有効多様性（複数の有効な方法がある）を求めて多様化している。しかし日本企業は固定的なシンプルな枠組みにとらわれやすい。そのために M. P. フォレットのいう「状況の法則」や P. R. ローレンスと J. W. ローシュの言う条件適合理論のように，状況に合わせて交渉していく技能はあまり発達していない。このことが交渉下手だと思われて，実際にも日本企業の交渉上の弱点を攻められている。このことに対してわれわれはどのように対処していくべきであろうか。特に国際ビジネス交渉のできばえは，日本の国益にもかかわっている。

　交渉技能というものは個人間でも組織間でもさほど変わるものではないが，組織人格を背負った個人は組織目的の達成のために交渉しているといえる。C. I. バーナードは複数組織の道徳準則間の対立を論じたが，D. カッツと R. L. カーンがいうように，個人は同時に複数組織にそれぞれ部分的に包含されていて，特定組織に全人格的に没入はしていない。このためにどの準則を優先順位第一位にするかが問題である。ほぼ全人格的に打ち込んで特定組織に献身して交渉している人と，優先順位の低い組織にさらに部分的包含をして交渉という職務を担っている人との交渉プロセスでは，投入するエネルギーの差も大きい。身につけた交渉理論や交渉技能は同等であっても，その打ち込みの差，フットワークの差によって，交渉力に差が出てくる。気迫，迫力の違いは，意外に軽視されがちであって，現実の交渉では成果にかなりの格差をもたらしている。弁護士でも同様のことがいえる。

　経営戦略でも「主体的選択」があるように，交渉を能動的に働きかける方と，受身で交渉に応じる方とでは，交渉のイニシアティブの取り方が異なる。気迫，迫力の違いとともに，交渉条件の設定のし方も異なってくる。このような交渉理論や交渉技能の領域でないことは本章では論じていないが，実際の交渉では成果を左右している。それでも交渉の基盤を軽視していいわけではない。交渉理論はますます実務にも必要になっている。

　われわれは組織間交渉に焦点を合わせているが，個人間交渉においても家庭や組織に所属していることもあって，まったくの個人的な交渉というわけではない。それゆえ組織間交渉と個人間交渉を明確に区分できないけれども，われ

われは組織理論をベースにして組織間交渉を論じていて，ここが従来の交渉理論との相違である。この点で，いわば組織論的交渉理論といえる。さらに研究が求められるところといえよう。

　自組織の経営資源を十分に使いこなして，組織的能力を高めないと，交渉も有利に展開できない。知識や仕組みというのはあくまでも道具・手段であって，これを使いこなしてこそ交渉も生きてくるから，交渉技能だけを磨いても交渉がうまくいかないことが多い。交渉技能を強調して本末転倒させている交渉術も少なくない。経営資源を動員していく組織的能力を高めることが，交渉のベースになる。組織論的論考を欠くと，交渉者の能力を過大評価して自滅してしまう。このことに自覚的である交渉術は少なく，個人間の交渉はともかくとして，組織間交渉においてはバーナードの言う組織人格を背負った交渉であって，本社の決済がとれないとか機関決定の出来ない交渉では意味をなさない。ここに交渉においても経営資源を動員していく組織的能力と密接にむすびついている。

注
1） 若林直樹『日本企業のネットワークと信頼』有斐閣，2006年。
2） Williamson, O. E, *Markets and Hierarchies*, Free Press, 1975.
3） Pfeffer, J., *New Directions for Organization Theory*, Oxford University Press, 1997. 組織内交渉にも論及して，「対人的影響力が達成される重要な方法の一つは，交渉をつうじてである」(p. 150) という。
4） F. ハーズバーグ『仕事と人間性』（北野利信訳）東洋経済新報社，1968年。
5） Crozier, M., *Bureaucratic Phenomenon*, University of Chicago Press, 1964.
6） 坂本光男「バーナードの人間観と協働体系の4重経済」『徳山大学総合研究所』32号，2010年。C. I. バーナード『経営者の役割』（山本・田杉・飯野訳）ダイヤモンド社，1968年。
7） R. ミヘルス『現代民主主義における政党の社会学』（森博・樋口晟子訳）木鐸社，1973年。
8） Fisher, R. and W. Ury, *Getting to Yes*, Houghton Miffin, 1981. R. フィッシャー・W. ユーリー・B. パットン『新版ハーバード流交渉術』（金山宣夫・浅井和子訳）TBSブリタニカ，1998年。
9） March, R. M. は，*The Japanese Negotiator* 以外に，*Working for A Japanese Company*, Kodansya International, 1992 も出版している。
10） Blau, P. M., *Exchange and Power in Social Life*, Wiley, 1967 (1964).

第7章
職場のジェンダーバイアスと
ジェンダー・コンフリクト

1. はじめに

　われわれは経営組織論の研究対象としてジェンダーを論じたが，しかしジェンダーの問題は広範な領域にかかわっていて，ジェンダーバイアスやジェンダー・コンフリクトをもっと基礎的に研究する必要に迫られたのである。そのような論考なくしてはジェンダー・コンフリクトの本質的な解明ができないし，したがってジェンダー・コンフリクトの解決策を見出せないのである。われわれにとってはジェンダーの研究は荷が重いが，女性労働の本格化を指向するとなると，ジェンダー問題を避けて考察するわけにはいかないのである。ジェンダー・コンフリクトの一部は家庭裁判所の家事調停でミクロ的に紛争を解決しているけれども，それは全く一部に過ぎない。セクシュアル・ハラスメントがなぜ職場で発生するのか，これはセクシュアリティに関しても論じなければならない問題である。男女の大きな賃金格差や，なぜ女性が大部分のパートタイマーの賃金が正社員男性に比して低すぎるのに，簡単には是正されなかったのかと問題は山積みである。

　われわれはその一部しか解明出来ないけれども，少子高齢化社会への対応を含めて，ジェンダーを論じることは経営にとっても家庭にとっても有意義なことである。「経営と家庭」を[1]ジェンダー視点で論じることは有用であろう。家父長主義の「家の論理」が[2]日本的経営に大きな影響を与えて，年功序列賃金や終身雇用を制度化して，男を組織一体化モデルに組み込んだのである[3]。特定組織への全人格的没入こそ，仕事労働と家事労働の両立を難しくしたのである。また，このモデルのもとでは家事労働を専ら担う人を必要として，固定

的な性別役割分業をより強固にしたのである。知識，情報労働の時代になっても，経営のこの役割構造は大きく変化していない。さらに社会構造的に女性は家事労働を担うことを義務付けられてきたのであって，結婚や出産を経て働き続けることは，女性にとっては大きな負担になっていて，そのためにシングル女性を増やしている。結婚したくても結婚がしにくいというのもコンフリクトであって，組織の仕組みを変革したり，制度的変革をもたらさないと，コンフリクトが増大していくのである。

マクロのジェンダー・コンフリクトは大きな問題であるけれども，ミクロ的にはコンフリクト・マネジメントの理論や技能が向上して，少しずつ改善されている。女性もコンフリクトの回避や「退出」から，「発言，抗議，告発」（A. O. ハーシュマン）へと個体群としての力を有するようになっている。われわれも組織権力論の変化としてこのことを見たいのである。権力統制の存在は否定できないけれども，支配の正当性の論拠も変化して，男女を支配－服従関係で見る非対称的な見方も減りつつある。しかし，セクシュアル・ハラスメントが職場でまだ多く見られるように，楽観してはならないのである。

ジェンダーバイアスというのは女性等への偏見が社会的逆機能をもたらすことを指しているが，そこには男女の明確な区分を固定化した既存の意味世界と，男女共同参画社会基本法や改正男女均等雇用法が示す，改革を担った女性等が作り上げた新たな意味世界とをつなぐ，意味の境界連結者，もしくは新しい意味解釈を既存の世界の住民に理解させる意味の翻訳家が不足しているのも一因である（吉田孟司『組織の変化と組織間関係』白桃書房，2004年，213頁）。ジェンダー研究にもバイアスがあって，男性のジェンダー研究者は少ないが，今のところ女性労働の本格化を通して社会的に広く承認された意味解釈をより普及させることによって，女性労働の社会的機能の広範な認知をもたらし，そこから少しずつジェンダーバイアスが克服されると見たいのである。

2. 男女のジェンダーバイアス

われわれの問題認識では，ジェンダーバイアスというのは男女共通のバイア

スであって，女性だけというわけではない。しかし，劣位に置かれている女性の方により大きなジェンダーバイアスがもたらされてきたのである。それはジェンダーとセクシュアリティが結合していると，女性の方がよりセクシュアル・ハラスメントを受けやすいし，忍従すべきという裏の掟もないわけではない。ジェンダーハラスメントは「使いにくい女」として放置されたりして，人材投資をしてもらえなかったりしたケースなど，心理的圧迫を含めて多岐にわたっている。支配－服従関係に従順でない女性は「生意気な女」として，目に見えない嫌がらせを受けたりして，陰湿ないじめに発展することがある[4]。一つ一つは些細に見える行為であっても，その全体的な圧迫のために，退職せざるを得ない状況に追い込まれる女性は少なくないのである。

　今日では女性が結婚しない，晩婚，子供を作らないというのは，「逸脱行動」ではなくなってきている。大村英昭教授によれば，逸脱行動とは，「社会学で逸脱行動（deviant behavior）というときは，公法に違反した犯罪のほか，よりインフォーマルな道徳規範に背反した行動が含まれる。したがって逸脱行動とは，『発覚すれば何らかの制裁がおよぶ行為』と定義した上で，制裁内容を法的刑罰のみならず，非難や嘲笑を含めて広く取っておくのが普通である」（大村英昭『新版非行の社会学』世界思想社，1989年，106頁）。たとえば，女性が仕事を促進していく上で男装しても何ら逸脱と思われなくなっているが，男性が女装して仕事をしたり，女装者になってしまうと，道徳的非難や嘲笑を覚悟しなければならないので，それは逸脱行為と規定される。E. デュルケム的に言うと，「社会にとって有害だという点では，株式市場を混乱させたり，交通・通信を混乱させるような行為が，もっと重く罰せられねばならない。だが文明国では，殺人がはるかに重く罰せられている」（107頁）。ライブドアグループの証券取引法違反事件は，ライブドアの上場廃止だけではなくて，決算情報の虚偽記載による会計監査制度への不信，株式市場での多くの株価の暴落をもたらした点で，刑罰は重いのだが，それは堀江貴史被告に罰せられる行為の有害性に比例していないのである。それゆえ，「負の制裁がおよぶということこそ，犯罪に限らず，逸脱行動の本質的属性なのであって，それ以外にいかなる共通した行為内容も予測すべきではない」（107-108頁）という。

　ここで論じたいのは，性自認とトランスジェンダーの問題である。クロスド

レッサー（トランスヴェスタイト，TV）や逆の性自認の人に対しての就労問題であって[5]，とくに「就労時」の区分であって，トイレ，更衣室，健康診断などで問題が多い。逸脱者として一刀両断に切ってきた時代から変わりつつあり，その対応が難しくなっている。2002年にS社で「性同一性障害」と診断されたMtF（女性として働きたい）「女装」者が懲戒解雇された事件である。東京地裁は，「就労環境に配慮した場合，会社の秩序や業務に著しい支障をきたすという証拠はない」として当事者の主張を認め，一年間の賃金仮払いを命じる決定をした（米沢泉美編『トランスジェンダリズム宣言』社会批評社，2003年，49頁）。

　もはや性同一性障害の人（GID）に対しては，性別越境者への差別，偏見よりは少しずつ緩和されている[6]。しかし，三橋順子氏が言うように，「性別越境の問題を医学の視点からだけ認識すること，言い換えれば，トランスジェンダーが医学に囲い込まれてしまうことは，歴史的，社会的な存在であるトランスジェンダーを矮小化してしまうことに他ならない。トランスジェンダーが，病（障害）という形でしか社会的に認知されない，存在が許されない状態は，決して健全な形ではないと思う」（128-129頁）という。「性別を超えて生きるということは，まさに個人の生き方，人生選択の問題であるべきで，医学などの権威に囲い込まれたり，社会的抑圧によって影響されるべきではない。今，多くのトランスジェンダーが，自分らしく生きるために，性別の枠組みを超えてより広い一般社会へと着実な歩みを進めている」（129頁）というが，そうありたいものであって，いつまでも逸脱者の枠にとどまることは望ましいことではない[7]。

　また，筒井真樹子氏（「ヴァージニァ・プリンスとトランスジェンダー」）によれば，V. プリンスは異性装者は次のような気質を持つという。1. 徳を得，美を経験する願望，2. 着飾り，個性を表現する願望，3. 男性として義務からの解放，4. 社会の要求からの解放である。この1967年の時点で，異性装を身体的性別とは独立したジェンダーの問題としてとらえている（135頁）。プリンス自身は女装していたのであるが，「プリンスは，セックスとジェンダーは区別すべきであること，またジェンダーは社会的に割り当てられるものであり，セックスとは相関していない事を指摘する。そして，男性から女性に移行

するトランスヴェスタイトが，男性的なものを拒み女性的なものに親近感を抱くのは，ジェンダーの同一性に問題を抱えるからである」(136頁) という。また，「トランスヴェスタイトとトランスセクシュアルと区別されるのは，トランスセクシュアルにとっては，セックスとジェンダーの両者が幸福感のある生活に貢献していないのに対し，トランスヴェスタイトの場合は専らジェンダーに違和感を抱く点である。」そして，「トランスヴェスタイトの場合，ジェンダーへの違和感は，そもそもセックスとジェンダーが相関していない以上，手術によっては問題を解決できない。それゆえ手術に向ける資金と労力を他のところに向けるべき」(136頁) という。このようにして，「プリンスが発見したのは，異性装者が抱える問題がジェンダー，すなわち社会的に課せられる役割としての性別にあることであった。すなわち，身体的，医学的な性別違和の問題が次元を異にする，という点であった」(137頁) と同じく女装者の筒井真樹子氏はいうのである[8]。

これらは基本的人権への差別の問題として論じなければならないのに，「逸脱者」かどうかの枠にとどまっている。それは外国人や障害者が，「社会に，街頭に出る場合，その姿と『付き合って』一生を生きていくしかないのに対し，トランスジェンダーには『パートタイマーで我慢する』あるいは『転換後のジェンダーとして社会に極力埋没する』ことが可能だからである。トランスジェンダーは，その容姿が，個別的具体的差別の大きな契機となっているにもかかわらず，その容姿を全面的に『引き受けずに』生きていくことができてしまうという，あいまいな立ち位置にある。そしてこのことは，差別に抗していく，差別構造をなくしていく上での大原則である『当事者原則』の成立を，きわめて困難にしている」(203頁) と米沢泉美（女性名に戸籍を変更）氏は言う。これでは，「被差別者の連帯」というスローガンが虚構化してしまうのであるが，ここで米沢泉美氏が提唱していることは，「固定概念を否定して救われる人がいる，肯定すると苦しむ人がいる」という事実を把握して，その上で性とは何かという問いをあまり難しく考えないことが，トランスジェンダーの存在理解に役立つとしている (210頁)。われわれも女装者，TVの問題を組織論の立場から真剣に考えてみたいのである。

これまで，官僚制的組織ではルール，手続きが重視されていたから，男女の

ジェンダー・ロールも厳格に区分されてきた。性同一性障害（GID）と正式に認定されない限り，女装者，トランスジェンダーの人々は逸脱者として規定されてしまう。いわば医学的に治療対象にされ，社会的にケアされるべき障害者として社会的に認知された人のみを救済するということになる。一時的もしくは恒久的なトランスジェンダーの人は，その枠外としてむしろ偏見や差別が強化される構図を担っている。たとえば，「商業的なトランスジェンダーであるニューハーフや私のような非GID系のトランスジェンダーに対する社会的視線は依然として厳しいものがあり，偏見と差別の緩和には至っていません」（伏見憲明編『変態入門』ちくま文庫，2003年，196頁）と「女装家」三橋順子氏は言う。組織の掟として，遊びで女装するような人は，ルールに違反する逸脱者として規定されるのである。

　それゆえ，三橋順子氏（大学講師）は，いかにトランスジェンダーの状況づくりが難しいかを論じる。「男としての生活を崩壊させてしまった女装仲間を何人も知っているだけに，男と女，二つの生活のバランスをどう保つかが重要だと思います。『崩壊』というのは失業や離婚です。会社で髪を切る切らないのとか，健康診断で胸が膨らんでいるのが見つかって，あの人おかしいんじゃないの，という話になって，左遷されたとか退社に追い込まれたとかです。女装を打ち明けて離婚というケースも結構あります」（佐竹大心『性の冒険者たち』新潮文庫，2000年，264-265頁）という。今日では，類型としての男女がともに男性的要素と女性的要素を有していて，その優越的要素が逆転する場合もあることが認識されている。けれども，性を越境してしまうと，職場や社会から排除されやすい状況には変化がないのである。

　セクシュアル・ハラスメントやセクシュアル・コンフリクトはかなり減ったが，なぜ女性に対してのセクハラが生じるのかの組織的，制度的原因の究明となると，幅広い考察がなされているとは思えない。ここでは権力論的考察が必要であって，なぜ女性が従属的な位置づけをなされてきたのかを問わねばならない[9]。女性の経済的自活が若干の変化を与えているけれども，「家の論理」を含めて，女性には支配―服従関係の中で支配者側でなくて，服従者側に置かれてきた理由を問わなければならない。非金銭的領域を担ってきた人は，経済的支配を受けやすく，そのために服従者としての役割を，規範を引き受けてき

たのである。おんな言葉に支配者が用いるような用語がないし，命令言葉もないという状況である。それは家庭内においても同様のことが言える。経営と家庭においては，家庭が経営に従属してきたのである[10]。

　ジェンダー・コンフリクトの解決のための戦略変数として「女装者」に着眼したけれども，身体と性自認が異なり，違和感をもつ性同一性障害の人は医学的に救済の道が開けたが，しかし「女装家」の三橋順子氏がいうように，「日本のトランスジェンダーは，医学に囲い込まれた GID 系の人々と，囲い込みを拒否した（あるいは医学的枠組みに入ることを拒否された）非 GID 系の人々に大きく二分されてしまい，両者の社会的格差が次第に拡大しつつあるのが現状なのです」（伏見憲明『変態入門』ちくま文庫，2003 年，196 頁）。ここで問題なのは，ジェンダー・ロールを模倣した非 GID 系の人々の取り扱いである。女装者の多くは，世間の先入観にあるようなホモではない。いわば自己の魅力度を計量する鏡像として他者，男を利用しているのであって，基本的にはナルシシズム，フェティシズムの範疇である。性を越境して，性自認を変えたりして快楽をえているのであって，自己の社会的に通用するジェンダー・ロールの習得度合いを確認するためにセックスが存在し，それは第二義的なことになる。変身結果の確認行為としてのセックスということになるが，それは女装の魅力性，高レベルの評価を得るためであって，虚像の出来具合に自己満足しているのである。自己の虚像の状況設定やイメージ，あるいは関係性のなかで自己の変身したイメージに快楽をえている。ただ社会的関係性のなかでジェンダー・ロールを演じなくては，変態，気持ち悪いとして排除の対象になる（同，三橋順子「女装家　パートタイム TG」161-196 頁）。

　ここに問題が生じる。女装者は既存のジェンダー・ロールを模倣して，社会に通用するように虚像を形成するのであるが，その対社会性，対社会的通用性に力点を置いて女装を受け入れてもらうわけであるから，ジェンダー・ロールを固定化し，ジェンダーバイアスを肯定するような構図にならないかという疑問である。女装者が女性に変身して自己の快楽を得ることは自由であっても，社会的に違和感をもたれない女装者としてジェンダー・ロールを取得しても，それはわれわれのいうジェンダー・コンフリクトの解決に逆行する側面があるのではないかということである。陳腐な女性像を変身する具体的イメージとし

て想定して，その枠の中で虚像と自己の（変身しやすい型への）資質との適合性を求めて女装するから，きわめて固定的な性別役割分業の女性像をイメージの対象にしている。ここでは女装者は現象としては女性に味方している外観を有していても，ジェンダーバイアスの克服の推進力にはならないということである。性同一性障害者（MtF）は，性自認は女性であるから思想的な背景なくしても女性が性自認である。しかし女装者は一時的に性を越境しているだけで快楽を得ているので，女性にとって味方とはいえないし，場合によっては反逆するのである[11]。

「性同一性障害者特別法」が2004年に施行されて，性別適合手術も受けやすくなったが，それらの人が手術や法律によってだけでは，普通に暮らしていくことは決して容易ではない。ジェンダー・コンフリクトには法律によっては解決しにくい種々の障壁があり，職場・組織での偏見や特定の先入観もあって，男女ともに苦悩を抱えている。離職，離婚と困難な道を歩むことが多いのは，セクシュアル・ハラスメントのように制度的に取り扱ってもらえないことが多く，職業もきわめて限定されてしまう現実がある。それゆえ性同一性障害をカミングアウトする人は一部であって，性自認との葛藤に悩みながら，仕事をしている人が大部分である。本人が性同一性障害といっても，医師の判断が別になることもあり，手術も戸籍の変更もできない人がいる。ジェンダーの根本を考えると，社会的性差，文化的性差の厳密な区分がジェンダー・ロールにも大きく影響を与えていることがわかる。

セクシュアル・ハラスメントに加えて，ジェンダー・ハラスメントがあり，性同一性障害の人や女装者に対しては厳しい。生態学的には男であっても，性自認が女性である人は，心と身体の性に違和感があったりして，学校や職場の健康診断では，性自認とは反対の対応をされるので，不快感を感じている。しかし現実には，性別適合手術をして医師の判断が本人の性自認と一致しない限り，戸籍の変更ができないので，その認定までの期間，もしくは不十分として認定されない人，潜在的に性自認に違和感があっても，表面化させない人への対応がほとんどの組織ではできていないので，「男の癖に」とかでジェンダーハラスメントを受けている。採用の面接でも，身体の性と性自認が異なる人は，ハラスメントの対象になっているし，採用されないで，ジェンダー・ハラ

スメントだけが残るのである。性を越境する人は硬直した男女の二分法の分類のもとでは，排除されやすい。

3. 職場のハラスメント

　ジェンダー，セクシュアリティが経営の問題として認識されたのは，ごく最近である。セクシュアル・ハラスメントが職場の環境を悪化させ生産性にも悪い影響を及ぼし，裁判においても敗訴するようになって，職場のセクシュアル・ハラスメントがやや本格的に論じられるようになった[12]。改正男女雇用機会均等法によって「セクハラ」がマスコミでも論じられて，ジェンダーについても一般に論じられ，やっとジェンダーバイアスやジェンダー・コンフリクトをどのように解決していくかに論点が移ってきたのである。生態学的な男女区分は明確に峻別され二分法で論じられてきたが，性同一性障害の人を職場でどのように取り扱うのか，そしてジェンダー区分を厳密にすることが職場でどのような意義を持つのかをアカデミックな世界だけではなくて，一般に論じられるテーマになっている。しかし，その割にはジェンダーバイアスやジェンダー・コンフリクトの研究は進んでいないし，ましてやジェンダー・コンフリクトの解決ともなると，道遠くの感である。

　それでもわれわれはコンフリクト・マネジメントという視点からジェンダー・コンフリクトの解決をめざしてきたが，その前段となるジェンダー研究が十分ではない。そこで本章ではジェンダーにかかわらしめて諸問題を論じたが，確かにジェンダーは難しい問題である。それゆえ，対象を限定して論じているが，経営が本格的にジェンダー問題に取り組めば，その大きな影響力によって社会全体もジェンダーバイアスを克服していくであろう。経営の問題としてジェンダーを論じるには至っていないけれども，われわれはその橋渡しをしたいのである。

　男の女性へのセクシュアル・ハラスメントは，ジェンダー的な幻想，虚像を持っていて，その実行を支配－服従関係の中で妄想しているところから生じる。組織の場では上下の権限関係が存在していて，その機能的な権限関係を自

己の権力的権限関係へと拡大して,服従者にセクハラに及ぶという構図である[13]。これはジェンダーバイアスのもとで作為されているが,まさに権力的な性幻想であって,何らの支配の正当性を有しないのである。

　M. ウェーバーの言う支配の正統性信仰というのは受容する側にあって,本人の合意が要るのである。恋人同士のセクハラ類似行為は,二人の合意形成のもとで作為されているから,現象は同じように見えても,本質,コンセプトは大きく異なる。この認識を欠くと,夫婦間の性行為にまで干渉するという発想になってしまう。ジェンダー・コンフリクトの解決にしても,本質的な把握が必要なのである。

　そしてまた,日本では軽視されやすいジェンダー・コンフリクトに目を向けて,セクシュアル・ハラスメントだけではなくて,性とは分離されるジェンダーハラスメントに対しても,その発生原因を日本的システムの中に探索して,実効力のあるコンフリクトの予防と解決に焦点を合わせることになる。これは女性労働の本格化のためにも,仕事労働と家事労働との対立をどのように解決し,さらに家庭と組織一体化モデルとの対立をどのように解決していくかでもある。基本的に家庭,生活者を中心に考察すると,個人はどの組織に対しても部分的に包含されていて,同時に複数の組織への同時所属を認めることになるから,組織間の優先順位をめぐってコンフリクトが生じやすいのである。C. I. バーナードはこれを道徳準則といったが,二律背反することも少なくないのである。

　最近になって,ジェンダーの逆風というか,ジェンダーフリーなどの言葉尻をとらえて,ジェンダー・バッシングも少なくない。これが限界質量(クリティカル・マス)をこえると,全体がはっきりと大転換を来たして,ジェンダーの逆風が本物になってしまう。ジェンダーバイアスを克服して,もっと自由に職業を選択するという共通の関心を刺激しあって,ジェンダー研究の全体を向上させる男女の共同の利益,正義を実現する機会が失われてしまう[14]。人々が他者の出方に依存して自分の行動を選択するという D. リースマンのいう「他者指向型」のもとでは,公共的な利益が破壊されやすい。ジェンダーという科学言語への誤解も少なくないが,その道徳的基盤が日常語に転換されていないケースなど,その公共的な意味あいが自由競争という名のもとで歪めら

れているからである。ここでも自由と正義の調和が求められる（猪木武徳「経済教室」『日本経済新聞』2006年4月5日）。

　ジェンダー研究への切り口は多様であって，フェミズム的視点に限定されるものではない。われわれは職場，組織上のジェンダーバイアスの克服，ジェンダー・コンフリクトの解決に力点をおいてきたけれども，社会の仕組みに影響される面が大きくて，結局はもっとジェンダーを根源的に考えざるをえないのである。ジェンダーの基礎を考え抜いて，鍛えられ磨かれた知性を持たなくては，多くの人々は世論に雷同してジェンダー・バッシングに加担したり，ジェンダーバイアスを黙認してしまうことになる。ジェンダー・コンフリクトの解決にしても，自由と正義を調和させて，公共精神を強化していかない限り，ミクロの個々的なコンフリクトの処理に終わってしまう。組織内でジェンダーバイアスの克服を現実にものにする公論形成のためにも，人々という民の役割が大きい。公共的な事柄を考えるのは，何も公務員，エリートだけではないのである。

　セクシュアル・ハラスメントを含めてジェンダー・ハラスメントには，虚像，虚構を現実化して行使することが少なくない。イメージ，シンボルの操作によって，論拠のない自己肥大化が生じたりしている。仮に男女に支配－服従関係があったりしても，それは組織の役割上の上下関係であって，範囲は限定されている。性の商品化にしても，人間そのものが商品化されるのではなくて，そのパーツが商品の対象になっている[15]。このような錯誤は，無制限の力の行使を夢想したりして，現実の性産業，性風俗産業でもそのような無限定なものではない。ましてや組織の職務権限において，ジェンダー・ハラスメントというのは越権行為であって，まったく社会的正当性を有しないものである。それにもかかわらず，そのような行為を許す雰囲気を与えるのは，「男社会」に依拠した支配者的優位をもたらす虚妄性である。性の商品化のイメージがそれを加速させたのである。

　日本的システムには一定の偏りがあって，それがジェンダーバイアスとして表出している。問題を先送りしたり，回避策で表面化を抑えたりしてきたが，女性労働の本格化には大きな制度的な壁になっている。信頼などの社会関係資本の形成に家事労働は大きく貢献してきたけれども，経済至上主義が仕事労働

を排他的に重視し、そして家事労働を軽視したのである。これは生活者の論理というものを企業にとってはむしろ足枷と感じたように、生活者は全体社会の担い手であるのに操作される対象になっていたのである。それは車道を作っても歩道を作らないという考え方と共通しているが、人々は経済成長のために我慢してきたので、自己犠牲の大きい生活ぶりになっている。部分社会たる企業が全体社会を駆逐している歪みに人々はコンフリクトを感じるようになって、偽装された調和に異議を申し立てるようになったのである。ここにコンフリクトが認識されて、従来のように上からの紛争処理に生活者は反発するようになったのである。

それにもかかわらず、報復を恐れて泣き寝入りする人も多いのであるが、権力に立ち向かうべく裁判所の調停制度を利用する人も増えている。公正、中立というイメージもあって、人々の裁判所での調停成果についての期待が大きくなっている。身近な簡易裁判所での民事調停は多様な調停事件を取り扱っていて、裁判所への信頼感も高まっている。ここにコンフリクトの解決の質が問われるようになって、単なる妥協を強いる調停では紛争当事者に大きな不満をもたらす状況になっている。本格的な調停理論と調停技能の習得なくしては、質の低い調停しかできないような事件も増えているので、調停人がレベル・アップしていかないと、対処できなくなっている。

ところで、仕事労働と家事労働の固定的な性別役割分業が専業主婦モデルであるが、これは資源依存モデルに示されるように、支配－服従関係を形成しやすい。男女ともに仕事労働と家事労働を担うとなると、特に女性労働が本格化していくと、ここに依存関係に変化をもたらすが、ここには男女の賃金格差が男の支配を安定させやすいのである。その理由として、男女に就業機会に不平等が存するからである。これまでの「家の論理」によって、女性は家事労働を担わざるを得ず、「統計的差異」もあって、女性の離職率は高いと刷り込まれているのも一因である。女性が家事、育児から解放されない限り、男女間に仕事労働に投入できる時間格差が存在して、女性は「使いにくい」ということになる[16]。

「経営と家庭」の関係の重要性は渡瀬浩教授がすでに論じられたが（渡瀬浩『経営組織と家族集団』中央経済社、1984年）、これまでの経営はむしろ家庭

を手段視して，本源的経営といえる家庭（H. ニックリッシュ）の機能を矮小化し，そして全体社会の一部分にすぎない部分社会たる企業領域を肥大化させてきたのである。生活者の企業への従属化こそ，倒錯した世界であるのに，それを「グローバル化」の名のもとで促進して，人間の本源的存在を脅かすような社会的格差を拡大している。そして家庭の生産的機能を縮小させて，ネガティブなコンフリクトを蔓延させ，社会的不安や人々の精神の歪みをもたらしている。このようなことに対して，はたして経営学は無力な学問であろうか。内外の不均衡を大きくした企業に対して，C. I. バーナードがいうような目的性，人間性，社会性の同時的実現ができないものであろうか[17]。ここを経営学は問われているのである。

　職場におけるセクシュアル・ハラスメントというのは，女性労働の本格化によって増えてきて世間の関心を高めたというよりは，隠された事実があぶりだされて，女性の結婚退職の名のもとにセクハラ対象者が「退出」して，あいまいにされていたことが，コンフリクト・マネジメントの対象になったということである。ここにセクハラが経営学の問題になり，農業経営学が自然を対象にして経営学を論じたように，ジェンダー経営学を論じる必要性が高まってきたのである。経営においても多くのジェンダーバイアスが存在し，その偏見のために女性労働の本格化を抑えてきたのである。それは経営と家庭を連動させない発想であって，仕事労働と家事労働を非対称的にして，仕事労働を排他的に優先させることが経営の組織的正義であったのである。全体社会の社会的承認を必要とする社会的制度としての経営は，社会的正義とは何かを自ら主体的に問わなければならないのである。

　ジェンダー・コンフリクトというのは広範な領域にわたる難しい問題であって，セクシュアル・ハラスメントのような限定された問題を論じるようにはいかない。セクハラは環境型であれ対人型であれ具体的レベルでとらえられるが，ジェンダー・コンフリクトは社会の仕組みまで論及しなければならないからである。しかも組織内外のコンフリクト・マネジメントにとっては，女性労働の本格化に伴ってこのジェンダー・コンフリクトの解決が急務になっているからである。女性にとって仕事労働と家事労働をともにフルにこなすのは大きな負担であって，そのために出産後退職していく女性は今でも多いのである。

夫の家務への協力，協働は公務員でも難しい仕事の仕組みになってきて，夫婦共働きで夫が家務を平等に負担しているケースは極めて少ない。この点で家庭内でコンフリクトが生じている。妻を踏み台にして，夫が仕事に打ち込み，仕事を優先させることが，夫婦共働きでも多いのである。

　まさにジェンダー・コンフリクトを論じることは社会一般を論じることになってしまい，これではわれわれの手に負えないのである。そこで，総花的にあれもこれもを論じるのではなくて，組織領域に限定しているけれども，その発生原因ともなると，やはりジェンダーの根本の問題に戻ってくるのである。社会的性差，文化的性差というのは社会の価値システムにかかわっていて，ジェンダーという科学言語に価値，規範，思想，理念が内包されている。生誕のときから男女によって着る服の色彩まで区分されて，躾られていくのである。われわれは職業上の仕事上の男女区分のバイアスを問題にしているのであるが，セクシュアリティと混合されて，複雑骨折のようにコンフリクト解決は家庭裁判所の家事調停でも難しくなっている。男女の関係には難しい要因がふえている。

　男女間のジェンダー・コンフリクトにおいても交渉力は必要である。改正男女雇用均等法において職場のセクシュアル・ハラスメントは禁じられても，セクハラは現実に存在し，そのセクハラ防止のために交渉力を高めることが各自に求められている。環境型セクハラ，対人型セクハラの両方にわたって，とくに女性は事前予防のために権力型交渉から脱して，双方がセクハラを発生させない環境づくりをめざして協議し交渉することは，女性の被害を減少させようし，職場の集団規範が個々人の行動を制約するような環境づくりは，女性側の交渉力によって大きく実行力のあるものになるはずである。ジェンダー・コンフリクトは男性同士，女性同士でも生じるので，紛争解決も多様な方法が考えられる。紛争当事者も泣き寝入りせずに公的機関を利用したり，裁判所の調停制度を大いに利用すべきである。

　法規範的に，女性はあらゆる組織に正規メンバーとして就職し，ジェンダーにとらわれない活躍が期待されても，法曹界にしても伝統的に男性属性によって特徴づけられている。女性の検事，裁判官，主席書記官などは少ないし，庶民が接する簡易裁判所の裁判官に至っては女性は極端に少なく，法文化論的に

もジェンダー視点から検討すべきことである。女性がかかわるコンフリクトが増えていて、女性同士のトラブルも急増している。弁護士も人間として対等の関係でコミュニケーションを求められるのであって、法令に取り囲まれることなく、世間的な常識というものが、対人的接触による合意には重要になっている。われわれは交渉や調停を人間協働の枠の中で考えたいし、ともに紛争解決策を考える認識マップのもとで、創造的な解を求めたり、それぞれの判断をすり合わせることもある。

ところで、H. ホフステード『経営文化の国際比較』（万成博・安藤文四郎監訳、産業能率大学出版部、1984年）では、IBMの子会社の従業員に対して調査し、① 権力距離、② 不確実性回避、③ 個人主義、④ 男らしさを変数して各国の経営文化を比較している。「『女性的』文化（たとえばオランダ、スウェーデン）においては、大切なのはクオリティー・オブ・ライフであり、人々と環境が重要であり、奉仕が人々を動機づけ、小さいことが美しく、ユニセックスが魅する。この次元の軸上では、男の女に対する期待される関係にかなりの差異がある。『男性的』文化では性的役割が明瞭に差別化されている。男は毅然とし、支配的でなければならない。『女性的』文化では、性的役割はもっと柔軟で、両性の間の平等については信念が存在する。たとえば、男が家事的役割を担当するのは『非男性的』ではない（D. S. ピュー、D. J. ヒクソン『現代組織学説の偉人たち』北野利信訳、有斐閣、2003年、98-99頁）。「男性的」文化（たとえばオーストラリア、イタリア）では、評価されるのは業績であり、金や物質的生活水準が重要であり、野心が行動の原動力になっている。ホフステードの分類では日本は、高度の男らしさと中度の個人主義、権力距離であり、高度の不確実性回避の文化の国になっている。低度の権力距離で、低度の男らしさの国である、デンマーク、フィンランド、オランダ、ノルウェー、スウェーデン（ノルディック圏）では、ホフステードの調査に示されるように、ジェンダーバイアスが少ないといえる。国の文化は社会的価値に裏づけられて制度化されているので、ジェンダーの問題は大きなテーマであって、組織がオープン・システムである限り、一つの組織でのジェンダーバイアスが克服できたとしても、制度的な抵抗は大きいのである。

ジェンダー問題がむずかしいのは、ジェンダーというのは科学言語として出

発し，それが日常言語，自然言語に転じたときに，対象と方法を限定しなかったからである。三戸公教授は次のように論じている。「自然言語としての情報は人が人とコミュニケーションをするときのその中身であり，コミュニケーションとは情報伝達であるとするものである。その情報とは，人が対象とする事物についての表象を画き，その観念的な存在たる表象を一般的には言語をもって表現したものとして，他者に伝達するのである。……日常語の情報はそこに常に真と偽が存在する…」（三戸公「情報の概念」『中京経営研究』15巻2号，2006年，127頁）。ジェンダーバイアスを克服し，その障壁をとりさるという科学言語としてのジェンダーフリーが，日常語に転じた場合に男女の無区分とか，性差分類をなくしてしまうように誤解されて，ジェンダー論者も逆風を受けているのである[18]。

4．ジェンダー・コンフリクト

ジェンダー研究の発端はイギリス系の組織理論を研究して，その根強い権力論を検証する舞台としてジェンダー・コンフリクトやジェンダー問題に目を向けたことにある。以来，ジェンダー，コンフリクト・マネジメントがわれわれの研究のテーマになったが，その根底では権力論を気にかけていたのである。権力統制，支配ということが，今日でもジェンダー研究を通じて主流のテーマであることがわかるし，水平的な人間協働だけが社会に存在するというわけではないということである。渡瀬浩教授は「非統合の組織論」をコンフリクト・モデルにもとづいて論考されたが（『日本の組織』1989年），二律背反したり，企業の生産性と人間の満足とが対立したりするケースを見ないわけにはいかないのである。ジェンダー問題も同様であって，複雑にからみあっている対立をある範囲内では解決をめざしえても，確かにそれ以外の領域が存在していることも認識しなければならない。ジェンダーにおいても学問である限り，コンセプト，定義，類型を大切にして日常言語とは区分される科学言語で論じたいけれども，それは世間的に通用しにくいこともある。性越境（トランスジェンダー）の人は，類型としては男女の一方に区分されても，その要素の優越的要

素が逆転したりして，性自認の難しいケースもある。社会の価値，哲学，思想に相容れられない人はふつう逸脱者といわれるが，それを公然とおこなう人は少ない。そこにコンフリクトが潜在化して，そのコンフリクトの解決も先送りになってしまう。さらに性産業，性風俗産業が性を商品経済化して，そのことによるイメージが広範な領域にわたって固定的に形成されたりして，ジェンダーバイアスが増幅される場合が多い。そのために本質的な議論からズレてしまい，ジェンダーを論じることまで偏見をもたれるのである。家庭裁判所の家事調停でもジェンダーを的確にとらえているとはいいがたいケースもある。

　コンフリクト・マネジメントで意外に関心をもたれていないのがジェンダー区分の固定によるジェンダー・コンフリクトである。離婚などの男女間のコンフリクトは退職時離婚などで世間的には話題になっていて，現実に家庭裁判所の家事調停では男女の多様な問題が調停されている。女性労働の本格化によって日本的システムも仕事労働と家事労働を性別によって区分するのではなくて，ともに夫婦が協働してこなせる制度的支援が必要であって，その男女の分担は各家庭の主体的自由に任されるべきであろう。女性だからといって家事労働に拘束される時代ではなく，夫婦の共働きを前提にした組織づくりが，能力主義・実力主義のもとではさらに重要になってくる。少なくとも中流下層の人々にとっては夫婦共働きでないと，子育てや子供の高等教育がしにくくなっている。主婦のパートタイマー程度の収入では家計は不安定になっていて，女性労働の本格化は必須の課題である。

　他方，男性の中でもジェンダー問題が生じていて，女装者を含めて性別越境をする，トランスジェンダーの人にはきびしく就職機会が制約されている。そのために「ニューハーフ」といわれる人は，性産業，性風俗産業に職を求め，それがまた，トランスージェンダーの人々に対しての偏見を高めるのである。性区分が明確でないと，就職差別もあり，公然たる女装者は性同一性障害の人と医学的に認定されない限り，職場での継続雇用も危うくなったり，基本的人権もある枠に限定されるのである。隠れた女装者に対しても，仕事労働に対してのマイナスのイメージを与えやすく，そのために露見すれば，職場に居りづらくなることもしばしばである。

　女性全体へのジェンダー・コンフリクトとともに，トランスジェンダーの人

に対してはアブノーマルと位置づけされて，昇進には悪影響を及ぼしていて，隠れた女装者に対しても職場や世間は決して甘くないのである。

　このように組織においてはジェンダー区分を明確にしており，その壁は厚く，「男らしさ」，「女らしさ」の堅牢な二分法は，女性にとっては非対称性をもたらし，そのために女性は男性中心主義の組織のしくみのために従属化されやすいのである。この点，女装するような従業員は仕事イメージが悪く，創造的な発想をなしたり，高度の専門的知識を有していても，その人の評価は低いのである。他方，女装者を愛好する男に対しては疑似ヘテロセクシャルとして幻想を楽しむ人として見られる程度で，取り立ててそのことによって仕事イメージが悪化しないのは，支配－服従関係を実践しているという仕事中心の人と見られるからである。それは女装者が古風な女性スタイルを取って，受身の存在として男性にアピールしているからでもある。それは女装者のかなりの人がマゾ的気質を有していることが影響しているのかもしれない。ここでは対等の交渉者，特に敵対的交渉者というイメージはなく，従順に支配されるというコンフリクト回避のスタイルをとっているからである。いわば古典的組織論の服従スタイルであって，その内向きのコミットメントを得るような印象を与えている。

　われわれがジェンダーの問題を重視するのは，それが新しい開放された外向きのプロフェッショナルや提携や組織間関係の形成に大きく影響するからである。固定的なジェンダー区分にとらわれていては，官僚制的組織の枠から脱せず，ネット社会や国際化にも対応がしにくくなる。外資系への人材の流出や，女性の本格的活用を難しくする。P. F. ドラッカーが『断絶の時代』（1969年）ですでに述べたことであるが，知識経済，知識労働を中軸とする組織社会では，男女区分を含めて，境界の意味が問われ，境界を厚い壁で仕切るメリットはきわめて減少している。

　女性を固定的に位置づけてきた日本社会では，組織的能力や経営資源を動員する力を高める社会的インフラは形成されにくい。個人が同時に複数組織に所属するという多元的社会における女性の位置づけを見誤っている場合が多い。専業主婦モデルというセレヴな妄想を信じていては，家計は破綻してしまう。女性の教育革命は進んでいて，経済的自活と生活的自活が一個の女性として当

然のものとなっている。その実現のための組織づくりが急務であるにもかかわらず，ジェンダーバイアスのために遅れ，知的創造性の発揮を主軸とする組織づくりも遅れている。人，もの，金，ノウハウ，技術，情報という経営資源のすべてに女性がかかわってきているのに，女性の才能を殺すジェンダーバイアスが根強く横たわっていて，このコンフリクトの解決なくして日本の将来は暗い。

　日本的システムというのは組織一体化モデルに示されるように，メンバーの全人格的コミットメントを要請する内向きの縛り縛られの，いわばサド－マゾ(SM)的な行動様式である。SM的でも，ある時期までは終身雇用と年功序列の枠で一定の条件適合性を有していて，その支配－服従関係の役割交代を含めて，長期的には縛り縛られの関係が外部との壁を厚くして，特殊組織的能力の育成と，特殊組織的依存関係を「機能的」なものにしていた。しかし今日では，組織のあり方が知的労働を中心とする編成原理によって大きく変化し，単独経営からの脱皮と組織間のネットワークや戦略的提携，アウトソーシングや社会的分業型の下請け組織連関の形成によって，外向きの人材やプロフェショナルな仕事を担える人材を必要としている。ここでは，組織の壁を厚くして内向きの忠誠心の高い人材のメリットは限定されてしまい，視野が狭いゆえに，組織間の交渉能力も低いものになっている。

　それは組織間交渉がパワーを背景にした自己利益の押しつけでは，ともに創造的な利益を得られないので，創出型合意へとシフトしていることも影響している。ともに情報の質を高めて，双方が利する交渉には外向きの組織横断的な人材が必要であって，組織一体化モデルにもとづく内向きの全人格的コミットメントをなしてきた人々の価値を急速に下げている。プロフェッショナルな人は組織外部に準拠集団があるのがふつうであって，むしろ組織一体化モデルはコンフリクトが生じやすいのである。さらにいえば，コンフリクト・マネジメントを担える人材が組織内，組織間において必要であって，いわば利害調整を担う調停人としての創造的な紛争解決力が求められている。また，プロフェッショナルな交渉力が異文化間，文化横断的な国々においても取引交渉においてよき交渉人として必要とされている。日本企業も文化横断的な国際交渉において，総合利益のために価値創出をなしうる創造的互恵関係を構築することが求

められている。

　われわれはジェンダーバイアスを克服して，ジェンダー・コンフリクトの解決を論じてきたけれども，それは三戸公教授が論じた「家の論理」や，家事労働の軽視によって現実的には容易ではない。「家の論理」は家父長主義，筋，統をベースにした組織の論理といえるものであって，純粋なゲマインシャフトであるマイホームとは大きく異なる，集団優位の論理である。その論理では女性は従属し，周辺化されていて，正規メンバーの中核にはなりにくいのである。そこではコンフリクトは回避されて，女性は「退出」もしくは退職してコンフリクト処理がなされて，A. O. ハーシュマンのいうような「発言・抗議」はタブー視されている。

　しかし今日では，コンフリクトを回避するのではなくて発言し抗議するから，より適切なコンフリクト・マネジメントを必要としている。ジェンダー・コンフリクトの中にも建設的なコンフリクトは少なくなく，むしろこれまでジェンダー・コンフリクトが抑圧されていたのが問題である。この抑圧ではジェンダー・コンフリクトの解決にはならないのであって，若干の譲歩をもって妥協して紛争処理されるのがせいぜいであったのである。

　女性陣が主体的に発言し行動して，根本的な紛争解決をめざす時代になってきたが，その交渉力が弱いがゆえに，ジェンダー・コンフリクトの解決は，今でも決して容易ではない。そこで調停人の支援のもとでジェンダーバイアスのない紛争解決を目指すのであるが，調停人が必ずしもフェミニズムを理解しているわけではなくて，むしろ慣行というものが制度的制約と考えられて，その枠の中で紛争が処理されやすい。これでは女性陣の交渉力を高めなければ，ジェンダー・コンフリクトは低次元のレベルで妥協を強いられてしまうのである。

　われわれはより有効的なジェンダー・コンフリクトの解決を論じるのであるが，一般にジェンダー論やフェミニズム論は難しくて，ジェンダー・コンフリクトの解決にはあまり役立たないとも言われている。それはジェンダー研究についての誤解も含まれているが，それ以上にコンフリクト・マネジメントと関連させて考察されてないがゆえに，裁判はともかくとして，具体的な解決方法が示されていないことに由来している。家庭裁判所の家事調停は夫婦間や親子

間のコンフリクト等を取り扱っても，それは広範なジェンダー問題の一部に過ぎないのである。職場や組織や社会で多様なジェンダー問題が発生しているけれども，本格的にジェンダー問題が論じられることが少なく，ジェンダー・コンフリクトの解決は固定的な枠組みのもとでの若干の修正にとどまっている。制度的慣性や組織の慣性を知的創造性の発揮によって変革しようとするものではないからである。というのもジェンダーに関しての組織的価値や社会的価値は大して変化しておらず，そのためにジェンダーの変革推進力は逆風になりやすく，たとえば男女に偏見の障壁を設けないというジェンダーフリーというバリアーフリーの考えでも，男女を無差別にして区分をしないというように歪められてしまうのである。偏見のある歪められた社会的性差や文化的性差を問題にしているのに，ラジカル・フェミニズムや女支配の世界のようにとらえられてしまい，むしろジェンダーの逆風は大きくなっている。そのためにジェンダー関係の本の出版も難しくなって，ジェンダー問題は回避されやすい状況に転じている。

　われわれはジェンダー・コンフリクトの解決という視点から，あるいはコンフリクト・マネジメントの一環としてジェンダー問題を論じたいのであって，それを回避もしくは放置するものではない。

　今日のジェンダー・コンフリクトの解決には理念，理想，価値の次元での考察が求められている。その解決には，女性側の交渉力や女性調停人の調停力など課題が多い。少なくとも女性もコンフリクト・マネジメントを学ぶ必要があって，紛争を回避していては，紛争解決力も身につかないのである。組織的交渉力というのは組織内外で求められているが，交渉理論を身につけている女性も少ないのである。一般に日本では，男女ともに交渉や調停の理論を体系的に学んでいる人は少なく，国際間の交渉ではきわめて劣る。それは日本の謙譲の美徳が，むしろつけ込まれる材料にされているからでもある。コンフリクトの解決を公正，適正な調停人，調停機関に依頼することも一つの方法であって，紛争の性質によって条件適合的な多様な選択肢が考えられるのである。ここでは意思決定論的に考察すべき領域である。

　家庭裁判所の家事調停において，紛争当事者のジェンダー・コンフリクトは調停され，コンフリクトはかなり解決されてきたけれども，なぜコンフリクト

が発生し，どのような立法，ルール，手続きを必要とするのかは論及されていない。ジェンダーバイアスは制度的基盤によって生じることが多いが，しかし，男女協働を推進すればよいというスローガンよりも，男女協働を妨げてきた権力論的視点からジェンダーバイアスを論じるほうが実りが多いのである。権力の存在を否定してしまっては，ジェンダーバイアスは解明できないであろう。男女平等，基本的人権の遵守はそのとおりであっても，現実的にそのように処遇されていない原因を論じてこそジェンダーの研究は一歩前進する。ジェンダー・コンフリクトは合意形成型組織よりも権力統制型組織のほうが多いのは，それはジェンダーバイアスを是正しょうとはしない権力統制であるからである[19]。

　ジェンダー・コンフリクトは，人々の刷り込まれた錯覚，錯誤から生じることが少なくなく，情報操作によって増幅されている。一部の歪められた情報では，女性の挑発的行為がそれを招くという責任転嫁がおこなわれているが，それは女性が被虐の妖しい悦びを知るという性幻想であって，男の妄想に都合のよい状況を想定しているのであって，認識ギャップも大きい。女性の被虐性という性幻想にもとづくセクハラは，快楽妄想に基づく悦虐性というイメージ操作を自らおこなっている。そのために職場でのセクハラに鈍感な人が多く，欲望と理性とのせめぎあいも生じないのである[20]。それは性的映像を自己に都合のよいように状況を設定して，意味解釈したからである。それは性産業のやり方であって，商売に都合のよいように取捨選択して事実を歪めている。夢，幻想と結託した偽装に騙されるのである。

　われわれは公正，中立の立場から裁判所の調停においてジェンダー・コンフリクトを解決したいのであるが，弱者救済という視点は忘れてはいない。男女平等という形式にとらわれて，実質的な不平等の存在を軽視してしまっては，コンフリクトは不十分にしか処理できないのであって，当事者の満足は低い。ここでは権力論的な思考枠組みのもとで，ジェンダーバイアスを照射して，その偏見を克服した組織づくり，制度づくりが求められるのである。女性を植民地化してきた発想を脱して，その障壁が男の幻想であることも知らせしめる必要がある。次のステップとしてジェンダー問題のコンフリクトを具体的にどのように解決していくかである。ここでは，刷り込まれた偏見が組織の価値，規

範と結合しているがゆえに，一気に解決できるというものではない。歳月をかけて粘り強くジェンダーバイアスを克服していくしか他はないのである。

5. おわりに

　われわれはすでに,『日本的システムとジェンダー』(白桃書房, 1999年) と『ジェンダー・組織・制度』(白桃書房, 2003年) で，ジェンダーについて部分的に論じた。本章では，ジェンダーバイアスやジェンダー・コンフリクトの解決に向けて論じていて，コンフリクト・マネジメントの対象としてジェンダー問題を照射している。そのためにジェンダーを掘り下げて考察しようとしたのであって，このことは本格的な女性労働に向けての基盤を整備して，コンフリクトを削減したいからである。個々的なジェンダー・コンフリクトは家庭裁判所の家事調停でも調停されてきたが，その理論的枠組みに貢献しうるジェンダー論を展開したいのである。セクシュアリティとジェンダーは科学言語では分離して論じうるが，現実にはセクシュアル・ハラスメントのように密切に関係しており，そして男女の二分法で論じ切れないことも少なくない。性を越境することも今日では多いのである。

　ジェンダー問題を論じるにあたって認識すべきことは，組織には支配－服従関係，権力統制が存在し，そのタテ関係を利用してのハラスメントやコンフリクトが生じているということである。M. ウェーバーは支配の正統性信仰，A. エチオーニは組織とは支配－服従関係であると論じたが，それに悪乗りして，セクシュアル・ハラスメントやジェンダー・コンフリクトが生じていて，その解決を本格的にやろうとしないところにジェンダー問題が深刻化している。ジェンダー問題は権力論的トラブルであって，一部では権力抗争になっている。ここではミクロからマクロにわたる広範なコンフリクトにかかわるから，われわれの論じる組織領域のコンフリクト・マネジメントでは対応できない大きなコンフリクトが生じるが，われわれは主に男女間の権力論的コンフリクトを論じている。

　ジェンダー研究も種々の偏見に取り囲まれている。性産業，性風俗産業にか

かわるセクシュアリティ，そこに追い込まれる女装者，性同一性障害の人，そしてアダルト・ビデオなどの情報操作によって，女性がマゾ的な嗜好を持つと刷り込まれて，暴力を肯定しかねない偏見を持つ人など過剰な商品経済化がもたらされた弊害は大きいのである。性の商品化は女性への偏見を大きくしたが，それは金銭的消費を媒介とする虚像，虚構であるにもかかわらず，商品化の情報操作によって，女性全般へのイメージを歪めている。企業の倫理性，道徳性，社会性は論じられても，アダルト・ビデオの出演者に対しては「契約」を拡大解釈して，過酷な要求をし，支払いもあやふやになってしまうケースも少なくない[21]。その「作品」の作為された行動様式を若者は刷り込まれて，男女の健全な交際も歪んだイメージのもとでなされたりして，セクシュアル・ハラスメントの温床にもなっている[22]。

　このようにジェンダー研究には多様な問題を抱えていて，それがジェンダー・コンフリクトの解決を難しくしている。家庭裁判所の家事調停では性産業，マスコミの情報操作によって，夫婦間の関係も結合よりも分離をもたらす要因が増えて，離婚に至ったりしている。地方裁判所，簡易裁判所の民事調停においても同様であって，サラ金の多重債務者の金銭的行き詰まりの原因が，男女の性的関係というのも少なくない。飲酒，ギャンブルだけを原因とするよりも，そこに性的関係が絡んで家計を破綻に追いやるなどのケースがあり，セクシュアリティの問題を抜きにしてジェンダーの問題が論じられないほど，両者は密接に関係している。ここによほどの注意をしないと，男女平等，雇用機会均等等が男女の無差別や画一化をもたらして，男女の社会的性差，文化的性差を何ら認識せずに，法律を施行すればよいという形式論に転じてしまうのである。

注
1）　渡瀬浩『経営組織と家族集団』中央経済社，1984年．
2）　三戸公『家の論理』1巻，2巻，文眞堂，1991年．
3）　上野千鶴子『家父長制と資本制』岩波書店，1990年．上野千鶴子教授は，家父長制と資本制の二元論で論じ，「女の『二流の労働』は，資本制と家父長制の二重の抑圧のもとに置かれた労働のことであり，『再生産労働』という概念は，この『二重の抑圧』を解明するために持ちこまれた分析概念である」（150頁）という．
4）　江原由美子『フェミニズムのパラドックス』勁草書房，2000年．江原由美子教授は刑事罰というようなセクシュアル・ハラスメントに至らない「グレーゾーンにあたる言動を『ジェンダー・

ハラスメント』という言葉で表したい」(217 頁) という。
5) パット・カリフィア『パブリック・セックス』(東玲子訳) 青土社, 1998年。「よく組織された強力なサブカルチャーの後押しがなければ, たいていの性的逸脱者たちは自分の性嗜好をオープンにしようとはしないし, 仲間の利益のためにまとまろうといった気を起こさない。孤立はさらに人目につかなくさせ, その人らの孤独を永久化し, 将来仲間になる可能性のある人たちからさえ, うさんくさくて魅力のない人たちだと思われるようになる」(330 頁) という。
6) 大島俊之『性同一性障害と法』日本評論社, 2002年。
7) S. オーゲル『性を装う』(岩崎宗治・橋本恵訳) 名古屋大学出版部, 1999年。
8) 石井達朗『異装のセクシュアリティ』新宿書房, 1991年。石井達朗教授によれば, 女装などトランスヴェスティズムは, 反社会的装置としてもともなされていたのである (64-69頁)。
9) ヘレン・E・フィッシャー『女の直観が男社会を覆す (下)』(吉田利子訳) 草思社, 2000年。「ほとんどの女性は男性のような高い序列を獲得するよりも子育てや個人的なつながりを作るほうに関心があるので, 結局は収入の少ない職業や地位に就くことになる。パートタイムの仕事も多い。この状況は, 経済の二重構造を作っている。いい例が医学と法律の分野だ」(46頁) という。
10) 杉原名穂子「日本社会におけるジェンダーの再生産」宮島喬編『講座社会学7 文化』東京大学出版会, 2000年, 157-188頁。
11) ジョアン・エントウィスル『ファッションと身体』(鈴木信雄監訳) 日本評論社, 2005年。「ウッドハウスは, 女性として『通用したい』という欲望に基づく服装倒錯者と, 異性装者とは異なる点があると述べている。異性装者は, 服装倒錯者とは対照的に, 彼らの外見の工夫に注目を集めようとする」(251頁) という。
12) ニニ・ハーグマン『性の脅威―職場のセクシュアル・ハラスメント』(多勢真理訳) 学陽書房, 1990年。福島瑞穂他『セクシュアル・ハラスメント』有斐閣, 1998 (1991) 年。中野裕子弁護士が論じるように, 「セクシュアル・ハラスメント問題は, つきつめていけば, 現代の男性中心の性文化に対する異議申立てにまで至らざるを得ない」(71頁) のである。奥村明良『職場のセクシュアル・ハラスメント』有斐閣, 1999年。(財) 東京女性財団編『セクシュアル・ハラスメントのない世界へ』有斐閣, 2000年。
13) N. V. ベノクレイティス・J. R. フィーギン『セクシュアル・ハラスメントの社会学』(千葉モト子訳) 法律文化社, 1990年。「巧妙な」「目に見えない」男女差別に注目して論じられている。たとえば, 「コルダは, 大企業で働いている女性に甘言やお世辞, 耳障りのいい物語や忠告, 騎士道的行為を真にうけないようにと警告している。なぜなら, 女性への敬意は集団から彼女を排除する手段にもなるからだと」(59頁) という。
14) 大越愛子『闘争するフェミニズムへ』未来社, 1996年。「女性のからだやセクシュアリティのモノ化や商品化は, 女性の性的人権の侵害である。たとえそれが, はじめは女性の自発的行動に基づいているかの如き見せかけをとっていたとせよ, そうした行動の背景にある男女の権力関係が依然として不平等であって, そこから導き出されるのが女性のステレオタイプ化や女性蔑視である限り, それはやはり性的人権の侵害であるといわざるを得ない」(73頁) という。
15) 上野千鶴子『発情装置』筑摩書房, 1998年。
16) K. ブラウン『女より男が給料が高いわけ』(竹内久美子訳) 新潮社, 2003年。「意欲に男女差があるのは, その原因として, リスクを好むことに男女差があるからではないかと思われる。だが, それがすべてではない。幹部の座に就くには時間とエネルギーをかけることになるが, それを喜んでするかどうかも重要である」(77-78頁) とブラウンはいう。
17) 飯野春樹『バーナード研究』文眞堂, 1978年。
18) 鹿嶋敬『男女共同参画の時代』岩波書店, 2003年。ジェンダーフリーという用語に対して論争があるが, これは, 「女性と男性が, 社会的, 文化的に形成された性別 (ジェンダー) に縛られず,

各人の個性に基づいて共同参画する社会の実現を目指す」(47頁) ことである。伊藤公男『「男女共同参画」が問いかけるもの』インパクト出版，2003年。
19) 丸山茂「女性の戦略—家父長制を超えて—」三宅義子編『日本社会とジェンダー』明石書店，2001年，247-271頁。
20) 牟田和恵「性の規制とセクハラ対策」『書斎の窓』No. 486, 1999年。「歴史的に見ても，性に関する女性の自由や権利を求める運動が，管理強化を招き，女性のさらなる抑圧を招くパラドックスは繰り返されてきた」という。
21) 杉田聡『男権主義的セクシュアリティ』青木書店，1999年。
22) 宇田川妙子「ジェンダーの人類学」綾部恒男編『文化人類学のフロンティア』ミネルヴァ書房，2003年。「‥‥セクシュアル研究とジェンダー研究が暗黙のうちに棲み分けられていたこと自体が，近代西欧的な異性愛主義的発想の最たるものであると考えられる。男女二項それぞれの問題はジェンダー研究が担当し，二項の関係性についてはセクシュアリティ研究が行う分担とは，二項対立的な男女を成立させている異性愛主義によってこそ成立するもの」(178頁) という。

第8章
男女協働参画経営の実現に向けて
―ジェンダー・コンフリクトとWLB―

1. はじめに

　「男女協働参画経営」は男女共同参画社会基本法の立法趣旨をベースにして，企業経営や行政経営でのジェンダー・コンフリクトを解決して女性労働の本格化をめざし，夫婦共働きを定型とする組織のあり方である。行政組織と企業組織の連携や組織間のネットワーキングの構築の交渉においても，女性の活躍を期待している。交渉や調停，コンフリクト・マネジメントにおいても男女の協働が大きな役割を担うようになっていて，そのためのワーク・ライフ・バランス（WLB）をはじめとして男女協働を実現していく制度的仕組みが求められ，そのような制度的基盤のもとで男女協働参画経営は実現していく。U市の行政改革委員・会長として第二次行政改革大綱の答申において，ワーク・ライフ・バランスの推進，ノー残業日の完全実施を述べている。県男女共同参画県民会議委員としてもワーク・ライフ・バランスの実施に向けて努力してきた。

　もはや女性労働の本格化なくしては明るい将来展望がもてなくなっていて，女性の知的創造性の発揮が組織的に期待されている。このような男女協働のもとでは枠組みそのものの変革を問うたり，パラダイム変革も可能にしてくれる。年功序列賃金のもとでの男への世帯給支給も崩壊しつつあり，男女共働きが定型となりつつある。そうでないと中流らしい生活もむずかしくなっていくからである。まだまだジェンダーバイアスは少なくないけれども，コンフリクト・マネジメントの理論と技能の普及によって，ジェンダー・コンフリクトの解決も少しはしやすくなるであろう。ジェンダーバイアスを克服して男女協働

参画経営を実現していくのがわれわれの課題であるが，ワーク・ライフ・バランスを行政改革の一環として取り入れて，仕事と家庭の両立支援の下で子育てしやすい環境づくりとともに「仕事と生活の調和」の達成をめざしている。

もちろんジェンダー・コンフリクトの解決への道は険しいことは十分に認識しているし，目先の価格競争や競争優位性を競っている企業経営においては，女性への就職機会均等を与えない企業も少なくない。男女共同参画社会基本法が施行されても，この10年の歳月を経ても「男女協働参画経営」の実現が行政経営においても決して容易ではないことを承知している。夫の長時間労働のために，仕事労働と家事労働の両立はむずかしいとして退職していく女性は今でも多い。地域社会でも人権は大いに論じられていても，ジェンダーバイアスの克服は今だにむずかしい。

それにもかかわらず，グローバル経済化のもとでは男女協働参画経営を実現して，時間を貴重な資源と認識して仕事の質を転換して，短い労働時間でも生産性の向上が図れる仕組みを構築することが大切であって，多様性管理だけですむ問題ではない。男女協働のシステムはあらゆる領域に及ぶのである。

2．男女共同参画社会と経営

固定的な性別役割分業から脱して，男女が自由に仕事労働と家事労働を選択して担い，そして男女が共に仕事労働と家事労働を担える男女共働きの仕組みの構築をめざしている。それは社会的存在としての人間の社会的関係を重視するものであって，そのためのワーク・ライフ・バランスを求め，マイホーム主義に徹するものではない。孤立したミーイズムや組織エゴイズムを打破するものであって，全体社会あっての企業などの部分社会が存する。この点で家庭は本源的経営であって，企業経営や行政経営は派生的経営である[1]。この意味で部分社会の論理を肥大化させてはならず，社会的制度としての経営は全体社会の社会的拘束を受けて社会的承認をえる存在である。

かくして仕事と生活の調和，仕事と家庭の両立支援こそ，男女協働参画経営に不可欠であって，そのことが仕事の質の向上，改善にもつながるが，今日の

グローバル経営の時代の日本企業の対応になる。すなわち社会性，公共性，倫理性，道徳性というものが，契約や取り引きのコストを下げ，取引コストの観点からも有効な経営になる。そのために信頼などの社会関係資本の充実は家庭が担ってきたので，専業主婦だからといって社会貢献をしていないというわけではない。

それゆえわれわれは，価値的に男女の共働きを押し付けているのではなく，経済的に男への世帯給の崩壊によって中流らしい生活をするためにはそうならざるを得ない状況に対応した経営を考えている。また男女共同参画社会の実現には，男女の経済的自活と生活的自活がともに求められていて，そのために男女協働参画経営の構築をめざしている。

男女共同参画社会基本法が施行されてから10年以上の歳月を経ているが，それが社会や経営において実現したわけではない。男女共同参画経営も研究されたが（山岡熙子），その方向性は見られても道遠くの感である。ジェンダーバイアスを克服して男女共同参画経営をどのようにして実現していくのか，経営的に検討すべきことが多い。女性が経営においても重要な意思決定を担うために制度的・組織的な条件づくりを行っていく必要があるが，そこでもジェンダー・コンフリクトが発生する。女性が不利にならないように交渉や調停の理論や技能を学ぶ必要があるが，組織内学習，組織間学習においてそれらを学ぶ機会は少ない。ビジネス交渉で鍛えられている男性たちは交渉力を高めて，駆け引きや自己を高く評価させる方法を学んで，ジェンダーを有利に利用している。

男女共同参画社会の実現は理想主義的な面が強いけれども，男女協働参画経営というのは組織目的の効果的達成とメンバーの動機の満足という点で現実主義的に論考している。企業経営にとって将来を洞察するといっても株価がわからないように不確実性が存在し，それへの対応として，トレンド，慣習，慣行に頼っていて，それは一見して非合理と見えるかもしれないが，H. A サイモンのいう「限定された合理性」のもとの行動になったりする。リスクは統計的手法をもってかなりの程度の予測は可能であるが，不確実性はわからないことであって，コンセプトを明確にできない。市場と非市場，合理と非合理の境目がぼやかされているからである。官僚制組織は合理と見える行為の体系であっ

ても，様々な逆機能，非合理な結果をもたらしたりする。巨額の財政赤字も景気刺激策の結果として生じたのであって，はじめから非合理な政策を実施したわけではなかった（間宮陽介「この一冊」『日本経済新聞』2010年3月14日）。

合理的に見えた行為が非合理な結果もたらすのは，この世に不確実性が存在して，不完全にしか未来を予測できないからでもあって，合理的期待形成理論とか効率的市場理論のようには行かないからこそ市場も失敗する。同様に組織も失敗する。男女協働参画経営はそのような失敗を減らすために男単独の発想や慣行的思考から脱するためのものであって，しかも社会的使命や志というものを重視した経営である。男女協働参画型行政経営は，男性中心の合理的と見えた行動も現実に非合理になっていることに注目している。男は合理的で女は非合理・感情的であるというドグマを脱して，むしろ環境変化の下では，感情的・非合理的と見えた思考様式・行動様式が他者の同感や心理的共感を得やすくして，合理的であることも少なくない。

男中心のエリート主義では組織メンバーの同感・共通感覚が得にくいので，協働システムの効率をあげにくい状況になっている。支配－服従型組織であっても，権力統制へのメンバーの正当性信仰を必要とするのであって，今日では男中心のエリート主義は正当性信仰を得にくくしている。エリート（とくに学歴エリート）が偽りのエリートであれば，メンバーの支配の正当性信仰をえられないのであって，M. ウェーバーもこの「受容」を重視していた[2]。C. I. バーナードは受容を「無関心圏」として論じるが，支配－服従という権力統制型の組織でも，メンバーの支配の正当性信仰を欠いてしまえば経営権限は効力を発揮しない。この現実主義的な事実関係をジェンダー研究者は冷静に見ているのであって，男の一人よがりの権威主義は，メンバーの共感や共通感覚を得られない。むしろ権威というものを傷つけて組織にとっては大きな逆機能になる。支配の正当性信仰というのは男女共のものであって，男の全人格的な組織一体化モデルのもとでの一元的な支配の正当性信仰とは中味が異なっている。

男女メンバーに共通した支配の正当性信仰を獲得するためには，多元的社会を前提とした組織への部分的包含，複数組織への同時所属を認め，全人格的な没入を求めないモデルに変容していかなければならない。そしてまた，ジェンダー研究は，支配の正当性信仰の根源を問うていて，仕事労働と家事労働の両

立を前提にした支配のあり方を問うている。夫婦の長期間にわたる共働きを可能にするような組織形態でないと，支配の正当性は大きくぐらつく。逆にそのような人々を排除しようとしたところに大きな問題が生じている。それは支配の正当性の土台を崩壊させるからである。合理的で合法的な官僚制的組織がそれだけで支配の正当性信仰を得れるような状況ではない。逆に支配の正当性信仰を得るにはどのような工夫，努力を必要とするかを考えることが企業経営者，行政経営者に求められていて，ジェンダー研究者はこのことを照射したといえよう。ジェンダー研究を欠くと支配の正当性は大きくぐらつき，C. I. バーナードも「無関心圏」の中味を問うてないし[3]，ジェンダー的にも論じていない。経営権限は安定的に行使しなければならないのであるが，ジェンダー研究を欠くと支配の正当性信仰の中味の変遷が論じられない状況になってしまう。

　経営学においては経営権限というのはきわめて重要な概念であるにもかかわらず，経営学者はジェンダーにあまり注目しなかったので，経営権限の根幹をなす支配の正当性信仰の変遷を論じられなかったのである。男女協働参画経営はこの支配の正当性信仰を捉えて，正当性信仰を得やすい形にしている。メンバーの受容が得やすい組織形態にして，さらにメンバーの協働意欲を高めることを意図している。

　行政と住民の協働というガバナンス改革をもたらす男女協働参画型行政経営はこの支配の正当性信仰をとらえて，正当性信仰をえやすい形にしている。受容がえやすい組織形態にして，さらにメンバーの協働意欲を高めることを意図している。ガバナンス改革をもたらす男女協働参画型行政経営は，住民にも行政組織の存在の正当性信仰を得るためのものであって，行政経営者と行政職員による組織エゴイズムでは，住民の反発を大きくするだけである。議員も常時，選挙前の気持ちでいないと住民が同感しなくなっている。

　かくして，男女協働参画経営がまず求めるものは男女を問わずメンバー間の共感性，通意性，そしてメンバーが好意的に応えてくれるようなシステムづくりである。そこではコンフリクトも生じるが，交渉や調停をつうじて解決しようとしている。

　男女共同参画社会の実現のための戦略的変数として男女協働参画型行政経営を論じるが，グローバル経済化などで社会状況が複雑化して，ローカルな

行政経営もかなりの組織的能力を持たないと対応が容易ではない。行政を取り巻く環境の複雑化が行政組織の組織能力を超えかねない状況になっていて，行政改革もたんなる歳出の削減ではなくて，複雑な連立方程式を解くような状況になっていて，行政組織の自力で複雑性を縮減しうる状況は狭い。行政職員も色々な対応を考えるのであるが，財政危機を乗り越えて行政組織を健全化していくためには，住民の信頼と社会の信認あってのことであって，地方交付税，補助金・助成金にしても支給目的・対象の正当性が求められる時代になっていて，自ら組織的能力を高めて複雑な状況に対応していくしかない。

そこで男女が協働して知恵や知的創造性を発揮して，複雑な新しい状況に対応しうる組織的能力を高める必要がある。これまでは行政組織は環境変化に適応できないということはほぼなかったので（借金を増やしたが），その地域社会における卓越した情報の非対称性を権威の源泉として，その優越的地位に慢心や自己満足を行政組織内に蔓延させて，住民の批判や県などの規制当局の指摘といった悪い情報を隠したり，あるいは周知徹底させずして，悪い情報への即応力が衰微しているので，巨額の累積債務を累積させている。住民はこれまで累積債務に対して鈍感にしか反応してこなかったので，行政側はむしろ住民との関係も良好で万事うまく進んでいると錯覚に陥っている。行政職員は住民の生の声を聞かず，その苦情にたいする注意が不足して，申告主義・申請主義の弊害もあって，言ってこなければ万事うまくいっていると信じているようである。これでは状況が悪化しても危機意識が持てず，組織外の批判的意見に対して聞き流す結果になってしまう。

男女共同参画社会の実現には，地方自治体の行政経営においても男女協働参画経営が必要であって，さらに行政と住民の協働というガバナンス改革のもとで，女性労働を本格化させていく行政組織の仕組みが求められている。行政自身も男女協働参画型行政経営を実践していくことになるが，それは社会性，公共性の視点だけではなくて，生産性，効率，時間の質を高めるためにも要請される。われわれは組織目的の効果的な達成という視点から男女協働参画経営に注目しているのであって，事実，ワーク・ライフ・バランスの事例に示されるように，時間の希少性に注目して時間の質を問い，時間の有効利用に力を入れている。そのような時間効率は疲労も高まるので，労働時間の短縮とは表裏一

体の関係にある。人間として集中して仕事のできる時間は限られている。男女ともに仕事労働と家事労働を担える男女協働参画経営は，きわめて時間の有効利用に敏感であって，メリハリをつけて仕事に励むことを重視している。

3. ジェンダー・コンフリクトの解決

　われわれがジェンダー研究をつうじて性同一性障害の人に注目したのは，性自認と体が一致せず，これほど人間として悲しいことはないという事実である。「女装者」とかで差別され，組織においても著しく機会の不平等におかれているし，法的，医学的に性同一性障害者であっても，性適合手術も受けられない人もいることである[4]。すべて男女二分法の思考から発していて，そこで二分法ですべてを律しょうとする思考区分に疑問を呈して，「女装者」というジェンダー区分を超える人に照射したのである。ファッション産業では大人，子供の二分法ではなくて，大人，若者，子供のように区分したり，男，両性（中性），女というように男，女という二分法ではなくてペアルック，ユニセックス領域も存在する。このことを踏まえて，論争には弱いけれども三分法で考えた方がよければ三分法を用いるというように条件適合的に対象を分析している。

　性同一性障害者，「女装者」に注目したのは二分法では律しきれない世界があり，現実主義的に分析して，そして理想主義的に性同一性障害者に対応しようとしたからである。両性具有も考えられるのであって，男か女に押し込める必要がない場合もある[5]。二分法の発想を肥大化させて，そのためにその枠にはまらない人を切り捨ててしまうことに疑問をもったのである。「女装者」には性同一性障害者も含まれていて画一的に論じられないが，一時的に男女区分を越境していて，その後は元に戻る人や常時女装している人など多様な存在であるが，男でもない女でもない領域があってもジェンダー的に批判されるものではなくて，各人の主体的選択といえるし，画一的に「男らしさ」，「女らしさ」を強調して女性にジーンズをはくなと言った大学教員がいたように，固定的な基準はある。だが本格的な女性労働の時代になると，女らしさも変容し，

女の「強さ」などの多様なタイプが考えられる。

　われわれはジェンダー研究を通じて二分法の危うさを感じ，二分法によってそれらの人が切り捨てられる恐れを論じてきた。セクシュアリティは経営学においては論じられることが少ないが，同性愛者だから生産性が落ちたり，仕事ができないというのは偏見である。ジェンダー研究をつうじて類型の難しさを感じたし，その類型にはまらないから社会から逸脱しているわけではない（女性の身体的強さ）。男女協働参画経営ではこのようなジェンダーバイアスをもたれる人もメンバーとして組み入れるものであって，多種多様な人々を調整し整合していく多様性管理をベースにしている。偏見をもたれやすい人を排除するのではなくて包摂していく仕組みであって，そこには身体障害者も含まれている。知的障害のある人でも担える仕事があるならば雇用して，仕事の生産性を高める仕組みを作っていく寛容の精神を根底に持って人材を育成して，組織へと包摂していくのである。

　われわれが言いたいのは二分法に拘泥することは排除の論理になりやすく，現実に性同一性障害者は排除されてきたし，健康診断においても本人の意向は無視されてきた。羞恥心の基準が異なるし，性自認が身体とは違うので，画一的な区分に違和感を感じているからである。二分法の思考がすぎる日本企業では，寛容な精神で接する雰囲気ですら破壊されてしまう。厳密な二分法は排除の論理をもたらすことを重ねて言いたい。とくに規範的な善悪二元論ですべてを論じようとする危険性である。ものごとには価値判断のウェイトづけと優先順位が必要であって，何でも大事というだけでは学問にはならないといえる。そうでないと極端から極端へと振れてしまう。是々非々という発想は二分法に限定されるものではない。ジェンダー的発想は多様な考え方，多様な選択肢を求めたのである。

　男と女という類型にしても，共に要素に男性的要素と女性的要素を包含していて，単一要素だけではない。そして男女の類型であっても支配的要素が逆転している場合もあって，両極に離反しているものではない。またジェンダー研究は支配的情報に抗して対抗的情報を与えている。男中心富裕層の支配的情報に対しての女性中心大衆層の対抗的情報が，ジェンダーバイアスの克服に役立つ。マスコミ情報に対しても懐疑的姿勢を持つのは当然であって，それは大衆

迎合的にみえても大衆を操作しているからである。

　今日でも，中性とか両性具有，性的越境者に対しては，二分法的思考のもとでは逸脱者になったり，アブノーマルな存在として排除されかねない。われわれはジェンダー・コンフリクトの解決においても排除よりも包摂の論理を採用しており，その包摂を支える寛容性というものが，コンフリクト解決においては両者の対立の折り合いをつけやすく，互譲の精神を受け入れやすくしている。心と体が一致しないのは大変に辛く悲しいことなのに，そのような性同一性障害者に対して，むしろ排除し，就職機会も不平等のものであった。「女装者」もアブノーマルな存在，逸脱者として排除されやすく，蔑称で呼ばれたり，その社会的存在に偏見を持たれたりして，就職も性産業，性風俗産業に追いやられたりして，日陰者になりやすかった。ジェンダー・コンフリクトには二分法的思考から発生させたものが少なくなく，今日の複雑さを考慮に入れたシステム思考を持たないから，狭い枠に閉じこもって解をえようとして，寛容性を欠き排除してしまう。コンフリクト解決には包摂という考え方が大切であって，多様性，異質性，枠を越境している「はみ出し」者に対しても寛容性を示さなくては，今日のような複雑な状況ではコンフリクトの解決は難しい。調停では枠組みに固執しない，譲り合う，条理にかなうということが大切であって，異質さに対しても寛容さが求められる。

　ジェンダーバイアスというのは，女性に対して物質的肉体的世界や心理的世界での欲求充足を論じられても，権利，価値，技術，知識など知性的世界での欲求を充足したいと言う欲求を軽視して，その充足機会を与えることが，組織的，制度的に少なかったし，その必要性を軽視してきた社会の風潮に対しての「抗議・発言」を[6]抑圧されてきたことである。そこで女性は多元的な世界で生活をしてきて，感情，欲望，心理的状況などを女性の特徴と決め付けられてきたことに反発し抗議をするようになって来た。物質，物体，人間の肉体，容貌などに限定されて論じられてきた固定的な観念への反発を大きくしている。女性も男性以上に知性的世界での欲求充足を求めていて，そのことがファッション雑誌的画一化に対して「抗議」している。

　ところで，日本的経営は男中心社会のもとで企業に所属した組織一体化モデルのもとで全人格的拘束を受けてきたけれども，それは一元的社会を前提とす

るものであった[7]。しかし今日では，男女共に家事労働に従事せざるをえない状況であって，夫婦の共働きでないと，中流らしい生活もむずかしい。このような状況のもとでは，妻を専業主婦として企業の兵站基地の役割を担わして，夫が特定組織に全人格的没入というパターンは過去のものとなり，夫婦の共働き，夫婦ともに仕事労働と家事労働を担うのが定型になりつつある。このことは現実には，遠い郊外からの夫婦共に遠距離通勤を難しくして，そのような地域の地価を下げている。すなわち夫婦の共働きを定型とするのは，共に遠い郊外からの通勤を難しくして，そのような住宅地をもつ市町村の住民の新規参入を減らして人口減を招いている。当該市町村にとっても税収減になって，さらに財政状況を苦しくしている。

　さらにいえば，夫婦の共働きは組織への帰属意識にも変化をもたらしていて，もはや特定組織への全人格的没入というパターンを大幅に減少して，あるいは全人格的没入も特定の限られた時間だけのものになる。すなわち一元社会的な帰属は終わり，多元社会的な部分的包含にシフトして，夫婦ともに限られた時間内のみ特定組織に全人格的没入もしくは部分的に包含される存在になって，組織への個人の関与の仕方は帰属から契約へと変化していく。特定組織への無限定，無制限な帰属のし方はなくなり，日本的経営の帰属のし方は夫婦の共働きによって大きく変化する。同時に複数の組織に所属するという意識の高まりによって，労働時間もこれまでのように無制限に拡大されるものではなくなるから，残業時間というのは罰則的な割増賃金を与えなくては誘因－貢献関係のバランスは崩れてしまう。それは女性のみならずに，男女ともに残業規制は厳密になって，時間という資源の価値はさらに大きくなり，労働時間の短縮へと向かう。ただし，労働時間の短縮は時間内の労働密度を濃くして，ますます時間価値，時間の費用を意識して有効利用をもたらす。

　このような時間に対しての認識のもとで，「ワーク・ライフ・バランス」は現実化するのであって，仕事と生活の調和，もしくは仕事と家庭の両立支援というのは，「タイム・イズ・マネー」の概念以上に，時間管理を厳しくするものであって，F. W. テイラーの「時間管理」以上に質的な労働時間というのは濃度の濃いものになって[8]，逆に肉体的，精神的な疲労によって，一日の長時間労働は出来にくくなる。仕事労働と家事労働の両立もこのような認識のもと

でなされるのであって，過去の残業を常態化した労働形態とは異なってくる。

他方，ジェンダー・コンフリクトが生じるのは，日本語のコミュニケーション・スタイルにも問題がある。それは日本人が英語で書くビジネス・コミュニケーションにも表出している。すなわち，① 中抜け型（三段論法の大前提と結論だけを述べて，小前提を抜く），② 身勝手型（自分だけは分かっているが，相手には理解できない），③ 不合理型（因果関係が定かでなく，なぜそういえるかは理解不能），④ 説明先型（説明が先に来て結論が後に来る。結論がない場合もある），⑤ 察し期待型（自分の言いたいことを相手に察してほしいと期待する）である。「相手の気持ちを忖度し，『察する』ことを大切にするような言語文化に育ってきた日本人であればこそのコミュニケーション・スタイル」と言える（亀田尚久『国際ビジネス・コミュニケーションの研究』文眞堂，2003，148-149頁）。このことは特に，男女間でいえることである。夫婦の対話は夫が組織の掟への同調過剰のために身をすり減らして疲労が蓄積して，さらに表現が省略されて，意味理解されなくなっている。

日本の組織では濃厚な対人的コミュニケーションを構築してこそ，忖度し察することができるのであって，普通の男女間の関係では男文化と女文化とに分断されていることもあって，ジェンダー・コンフリクトは解決しにくいと言われている。われわれのいう男女協働参画型行政経営では住民の視点からコミュニケーション・スタイルを改善して，男女協働に中味を与えて，男女が共感しあえる関係のもとで協働システムを運営していく。バーナードが意味と意図の理解のえれるコミュニケーションを重視したが，M. P. フォレットのいう「意味と意図の循環的応答」もこのジェンダーギャップを埋めるものである。

男子校，女子校出身者であっても，男女協働参画型行政経営の下ではジェンダーによって分断されるのではなくて，それぞれの思考様式・行動様式を調整し整合して，やがてフォレットのいうような「統合」へと向かう[9]。それは男女の性差を全く無くすのではなくて，それぞれの長所を能動的活性化していくのである。

ジェンダー・コンフリクトの解決にはこれまでに社会においてしみこんだ文脈や既得権益を有する男の刷り込んだ思考様式・行動様式が固定化されているので，男女共同であっても意識的，意図的な努力なくしては解決への道筋をつ

けることはむずかしい。それはアダルト・ビデオ・DVD 等によって若者に対してもバイアスが強化されているので，その構図を変革していくためには，交渉力を高め不利な状況であっても善戦していくことが不可欠である。自然に他者によってよき待遇が与えられるものではなく，むしろちょっとしたことで改革は後退しやすい。理論的研究では文脈や埋め込みという制度的要因を軽視しやすいが，実は，個々への変革に力を入れないと，一部の企業が男女協働参画経営を実践しても，社会的には押し戻されやすい。そのような圧力が働いて，二歩前進して一歩後退ではなくて，後退を繰り返しやすい。文脈，埋め込みの頑強さを過小評価してはならない。

4. ワーク・ライフ・バランス

ワーク・ライフ・バランスは決して人間の勤勉さを否定するものではなく，むしろ家庭生活や地域生活においても十分に活動できる時間的余裕を与えるものである。トータルとして勤勉な生活を奨励しており，献身の価値を否定しているものではない。人間の健全な生活は全体社会におけるトータルとしての社会貢献をなすことであって，仕事労働を通じての社会貢献も大きいと言える。企業は社会的存在であって，私利私欲にまみれては，それは全体社会の社会的承認を必要とする社会的制度とは呼べない。

個人の社会的生活においても勤勉，努力は不可欠であって，ワーク・ライフ・バランスが勤勉の精神を否定すると思うのは誤解である。むしろ労働の質を転換するために発想の柔軟性を求めていて，仕事労働へ特化していく視野狭窄の弊害を阻止している。志，理念にワーク・ライフ・バランスは裏付けられていて，家事労働の重要性にも気づいている。

ワーク・ライフ・バランスは仕事と家庭の両立支援という女性向けのとらえ方から，仕事と生活の調和という全人的なものに変化している。そして仕事と生活の調和こそ個人の勤労意欲を高めて，組織の生産性向上にも寄与するというとらえ方もふえている。それは労働者が他律的な働き方から自ら自律的に時間管理やセルフ・コントロールして責任感ややり甲斐を感じて労働の質を向上

させていくからである。かつてスウェーデンやノルウェーで提唱された労働の人間化運動は当初において経営者も労働組合も反対していたが，労働者が複数の職務を遂行する職務拡大や監督者の領域の意思決定をする職務充実，そして半自律的な作業集団によってやり甲斐を感じて生産の質を向上させて，全世界に労働の人間化運動は普及し[10]，わが国ではQCサークル，無欠点運動として開花した。トヨタ自動車の労働者の改善・改良運動はあまりにも有名で大きく品質や作業効率が向上している。

　ワーク・ライフ・バランスも現在のところ中小企業の経営者を中心として評判は悪いのであるが，労働者にとっては自律性と他律性のバランスはきわめて大切であって，「仕事遂行の自律性」に加えて，「境界決定の自律性」を求める運動といえよう。仕事と生活との境界管理のあり方をワーク・ライフ・バランスは問うている。そして仕事に投入できる時間に制約のある社員にも効率的に働けるような諸条件の整備が求められている。さらにいえば生活領域はアイデア，センス，改善・改良，知的創造性の発揮をもたらす宝庫であって，「仕事特化」と言う競馬でいう「遮眼帯」をかけて走っていては，環境変化に対して柔軟な思考が出来なくなってしまう。仕事と生活が断絶しているのではなくて，仕事と生活が相互浸透していて，その連携のもとで市場の深耕や新市場も開拓できる。

　この労働者にとって「仕事と生活の境界管理」は他律的に押しつけられるものではなくて，自ら主体的，自律的に管理して，全人としての個人の人的資源の開発にも寄与する。仕事と生活の調和というのは，個人に人的資源管理を任せることであって，ある人にとっては充電期間を経て能力，才能の開発ということになる（森田雅也「仕事と生活の調和のとれた働き方」『経営学論集79集』千倉書房，2009年，234-235頁）。

　かつてD.マグレガーがX理論，Y理論ということで人間観を提示した。X理論というのはアメと鞭によって労働者を働かせ，人間は怠惰というモデルである。Y理論は人間には成長欲求があり，自己表出に向けて自己統制していける人間モデルである。労働の質の向上をめざす今日では，Y理論が世界の潮流であって，自立性の確保に重点が置かれている[11]。ワーク・ライフ・バランスも自己決定，自己統制を重視していて，自由に労働時間を決める裁量労働制の

ように，監視がなくても主体的に労働をこなすことと調和する考え方である。

　個人の創意工夫のいらないマニュアル的な仕方になじんでしまうと，主体的・能動的な自己啓発がしにくくなってしまう。ワーク・ライフ・バランスは古典的な労働モデルと調和しにくいが，全人としての人間は自ら主体的に人的資源管理を担う存在であって，Y理論的にいえば勤勉で自分の才能，能力の開発をあらゆる機会を通じて推進して組織内外の承認を求めている。このような人間モデルのもとでは仕事と生活の調和というのは，人間としての成長欲求，承認欲求，自己実現欲求に制度的な仕組みを与えるものである。全人としてみると仕事と生活は相互浸透しているから，生活の充実は仕事の充実につながり，仕事の充実も生活の充実につながって，両者は双方とも満足するようなウィン－ウィンの関係にもなりうる。

　とくに自律的な時間管理の下で仕事と家庭の両立支援を求めている女性にとって，主体的な「境界管理」は勤労意欲を高めて，組織への定着意欲も強める。中小企業にとってはきわめて優秀な男性は採用しにくいが，ジェンダーバイアスもあって優秀な女性はまだまだ採用しやすい。ワーク・ライフ・バランスを推進していけば，女性の定着欲求はさらに高まって，子育て退職も減少し，自己研鑽の機会も増える。もう一度思い出して欲しい。仕事と生活とは断絶しているのではなくて相互浸透しているから，仕事上のことも生活から学ぶことが多い。特に個人消費が経済の中心をなす生活者中心社会では，生活者の経験，感覚がきわめて大切になってきて，仕事と生活の双方向的な相互作用が不可欠であって，ワーク・ライフ・バランスはその契機を与えている。

　仕事と生活は非連続的に存在するのではなくて，連続的かつ長期持続的である。既に仕事特化もしくは家庭特化という時代ではなくなり，専業主婦を存在させる経済的基盤も弱体化している。夫婦がともに正社員として共働きしないと経済的に安定した生活がしにくくなっていて，年功序列賃金の上昇カーブも著しく鈍化していて，男の妻子扶養の世帯給から各人の個人給へと変化している。少子化対策上も仕事と家庭の両立支援は不可欠であって，問題はワーク・ライフ・バランスと生産性向上と両立しうるかである。われわれは多様性管理など仕事の仕組みを変革することによって，むしろ生産性向上，労働の質的変化につながると考えていて，人的資源管理上もプラスと言えよう。

労働の人間化運動が組織の境界をこえて拡大したとも考えられ，「境界決定の自律性」は労働者の勤労意欲にも大いに関係しており，仕事意欲という視点からもワーク・ライフ・バランスのメリットを考えるべきである。われわれは古典的な飴と鞭の人間モデルにとらわれるべきではない。個人の成長欲求，承認欲求，自己表出欲求にもっと注目して，意思決定の自律性は勤労意欲，達成意欲，責任感の向上につながり，組織外の社会貢献にもむすびつくことを評価したい。企業も社会性，公共性の達成にも貢献すべきであって，ワーク・ライフ・バランスはその機会や時間管理にも役立っている。家庭生活が充実すれば金銭的領域が肥大化せずに済むから，仕事にやり甲斐を感じれば，中小企業で高い賃金を出せなくても優秀な社員の離職を引き止めることも可能であろう。ワーク・ライフ・バランスによって人生には志，信念，社会的貢献の大切さを知るであろうし，非金銭的領域の社会的意義も理解されてこよう。家事労働の重要性が認識されるにしたがって，仕事労働への特化は目先の利益の追求には貢献しても，人的資源管理上は問題が多いことがわかってこよう。ワーク・ライフ・バランスは人生のあり方を問うているのであって，そこから労働の重要性も認識される。何故ならわれわれは孤立した個人ではなくて男女協働の社会的な存在であって，個人も企業も社会貢献を考えなければならないし，人間協働のもとでの互助の精神は欠かせない。企業組織内にも市民活動が存在し，まさに仕事と生活は相互浸透している。ワーク・ライフ・バランスこそ人間としての本源的なあるべき姿と言えよう。

　経営学者のC. I. バーナードはまず機能特化した人間ではなく，全人としての人間を捉えた。組織人格と個人人格とを区分して，全人としての人間がそれぞれの役割，機能を担い，組織人格は個人の一部にすぎない。ワーク・ライフ・バランスは全人としての個人人格から仕事を見ており，組織人格はその一部である。バーナードは組織人格と個人人格の適切なバランスを論じたが，これは個人は全人として組織に没入しているわけではなく，組織に部分的に包含されているという枠組みを提示している。ワーク・ライフ・バランスは仕事と生活の調和というように，個人は組織に部分的包含されているのであって，全人格的に組織に埋没する存在ではない。仕事生活，家庭生活，地域生活さらには自分生活をともに充実させるにはワーク・ライフ・バランスが不可欠であっ

て，会社も全体社会において一つの部分社会にすぎない。特定の部分社会が肥大化して全体社会を駆逐してしまうと，それは軍支配国家のように全体社会の一つの部分社会たる軍が逆に国家や全体社会を支配するのと同じことである。人間が存在してこそ金銭が機能するように，金が人間を支配してしまっては倒錯した社会であって，犬が尾を振るのではなくて，尾が犬を振り回すような状況になってしまう。生活的領域を超えての金銭的領域の肥大化は，米国のサブプライムローン問題に示されるように不健全な社会といえよう。

　ワーク・ライフ・バランス思想は全体社会に存する人間が部分社会たる会社・組織に参加して仕事をするが，仕事労働は人間にとって生活の一部であることを明確に示す論理である。すなわち子育てなどの家事労働は人間の本源的活動であって，仕事労働は派生的活動である。人生において金を得ることは手段であって，目的ではない。金儲けを自己運動して肥大化することを防いでいるのがワーク・ライフ・バランス活動であって，「手段の目的化」を防ぐ健全な歯止めになっている[12]。個人の協働意欲・やる気があってこそ組織目的が効果的に達成されるのであって，企業の目先の利益のために個人を犠牲にしてしまえば社会において人的資源管理が破壊されてしまう。人的資源というのは社会の財産であるが，これが破壊されてしまうと，社会貢献する担い手を無くしてしまい，社会は崩壊に向かう。

　ワーク・ライフ・バランスは人間社会の健全性を保つ仕組みであって，社会性，公共性に対しても配慮している。男女協働，共働き，人権を考えるとそれはそれらを現代的に実現する手段であって，一つの社会的価値を示している。軍事国家はワーク・ライフ・バランスに反するのであって，仕事と生活の調和というのは民主主義国家に不可欠であり，仕事が忙しいから選挙にいけないというのは本末転倒している。この点からもワーク・ライフ・バランスは合理的ー合法的な存在だけではなく，きわめて自然システム的で人間の本源的欲求にかなっている。

　われわれはコンフリクト・マネジメントの視点からワーク・ライフ・コンフリクトの解決として，ジェンダーの考察のもとでワーク・ライフ・バランス（WLB）を見てきた。WLBは決して生産性向上を犠牲にしたものではなくて，労働者の勤労意欲に配慮したというとらえ方が大切である。仕事と生活の調和

なくして労働の質は高まらないし，協働意欲も刺激できなくなっている。それゆえ経営的にも WLB 支援が求められている。すなわち，佐藤博樹教授は次のように論じている。これはわれわれの主張を補強してくれている。①「企業が人材活用において社員の WLB 支援に取り組む必要性があるのは，男性も女性も，既婚者も独身者も，WLB の実現を求めていることによる。社員が WLB を求めている限り，働き方の見直しなど WLB を実現できる職場環境の整備などの取組が不可欠となる」，②「WLB 支援を社員が活用できるためには，育児休業制度や短期間勤務制度など両立支援制度を導入するだけでなく，社員の『時間制約』を前提とした人材マネジメントと働き方の整備が鍵となる。このためには，職場の人材マネジメントの担い手である管理職の意識改革が鍵となる」，③「WLB 支援の充実だけでなく，男女の雇用機会均等を推進し，女性の活躍の場を拡大していくことが求められる。後者を欠いた WLB 支援は，女性を補助的な職域にとどめることになりかねない。また，男女雇用機会均等を推進するためには男性の子育て参加が不可欠である」（佐藤博樹「企業経営とワーク・ライフ・バランス支援―人材活用と働き方の改革―」『Jurist』No. 1383, 2009 年，113 頁)。

われわれは企業の男女の人材活用のために WLB 支援の必要性を論じている。現在はワーク・ライフ・コンフリクトのために，むしろ男女共働きの時代なのに生産性を低下させていると論じたいし，仕事意欲も減退させていると考えている。それゆえ法的，制度的整備だけではなくて，ワーク・ライフ・バランス支援策と男女の雇用均等施策の整合的合理性を求めている。そのためにジェンダー視点からの考察が欠かせないのである。

5. 男女協働参画経営

われわれの研究立場では，地方自治，地方分権，行政経営がセットになっていて，さらにジェンダー・コンフリクトを解決する男女協働参画経営を男女共同参画社会基本法の延長線上で考察している。仕事と生活の調和をこの枠組みのもとで考えているが，仕事と家庭の両立支援を H. A. サイモンの言う価値判

断を要する価値的前提ではなくて，具体的な現実的な問題の解決可能な事実的前提として捉えている。もともと個人は特定組織に全人格的に埋没するのではなくて，同時に複数の組織・集団に所属する存在であって，それぞれに部分的に包含されている。このことはD. カッツとR. L. カーンの『組織の社会心理学』(2版, 1978年) で強調されているが，同時所属と部分的包含はセットになる。このこととワーク・ライフ・バランスは密接に関係していて，この構図ではWLBを実現できなかったところに問題がある。男女協働参画経営ではこのことが問題にされるのであって，組織が女性の能力，才能を生かしていないところにジェンダーバイアスがあり，経営のあり方の根本にジェンダー視点を欠いている。

　住民主権，住民サービスの向上をめざす行政経営では，コンプライアンス上も男女協働参画経営は不可欠であって，管理責任上も仕事と家庭の両立支援策は欠かせない。

　われわれは企業経営と行政経営を比較して論じるが，ワーク・ライフ・バランス，ジェンダーバイアスに関しては行政経営は企業経営に模範を示すべきであって，公益性，社会性，社会的合理性の追求においては企業経営に先じているから，経済的合理性の追求に偏りがちな企業経営に対して「仕事と生活の調和」の模範モデルを示しえよう。このように行政経営と企業経営はお互いに学びあう関係であって，組織間学習による互酬性もえる。

　ジェンダー視点から日本の経営を考察してきたのであるが，高度経済成長時代に形成された妻子を扶養しうる世帯給をベースにした年功序列賃金も，今後は大幅に賃金上昇カーブが鈍化して，夫婦共働きを定型とする個人給へと切り換えられていく。夫婦がそれぞれ個人給を稼ぐ形で女性労働が本格化していくのであって，家計は二本の柱なくしては，中流らしい生活が困難になっていく。もはや専業主婦は一部の高収入者などを除いて崩壊し，一般家庭では専業主婦モデルこそ仮想現実に転じていて，一般女性にとっては専業主婦になれる可能性は経済的にはきわめて低くなる。やはり専業主婦というのは戦後の高度成長時代の一時期に存在した一過性のモデルであって，企業も世帯給を支払う余裕を無くしており，グロバリゼーションが専業主婦モデルの崩壊を加速させている。

現に非正規メンバーには世帯給という概念が存在しないし，非正規メンバー同士の結婚もふえている。年収200－300万円という層が厚くなってきており，賃金の国際的平準化への圧力も働き始めている。「すり合わせ型」の特殊組織的能力を必要とする領域は減少し，組織の境界もあいまいになってきている。中核メンバー以外は労働市場の需給関係を反映しやすくなり，「労働市場の内部組織化」という大企業に見られる現象はさらに限定されてくる。組織の論理を優先した領域も狭くなり，人の互換性を強める「モジュール型」のすりあわせ技能の要らない労働市場に開かれた労働移動を前提とした組織づくりも増えてきて，滅私奉公型は互酬性のえれないものになっていく。ここに組織と組織メンバーとの間に認識ギャップが生じていて，自己の「仮想現実」からどのように脱却していくかである。

現実に立脚した夫婦共働きモデルこそ定型であって，女性労働を本格化していく仕組みと組織づくりをしていかなくては，女性の負担は途方もなく大きくなる。個々にジェンダーの視点を欠いてはならないし，専業主婦モデルは現実ではなく「憧れの存在」となっている。夫婦が共働きをして子育てのできる制度や組織づくりが先決であって，能力主義，成果主義は別として，世帯給を支給できる企業は急速に減少し，事実上の年功序列賃金は存在しても世帯給ではなくなっていく。経営家族主義というのは世帯給を内包したものであったが，その後の経営福祉主義は世帯給を保障するものではなくて，これが変容した枠組みのもとで個人間の賃金格差は拡大していく。

ジェンダー視点は男女間の賃金格差を問題にするのみならずに，非正規メンバーの女性群にとって，正規と非正規の大きな賃金格差を問題にする。このようなジェンダー・コンフリクトをどのように解決していくかであって，コンフリクト・マネジメントの視点も欠かせない。女性にとって交渉や調停の有用性を職場で検討する必要がある。

行政組織においても男女協働参画型行政経営の実現は決して容易ではない。女性職員が出産，育児で休暇を取ると，その負担が職場の他の人の重荷になって，同僚が心から出産，育児を歓迎しているわけではない。とくに若い女性がワーク・ライフ・バランスを文字通り実践すると，子育てに苦労した中高年の女性にとっては快いものではなく，その職場の陰湿な雰囲気のために出産を機

会にやめていく人も少なくない。少子化対策の次世代育成支援法にしても，制度的諸条件の整備なくしては，魂の入った実質的なものにはなりにくい。子育てに関して女性同士の対立もあって，子育て女性を優遇する施策にしても，男女からの反発もあり，法制度による勧奨も骨抜きや手抜きされて，多様性管理を推進して在宅勤務を有効に機能させていかない限り，なかなか現実的な理解は得られない。U市では定時退庁を求めていて，残業手当を節約している面があるけれども，ワーク・ライフ・バランス（WLB）にも配慮している。生活に余裕がないので（行政改革によって賃金カット），残業手当をでかせぎたい職員も少なくないが，賃金の安い非正規メンバーで補うことは経費の削減になっている。彼女彼らは日々雇用形態であっても実質的な戦力になっているので，ワークへの正当な報酬があってこそワーク・ライフ・バランスであろう。経済的にワークとライフの調和がとれていないから，行政経営の担い手はこの点を真剣に考えて，正義，公正，人権という点からも非正規メンバーに対しても仕事意欲を高めていくような政策は必要であろう。正規・非正規のバランスのある職場をどのように実現するかである。

　今日の労働の人間化とは，職務拡大，職務充実，半自律的な作業集団に加えて，仕事と生活の調和という組織外の関連に言及しており，WLBこそ男女ともに求められる。仕事と家庭の両立支援をして子育てもしやすくして女性労働を本格化させていくことに限定させずに，仕事外の社会的接触，人間的交流，社会貢献が，企業のイメージ・アップにつながるが，さらに仕事の質を換えて，創発的な知的労働を生み出していく（H.ミンツバーグの言う創発的戦略）という点にもっと注目して考察すべきであるといえよう。

　これまでジェンダー問題は女性に限定されがちであったが，男性にも仕事と生活の調和が必要であって，それが職務をはなれての人材育成の方法にもなる（Off JT）。目先の利益を考えると生産性を下げる場合もあろうが，中長期には「見えざる資産」の蓄積にもなる。われわれはジェンダー問題と関連させてWLBを考えているが，男性も介護・看護を担い，妻の介護のために退職した大学教授がいるように，WLBを実現していく制度的諸条件の設定は行政経営の大きな課題である。そこでミクロの制度化とマクロの制度化の両方を考える必要があり，組織と制度と関連させて考察していきたい。そこではジェンダー

5. 男女協働参画経営

問題を避けて通れないし，ジェンダー・コンフリクトの解決にもマクロとミクロの両方がある。男女共同参画社会基本法はその一つであって，やがて各市町村の男女共同参画条例が公布されていくであろう。

この基本法や条例にもとづいて男女共同参画経営を学んだが，これは少子高齢化による労働人口の減少を緩和するために女性労働の本格化を目指していて，その正規メンバー男女の賃金格差は少しずつ改善されつつある。ただシングル・独身女性の厚生水準が上昇して，結婚への希望的な誘因を下げていて，結婚対象の男性の幅を狭めている。少子化対策として結婚促進こそ要であって，ここの対策が行政的に遅れている。結婚・出産後も就業を続けやすい環境を整えて，正規メンバーとして勤務しやすい雇用形態や条件づくりが求められる。たとえば出産後の就業継続の公的支援には利便性のある場の保育所設置が有効である。とくに大都市部で保育所整備率は低いから，全国平均並みにすれば，そこでの25―34歳女性の未婚率は全国平均よりも3.5ポイント高いので，婚姻率は毎年14万件ふえ，2005年の全国の婚姻数71万件の2割に相当する。これで他の条件変化がないならば出生数も20％上昇して，出生率は現在の1.3台半ばから1.62に回復する。そのためのコストとして毎年5,600億円の追加経費が必要であって,,現在の保育関係予算4,000億円に比べて高いが，政府の言う「子供手当て」5兆円以上とくらべると10分の1ですむ。しかも保育所整備の少子化対策は，現金を支給する少子化対策と異なって，女性の経済的自活と少子化解消を可能にする望ましい政策になっている（宇南山卓「経済教室」『日本経済新聞』2009年11月27日）。

ジェンダー視点からも女性の就業継続支援を優先させるべきであって，既婚女性の賃金を引き上げて，家庭内でも妻の交渉力を強化できれば，保育所の整備はそこでの就業者を増やすだけではなくて，女性にとってより有効な結婚促進策になる。少子化の真因は晩婚化，非婚化であって，結婚促進には，未婚者をも含めた「潜在的な保育需要」に応じた保育所整備が必須であるのに，とくに大都市部では潜在的定員率（25―34歳女性人口と保育所の定員比）で見ると，保育所の整備は大幅に遅れている（同）。U市では公的保育所には力を入れているが，それが財政を圧迫し行政職員の数も多い。ただ少子化対策は，有効な政策を採用しても効果を確認できるのは数十年先であるから，政策を正

確に評価しにくいが，少なくても現実のジェンダー・コンフリクトの解決にはなっている。

　ジェンダーバイアスの克服ということからも，家族を個人の集合ととらえて，家計内の支出の意思決定権限に注目したコレクティブ・モデルが支持されつつある。夫婦間の所得差や年齢差などに応じて，支出の意思決定権が決まるから，夫婦の所得は必ずしも平等に分配されない。日本では結婚，出産後の離職によって女性の意思決定権が弱くなる場合が多いから，依存関係から権力が発生するというJ.フェファーなどの資源依存モデルが示しているように[13]，配偶者の所得が十分に高くあり続けないと，結婚しても「個人」の厚生水準を高めるとは限らないから，このモデルでは女性は独身を選択する可能性が高い（同）。

　ジェンダー視点では家族を夫婦をパートナーシップと「個人」の集合として捉えて，いわば男女の力関係はバランスの取れた関係であって，その意味で結果も平等の関係になっている。ただ現在の既婚女性の重要な就業形態であるパートタイマーの賃金水準は低いままであって，経済的依存関係が力配分の大きな位置を占めているので，家事労働の重要性があまり認識されていない現在では妻の意思決定権は依然弱く，既婚女性の厚生水準は改善されていない。したがって固定的な性別役割分業を定型とした家族モデルの下では，事実関係として女性はパートタイマーを選択せざるを得ないことが多くて，仕事労働と家事労働の総負担は大きいから，女性にとって独身にとどまって自己を定立させる経済的自活を確保することは必ずしも不利ではなく，むしろ非婚化にも誘因が働いている。ジェンダー視点はこのことに注目したのであって，女性の経済的自活が妻の交渉力を強めるのであり，自己の交渉力を弱体化させる従属的な結婚には魅力を感じない。かつての専業主婦モデルのもとでは美人妻は交渉力を有していたし，愛情の裏づけによって劣位に置かれるということは少なかった。

　しかし今日では，年功賃金の大きな変容によって夫に世帯給が支払われなくなってきて，夫婦の共働きを前提とする個人給にシフトしつつあり，妻にも応分の経済的収入が家計維持のために長期持続的に求められよう。ここに家計支出の意思決定権に変化が見られて，一層にWLB支援のもとで利用しやすい保

育所の整備が求められている。

このように家族をジェンダー・コンフリクト，交渉力の位置づけという視点から考察すると，保育所の整備や就業形態の工夫やWLBを促進しない限り，女性にとっては結婚は交渉力を低下させてしまうし，既婚女性の大部分の就業形態であるパートタイマーの低賃金水準に加えての家事労働の負担を考慮すると，未婚女性にとって結婚はあきらかに家計支配の交渉力を低下させていることに気づくのである。しかも非正規メンバーでは家計を豊かにするとは認識されていないので，結婚への誘因そのものを低下させてしまう。したがって正規メンバーとして出産後も働きつづけることが交渉力の強化になるし，夫の妻への経済的依存度も世帯給の崩れによって高まっている。そのために夫婦共働きのための政策的な制度的，組織的支援を不可欠にしていて，もはや専業主婦モデルは幻想の領域になっている。若い女性にも専業主婦願望が強いのであるが，その実現を可能にする男性は少ない。

ジェンダーバイアスの克服，ジェンダー・コンフリクトの解決には，女性の就業継続支援こそ不可欠であって，それがまた世帯給から個人給への切り替えに対応する施策にもなっている。また女性労働の本格化こそ公的年金の持続可能性を高め，労働力人口の減少に歯止めをかけるとともに，多くのジェンダー・コンフリクトを解決する道筋となる。少なくともわれわれは，女性の自由な選択肢としての非婚化を否定するものではないが，その原因が上述のようなことであれば，その改革によって結婚促進も可能になり，さらに出生率も高まって，少子化への対応にもなる。今日では，育ってきた環境をバックにして考えれば，女性の非婚化は決して不利にはなっていない。結婚への誘因は経済的諸条件だけで決まるものではないが，今の状況では独身でとどまることのハンディは少なく，結婚促進への魅力的な環境づくりにはなっていない。結婚への期待値が下がっているので，少子化対策には環境変化に対応した強固な制度づくり，組織づくりが必要である。

なぜ少子化が進んでいるのかジェンダー視点から解明しないと理解できないことも多い[14]。日本的家族主義のもとでは家族の心理特性・行動特性は夫婦が親子が不分離に融合して，「個人」を集合としてとらえるコレクティブ・モデルではなかった。それがジェンダーバイアスの克服を契機に，夫婦をそれぞれ

主体的な存在として捉えて，それぞれが意思決定の担い手になり，その経済的自活力の度合いによって家計配分の意思決定も左右されることが認識されるようになった。結婚，出産後の離職によって意思決定権が弱体化することを知るようになって，専業主婦モデルを押しつけられることに反発したり，もしくは専業主婦として自己を定立させることの難しさにも気づくようになってきた。交渉理論的には経済的自活あっての家庭内の交渉力と女性は認識するようになって，出産後の就業継続を望む人がふえていて，夫も妻の経済的自活をアテにして生活をするようになった。そのために夫婦ともに保育所整備を求めるようになり，未婚の女性も交渉力を保持するために，保育所の整備があれば結婚してもよいというように自己を定立させる経済的自活と両立するので，それが結婚促進策であり，少子化解消策にもなることが知られてきたといえる。

　ジェンダー的に家族を個人の集合と捉えて家庭内の支出における意思決定権限に注目して考察すると，女性の結婚観も大きく変遷している事実をとらえる必要がある。すなわち個人の集合として家族をとらえるコレクティブ・モデルのもとでは，家庭内分配においても経済的自活を背景にした交渉力を劣位におきたくない気持ちが女性にも増えていて，世帯給をえている世帯主に扶養されているパターンは，よほど家事労働の重要性が認識されない限り，不利な位置づけと考えられている。男女協働参画経営はこれらのことを配慮した経営であって，男の世帯給モデルの崩壊にも対処したリスクを減らす協働システムといえる。

6. おわりに

　男女協働参画経営のもとでは，個人は複数の組織に同時に所属して，それぞれに部分的に包含される存在になるから，家事労働においても母親であるとともに女性としての欲望も充足するという形を取る。家庭生活と共に自分生活が存在し，一個の女性としての生き方は自分生活あってのことである。仕事生活，地域生活，家庭生活，自分生活をどのようにバランスさせていくかの主体的な選択は，あるいは複数の道徳準則のもとでどれを優先させていくかは個

人の選択の自由がある。このバランスが崩れて退職するケースもふえようが，他組織への「参入」の自由があってのことであって，個人の主体的選択に価値はおいてはいるが，仕事特化文化のもとでは，その文脈に個人は拘束されることが多い。介護・看護問題もあって，仕事労働を優先させてそれに没入してきた女性でも，現実には「退出」もあって，介護保険制度はまだまだ不十分である。

　男女共同参画社会基本法が意図する共同参画は，まず家庭，そして行政組織，さらに男女が仕事労働を担う企業組織の順番であろう。生活には金銭的収入が必要であって，年功序列的世帯給の時代では男に妻子を扶養できる賃金が支払われていて，それが固定的な性別役割分業をもたらして，遠い郊外に家を持って暮らし，妻が専業主婦で兵站基地を担い，夫は遠距離通勤で都心の職場に通うパターンが定着した。経営家族主義のもとでは夫が妻子を何とか扶養できる経済的余裕が成長企業にはあって，それがまた良好な労使関係を持続させた。そのような配慮のもとで男の世帯給は確立されていったが，国際競争力や競争優位性の獲得のために，男の年功序列賃金の上昇カーブも著しく鈍化して，片働きでは生活家計を維持することは難しいので，家計補助のためにパートタイマーとして主婦は働くようになった。それでも非正規メンバーの年収では家計の柱になりえず，出産して子育てのために退職し，子育てが一段落すれば再就職ということだが，現実には正規メンバーとしての再就職はきわめて難しく，多くの主婦は非正規メンバーとして働いている。このことが広く知られて，出産後も働き続ける女性が増えて，女性労働を本格化させる制度的支援を求めるようになった。ワーク・ライフ・バランスもその一つであり，女性労働を本格化させなくては日本の将来は暗い。男女共同参画社会をベースにした男女共同参画経営，そして主－客統合の論理の[15]もとでの男女協働のシステムを構築する男女協働参画経営が，日本的システムを再生させる。そこではワーク・ライフ・バランスを効率性や時間の質と関連させて，経営学的な長所を見出している。そして行政と住民の協働というガバナンス改革をなす，男女協働参画型行政経営にも展望を切り拓いている。

注

1）　今井光映『ドイツ家政学・生活経営学』名古屋大学出版会，1994年。渡瀬浩『経営の社会理論』

大阪府立大学経済学部，1963 年。同『経営組織と家族集団』中央経済社，1984 年。
2) Bendix, R., *Max Weber*, Anchor Books, 1962.「支配・組織・正当性」を参照のこと。小林敏男『正当性の条件』有斐閣，1990 年。磯村和人『組織と権威』文眞堂，2000 年，8 章「権威の受容と否認」。
3) C. I. バーナード『経営者の役割』(山本安次郎・田杉競・飯野春樹訳) ダイヤモンド社，1967 年。
4) 大島俊之『性同一性障害と法』日本評論社，2002 年。
5) 三橋順子『女装と日本人』講談社，2008 年。Herdt, G. I. (ed.), *Third Sex, Third Gender*, Zone Books, 1994, p. 614 に及ぶ大著である。
6) A. O. ハーシュマン『組織社会の論理構造』(三浦隆之訳) ミネルヴァ書房，1975 年。
7) 岩田龍子『日本的経営の編成原理』文眞堂，1977 年。
8) F. W. テイラー『科学的管理法』(上野陽一訳) 産業能率短大出版部，1957 年。
9) M. P. フォレット『組織行動の原理』(米田清貴・三戸公訳) 未来社，1972 年。
10) Katz, D. and Kahn, R. L., *The Social Psychology of Organizations*, 1978, 第 17 章。今村寛治『労働の人間化への視座』ミネルヴァ書房，2002 年。
11) D. マグレガー『企業の人間的側面』(高橋達男訳) 産業能率短大出版部，1970 年。
12) 三戸公『人間の学としての経営学』産業能率短期大学出版部，1977 年。三戸公教授は，組織悪の根源として，目的と手段の転倒を論じられている (52-54 頁)。
13) Pfeffer, J., *Power in Organizations,* Pitman, 1981.
14) 佐野陽子他編『ジェンダー・マネジメント』東洋経済新報社，2001 年。武石恵美子『雇用システムと女性のキャリヤ』勁草書房，2006 年。
15) 村田晴夫『管理の哲学』文眞堂，1984 年。

終章
ジェンダーと女性労働

1. はじめに

　日本では男女ともに人間的な絆とか信頼関係とかの名のもとで、摩擦を起こさないことを人間関係の要とみなす事なかれ主義が蔓延していて、そのことが対論もなく不必要な譲歩を重ねて、とくに国際ビジネス交渉では相手の策略に陥っている。とくに女性は「良妻賢母」の枠の中で対話して、男性に譲ることが美徳のように躾られて来たが、これも結局は、不必要な譲歩を重ねることになる。これは日本の男女がコンフリクト・マネジメントを学ばないから、脅しを含めて相手の方略的・戦略的な意図を見抜けないからであって、女性にとっては男女協働参加社会を形成するためにも、既得権益者や男性の干渉を押し返す気構えがなければ、ジェンダーバイアスをなかなか克服できない。企業内においても女性の不必要な譲歩を重ねることが、むしろジェンダー・コンフリクトの解決を遠ざけてしまう。

　物事の本質を見抜く力がなく、コンフリクトの発生を避けてことなかれ主義に堕することこそ、むしろ事態をこじらせて、中長期にも利益を損なうことになる。コンフリクトの回避ではなくて、いかにコンフリクトを解決するかを論じた M. P. フォレットの学説を理解していれば、摩擦・コンフリクトを恐れるのは、むしろ逆効果であることがわかるであろう。交渉力や調停力を磨くことが大切であって、その上で自己の姿勢や立場を真摯に説明することや、相手の不当な脅しのテクニックにも毅然とした態度で押し返すことができよう。条理に適った互譲には応諾しても、不条理、不合理な押し付けには毅然とした態度で押し返さなくては、交渉下手になって利益を損なってしまう。決して損して得を取るということにはならない。摩擦を起こさないこと自体を利益とみなす

ことなかれ主義では，一方的譲歩しかありえず，コンフリクト・マネジメントの意義もわからなくなってしまう。譲歩とことなかれ主義を取り違えているのである。

ジェンダーバイアスに対して女性が物を言うのは当たり前の行為であって，「女らしさ」を欠くとかトラブルメーカーなどのレッテルを貼るのは，コンフリクトを解決できない自己の無能さを示している。ジェンダー的差別に対して物を言わない女性側にも問題があることを自覚して，コンフリクト解決能力を身につける必要がある。コンフリクト・マネジメントができれば，議論対決，対論は生産的なものであることがわかってきて，物を言わぬ問題点もわかってくるであろう（櫻井よしこ）。

2. ジェンダー視点

ジェンダー視点に立てば，女性が働くのは世帯給の年功序列賃金が崩壊して，夫婦がともに生活費を稼がなければならない面もある。しかし働く場によっては女性の才能発揮や社会貢献をなしうる期待や希望を満たしてくれる。しかもグローバル競争が激化して，つねなるビジネスモデルの更新が求められていて，そのために斬新な発想や独創的な発想が期待される人材の多様性は，今日では欠かせない企業戦略になっている。外国人，女性の登用はそのステップであるが，いきなり言語や文化的背景の違う外国人を活用するのはむずかしい。だが日本の女性ならば多様性管理にもなじみやすい。女文化で育ったので，若干の思考様式・行動様式に差異はあっても，そのズレが企業にとっては斬新な発想をもたらしやすい。

パソコンを用いた根気強いシミュレーションの繰り返し業務も女性にはでき，3D立体画像を用いての想像力を活かした金型も作成しうる。女性部下は上司に社内での立ち振る舞いをなかなか教えてもらえずに，自ら学び取る苦労もあったが，ワーク男性文化，ライフ女性文化という二項対立的な区分の弊害があっても，今や知的労働ではワークとライフが相互浸透し，ライフの教養や総合知がワークにも良き影響を与える総合的知的労働がふえてきた。高度人材

にも女性の活用があればこそ，男女が知的に共振して磨かれていく。

たしかに競争が激化して，ライフが押しつぶされるようになると，ワークが肥大化して，これが専業主婦願望を持つ女性をふやしていく。しかし話しの前提として，妻を専業主婦にしてくれる経済的余力を持つ男性は年功序列賃金の対象の限定によってきわめて限られている。それゆえ専業主婦願望は幻想に過ぎないし，その望むレベルは夢想的な高いものになっていて，余計に実現可能性は低い。

すでに米国ではグローバル競争のもとで，「ガラスの天井」を破るほど巨大企業のCEOへの女性の登用はふえており，女性取締役の居る企業は同規模の男性のみの企業よりも株価が23％も高かったことが示されている。ただ女性企業トップには出産などの試練があって，ふつうは未婚，子なしが多く，出産してもすぐ働くトップが多いなど，スーパー的である。女性にとってジェンダー的躾，社会や制度の影響もあって，人を押しのけて昇進することを好まない人も多く，むしろ昇進を自制している面がある。しかも女性経営者には男性以上の資質を求めての「スーパーウーマン」像を押し付けられるので，仕事に加えて，良妻賢母ぶり，果ては（容貌）外見まで評価されるので，何かを犠牲にしないとトップの地位がえられない状況である。女性が経営手腕を公平に評価されて，それに相応しい登用をされるには米国でも時間がかかるようである[1]。

有能な女性社員が昇進を自制しているのはライフへの配慮と言う個人的要因もあろうが，それ以上に制度的，組織的要因，とくに男性の嫉妬，いやがらせなど精神衛生上良くないジェンダー・コンフリクトが存在しているからである。年功序列制の下では勤続年数が長くなって横並び的に昇進していくことに対しては男性の抵抗も少ないが，能力主義，実力主義になっても長時間労働を良しとする風潮のもとでは，ライフ的諸制約をもつ女性にとっては，仕事ができても管理能力がないとかの難癖をつけられ，本人の意図とは離れたところで昇進への試練が大きい。出世，昇進だけがすべてではないと専門職の人と共通した意識をもち，自己実現や社会的貢献がよいと考え，トラブル回避を兼ねて昇進を自らセーブして，抑制的枠組みの中で自己の才能を磨く面もある。本心は昇進にある人でも，昇進に無関心を装うことも少なくない。

このようなことを含めてジェンダーバイアス，ジェンダー・コンフリクトを考察し，その解決方法を考えてきたが，そこでは夫婦がパートナーとして協力し合い，ワークとライフの両立を夫婦単位で考えないと，女性の方が昇進しうる可能性が高くても，昇進自制への呪縛を取り除くことは意外なほど容易ではない。もちろんライン職でなくてスタッフ職でも女性の才能，能力を生かせる仕事は多く，ライン偏重には問題があるが，日本ではスタッフ職への社会的認知，誇りは今ひとつであって，今一歩の前進への格付けも大切である。それを欠いて女性はスタッフ職で労力，才能を活かせというのはジェンダーバイアスである。

経済成長時代の固定的な性別役割分業というのは，貿易理論の比較優位説のように得意領域に特化すれば，経済合理性を高めることができた。仕事を最優先する男働き手を支え，後方の兵站基地の役割を担った専業主婦の存在は必要とされたし，その専業主婦優遇制度を国や企業が設けて，この性別役割分業モデルを強化した。

しかしワークとライフをこのように二項対立的に，しかも性別にとらえることが経済的合理性のみならず社会的合理性を高めているのであろうか。

すでに男が妻子を扶養する世帯給は崩壊していて，専業主婦そのものの存在がむずかしく，男性の長期雇用や年功的処遇（自動的な定期昇給）もむずかしくなっており，リスクを考えると夫婦が共働きを定型とせざるをえなくなっている。男女の教育水準の差がなくなってきており，法的にも転換して，男女雇用機会均等法の制度などで，女性にも様々な雇用機会が開かれ，フルに仕事能力を発揮し，さらに上をめざして挑戦したいという仕事意欲をもつ人が増えている。しかしここで生じるジェンダー・コンフリクトは，これまでの制度・慣行の名残りや組織の論理，経営の担い手の意識が，女性の長期にわたる継続就業を妨げたり，非正規メンバー比率を増大させていて，むしろ労働環境が悪化したケースも多い。

女性が結局，結婚・出産を契機に離職する人が多いのは（M字カーブ），仕事と家庭の両立をむずかしくする制度，組織であるからであり，女性が子育てを終えて再就職しようとしても非正規雇用がほとんどであって，今日では大きな家計補助と言う金額にもなっていない状況である。

雇用形態を多様化して，短時間勤務正規労働などの工夫をすれば，むしろ時間の質も高まって生産的にもなる。すでに男女の性別分業が経済的合理性を失っているのであるから，男女を問わず中途採用，再雇用を受け入れて，系統だって人材の育成に力を入れれば，組織のダイナミック・ケイパビリティも高まり，ワークと共にライフを経験した女性はライフでの知見をワークでも活かすことができる。ワークとライフを二項対立的にとらえるからジェンダーバイアスをもたらすのであって，そのフィードバックのプロセスを動態的に繰り返すことが，知的創造性を高めるとともに，性差を離れて，経営資源を動員していく組織的能力を高めることになる。まさに女性労働の本格化こそ，労働の質，時間の質を換える大きな契機になる。

そこで日本のWLB施策は，二項対立図式ではなくて，ワークとライフを相互浸透させて，フォレット的にワークとライフの統合的プロセスを求めることになる。ワークとライフを融合させる領域もふえてきて，テレワーク，在宅勤務など労働の場所や時間のあり方を工夫すれば，正規労働でも子育てと仕事の良き相乗効果を追求していける。

女性の経済と政治での意思決定参加度を示す国連のジェンダー・エンパワーメント指数（GEM）が2009年では，日本は109カ国中57位と低いのに対して，教育や健康の程度を示す人間開発指数（HDI）は10位である。人的資本度が高いのに経済・政治分野で大半の国が30％以上であるのに対して，日本では係長以上でも約7％で，OECD諸国と比べて低く，トルコや韓国と並んで最も低い。

GEMは1時間あたりの労働生産性と強く関連しているが，日本企業の多くは生産性を1日当たりで計算してきた。そのために長時間労働は生産性を高め，長時間労働が困難な女性の評価を低くする。労働の質を考えると，1時間当たりの生産性の尺度は女性への評価を公平にし，女性の貢献意欲を生み出す。

わが国より時間当たりのGDPの大きい17カ国はすべてわが国よりGEMが高い。GEMの低い日本は女性の活躍が少ない分，GNPが伸びていない。企業の都合から見た女性雇用管理の障害は，① 女性は家庭責任を考慮する必要がある，② 勤続年数が短い，③ 時間外労働・深夜労働をさせにくい，のが問題

と見ている。しかしこのことは，多様性管理で解決できることなのに，日本的雇用慣行が足枷になっている。②は，家庭の役割と両立しにくい職場環境に加え，キャリアの行き詰まり感が大きく影響している。R. マートンのいう「自己成就的予言」の罠のように，企業は女性がやめるという前提で賃金を低く抑えキャリアの進展性のない職務に従事させるから，結果として継続就業意欲を奪って予想どおりに辞めていくことになる（統計的有意の罠）。時間外労働の問題にしても，正規雇用者について長時間労働を常態とみなして，WLBのような柔軟な働き方を認めない男性中心の日本的雇用慣行が女性労働の本格化を妨げている。

すでに女性の活躍の推進により，高い労働生産性を達成した企業も存在しており，WLB施策がそれに貢献している。これまで女性割合が高いと営業利益が大きくなる傾向が示されているが，これは女性に対し労働生産性よりも低い賃金を払うことによる超過利潤のせいで，営業利益は賃金支払いをした後の利潤であるからである。女性や非正規雇用者に対する賃金格差による超過利潤といえよう。

他方，労働の質をめざす全般型WLB施策はすでに高い生産性をあげているが，「育児・介護支援成功型」（山口一男）は「推進本部」を設けて積極的にWLB施策を推進して，性別に関わらず社員の能力発揮に努める度合いが高い。そして「育児・介護失敗型」は，育児・介護の支援は福利厚生のためで，女性の人材活用が目的とされていない。法を上回る育児・介護休業支援と，在宅勤務・フレックスタイム勤務・短時間勤務など柔軟に働ける制度を人材育成，人的資源管理の視点からシステム的に活用しないと失敗しやすい[2]。

3. 女性労働の本格化

日本の労働市場は男性中心労働市場であり，しかも大企業を中心として労働市場の内部組織化（終身雇用）がなされていて，そのために特殊な労働形態になっている。解雇が大きく制限されているために，慢性的な残業と頻繁な配置転換・転勤をセットにした包括的な雇用システムになっている。正規メンバー

の解雇を回避するには人数を絞って残業の常態化で雇用を安定させることになり，労働組合も組合員の長期雇用を確保するために，さらに年功昇進を維持するために，下請け企業や非正規雇用者に負担がしわ寄せされることを是認してきた。残業・転勤，配置転換なしで特定の仕事しかしない欧米型の職務中心の働き方では，不況期には余剰人員が生じて解雇が避けられない。

　労働者にとっては雇用維持か解雇かというのは大問題であって，日本の労働市場は流動性を欠くので，解雇回避にエネルギーがそそがれる。そのためには残業や職種転換が避けられず，このことは労働組合も反対していない。このことはワークとライフをバランスさせる子育て可能な就業形態を望む女性にとって，頻繁な配置転換，転勤は受け入れにくく，固定的な性別役割分業が急速に打破できれば別であるが，残業が常態化している夫に家事・育児を担わせることはむずかしい。

　たしかに女性人的資源を有効に活用すれば，経営資源を動員していく組織的能力を高めて，企業の競争力をさらに高められることはわかっていても，今の雇用慣行のままではむずかしい。ジェンダーバイアスを克服して夫婦の共働きを定型にしていく制度や組織の改革が求められるが，そのためには労働契約法で個人の仕事・労働時間や働き場所を選ぶ権利を保障する代わりに，一定の要件で解雇を容認する働き方を認知する必要がある。多様性管理と雇用形態の多様化とがむすびつく規制緩和の組み合わせである。しかし，これには，雇用保障を絶対視する労働組合や，企業への一体的な忠誠心を重視するワーク中心の経営者の反対は避けられない。

　女性人的資源の活用は誰もが必要と認識しても，ジェンダーバイアスと既得権益の壁に阻まれて実現されておらず，むしろ女性の活用は低賃金の非正規メンバーへと押しやって，女性労働の本格化は道遠しの状況にある。そこそこの知的労働はパソコンが代替しうるようになって，それをこなす女性非正規雇用者に担わせている。今求められているのはパソコン・IT機器を用いてのよりレベルの高い知的労働を担う高度人材であって，ここに女性の参入がないと組織的能力は高まらない。ダイナミック・ケイパビリティというものは男女の協働を必要としていて，人口の半分を占める女性の高度人材の育成が遅れていることが，日本企業の競争力を低くしている。

そこで日本の労働市場を改革して，WLB施策を実施しやすいように，男女の仕事・労働時間や働き場所を自ら主体的に選択する権利を保障する代わりに，一定の要件のもとで解雇を容認する働き方を労使双方が認知して，雇用形態，就業形態の弾力化を図る必要がある。転職，中途採用や多様な就業形態を期間限定的であっても導入すれば，女性の高度人材も増えてきて，女性の管理職，役員の比率もその能力をもってすれば急速に上昇していくであろう[3]。

われわれのジェンダー視点では，女性労働の本格化こそ国の成長戦略なのだが，女性が子育てしながらの働きやすい環境は整備されておらず，WLB施策にしても，使い勝手の良いものとは言えないし，残業の常態化のもとでは労働時間の短縮や有給休暇の完全消化はしにくい。さらに男性を主軸とした仕事中心社会では，男性中心の組織一体化モデルの悪い側面を直視せず，自分達にとって都合の良い面ばかりに眼を向ける「いいとこ取り」を続けてきたといえる。しかし経済の足踏みや，事業環境の手詰まり感で不安心理が生まれやすい状況になると，人件費の削減に力を入れて低賃金の非正規メンバー比率を高めている。市町村に至るまで新規採用を減らして，若者の雇用機会をへらし，非正規比率を年々ふやしている。大学の就職率においても非正規メンバーを含めているので，世間で期待される就職率はさらに低く，大学生の半数に及ぶ奨学金の返済も，これでは容易ではない。

その親である住民の不安心理が高まるのは負担ばかり増えて，住民サービスの量は低下している面もある。基本的には行政というものを信用できなくなっていることであって，その支配的な男性中心の見方に対して，自己利益追求型という批判をもたらす不穏なムードが女性を中心として，いわば全人的感覚として広がりつつある。子育て環境，介護保険制度維持のための持続的値上げや，国民健康保険税の大幅な一気の値上げなど，将来不安を増幅させることが多いので，若い夫婦にとっては共働きは不可欠という認識が高まっている。地方政治が醸し出す将来不安，不穏なムードに対して，長期にわたる共働きを持続させる制度づくり，組織づくりに関心が急速に高まっている。

われわれは女性労働の本格化を金銭的誘因だけではなく，ジェンダー研究をベースにして論じてきたが，これは将来の労働力不足の問題を解決するだけではなく，女性の能力，才能を活かす多様な場を考えていて，専業主婦を価値的

3. 女性労働の本格化　　229

に否定するものではない。専業主婦は金銭的労働を担ってこなかったけれども、社会の信頼を形成して社会関係資本を充実させて、そのことが企業間の取引などに伴う取引コストを下げてきた。社会関係資本の充実していない社会では、信用できない、形式的な手続きを厳格にした契約書の作成や訴訟に備えての対応を考えたりして取引に伴うコストはふくれあがる。そして家庭教育を通じての組織になじむ人材の育成は、組織での管理などの調整コストと調整時間を節約して、組織のパーフォマンスを高めるのに貢献している。人的経営資源として価値を持つ「予備的社会化」の充実は家庭の大きな貢献であって、企業も職場内教育訓練がしやすいように躾られているので、このようなコストも削減されている。組織一体化モデルのもとで組織に献身する構えもできていて、産業社会の発展には大きな貢献をしてきたのである。

　しかし、夫婦共働きを定型とする雇用慣行が形成されれば、仕事労働と家事労働を夫婦が共に担うのにバランスのとれる仕組みが必要であって、夫が育児・家事への参加率を高めて、女性の長期にわたる雇用率を高めることになる。WLB施策を現実的で使いやすいものにするためには、法制度や労働契約を改革していく必要はあるが、企業の主体的努力も必要である。上級管理職が職場でリーダーシップを発揮して、自ら率先して労働時間を短縮したり休暇を取るなど、男女の部下がともに育児休業を利用しやすいように中間管理職にも数値目標を示して責任をもたせる仕組みの構築も大切である。

　将来の労働力不足は労働人口の減少によって確実であるから、今から女性労働を本格化させる国、自治体、企業の諸施策は欠かせない。若い大卒女性に仕事を継続させる誘因を与えるために、昇進の見込みややり甲斐のある仕事が出来る仕組みづくりや先行モデルが必要であるから、雇用主はかっての専業主婦時代に形成されたイメージを取り払って、女性の仕事への献身や意欲が男性より低いとみなすのは自己の責任であると自覚して、その女性へのキャリア形成への投資は時代状況の変化によって十分にペイすることを洞察力をもって認識すべきである。

　女性若年層も多額の教育投資を行って潜在能力を高めていて、その能力を有効活用していくことも企業の責務であるし、国も労働市場の制度改革を支援すべきである。すでに年功序列賃金の上昇カーブは大幅に鈍化して世帯給は崩壊

しているが，さらに給与体系や昇進制度は年功序列を変容させて，実力主義へとシフトして，女性の職場復帰や再就職しやすくしていく仕組みに転じれば，正規雇用に復帰できないことはなく，年齢制限もなくなっていく。年功序列に固執していては，結局は女性を排除することになり，女性労働力を周辺的なものにしてしまう。年功序列を変容させれば，パートタイム就労者を正規のキャリア形成システムに取り込みやすくして，その正規雇用を容易にしていく。すなわち年功序列賃金とは，男が妻子を扶養しうる世帯給であって，夫婦共に世帯給を保障せよというのは，非正規雇用者を賃金的に犠牲にしてしまうことになる。実力や資格に見合わない低次の仕事に就いても夫婦ともに世帯給をそれぞれがもらえるならば，労務コストを高くして企業の競争力を大きく失わせるであろう。税制的にもこのような夫婦には，逆に課税強化が望ましい。双方が公務員という夫婦も例外ではない。住民の怒りはそこにある。そこには女性の就労意欲を減じる悪循環をもたらす要因が働く。

　もはや女性労働の本格化には硬直的な年功序列賃金が足枷になっていて，そのことが女性が男性に比べ昇進の見込みが低いと感じさせたり，仕事を続ける誘因を乏しくする職場の雰囲気をもたらしたりしている。仕事に復帰しても実力や資格に見合わない仕事に就いて，それに耐える忍耐力を欠くようになったりして，将来のイメージを暗くして，仕事への献身や意欲を減じる罠に陥ったりする。人手不足になれば，女性の職場復帰が容易な環境づくりが何より求められるのに，経営者は将来への洞察力を欠く，もしくは目先の利益にとらわれるので，なかなか女性労働は本格化しない[4]。

4. ジェンダーと女性の労働市場

　われわれ学究には物事の本質を見抜く論理性と洞察力が必要であるが，それには考え考え抜く時間と場が必要である。女性労働に対してもジェンダー研究に遡及して考察していくと，日本の労働市場の問題点もわかってくる。固定的な性別役割分業が女性の経済的自活を阻止する制度や組織を形成したが，そのことが女性労働を家計補助として位置づけて低賃金の女性非正規メンバーを多

量に増加させた。その低コスト人件費の利益を享受している企業が、このような歪な労働市場を固定化させてきた。

　グローバル経済化、工場の海外移転、そしてパソコン・IT機器によるそこそこの知的労働の代替によって、少子化であっても人手不足にはならず、この歪な女性の労働市場を温存させてきた。非正規雇員には人材育成のための教育訓練投資をせずに使い捨てにするので、国全体の労働生産性は高まらない。

　しかし世界的な企業間競争に打ち勝つには、男女を問わず層の厚い知的創造性を発揮する高度人材を必要としており、女性労働の本格化を不可欠にしている。ところが男中心の世帯給雇用慣行のもとでの長期雇用と年功昇進は、むしろ女性活用の足枷になっている。というのもこのシステムの維持のために、解雇がきわめてしにくく、組織の人数を絞って慢性的な残業と頻繁な配置転換・転勤をセットにしてこそ機能するから、その包括的な仕組みに女性を取り込みにくくしている。この労働市場の内部組織化は人材育成を通じて組織的能力を高めて経営資源を有効に活用する組織づくりになっているので、中途退職者がふえるとコスト高になる。出産・子育てのために退職されたり、ブランク期間が長くなるとエンパワーメントがしにくくなるので、法定どおりに長期にわたって主力戦力外になる女性を企業は警戒している。

　そこで男女がともに本格的に働き、子育て可能なWLBが求められるが、この雇用慣行のもとで長期間残業の常態化を是認していては、ワークとライフのバランスが取りにくい。そこで労働市場の改革を伴う労働の仕方を考える必要がある。たとえば労働契約法で、男女の仕事、労働時間や働き場所（テレワーク）を選ぶ権利を法的に保障する代わりに、一定の要件で解雇を容認する働き方を社会的に認知する必要がある。そのことは雇用保障を絶対視する労働組合や、組織への一体化、企業への忠誠心を重視する、無限定、無制限の献身を求める経営者の反対は避けられない。しかしこのような組織への献身的価値の重視では、発想の固定化をもたらし、ライフの教養、全人的知識、総合知を活かせないので、企業の創造的革新がしにくくなってしまう。そしてワークとライフを欧米的な二項対立図式で固定的にとらえて、日本の融合的な認識を欠くWLBになってしまう[5]。

　日本では近代科学合理主義のようにワークとライフを対立的に位置づけるの

ではなくて，むしろフォレットのように相互浸透させて，ワークとライフが入り子のように織り込んでとらえるのである。まさに仏教と神道の関係のように習合，融合して，「バランス」ではなくて，ともに有意義に自律しつつ結合している。ワークとライフは分離の関係ではなくて結合，融合の関係であって，シーソー的バランス感覚を求めるものではない。だからこそ日本では，WLB施策は労働市場をもっと流動性の高いものに改革していけば，ワークとライフは有機的に相互浸透して，どちらもレベルアップをしうる統合的な動態的プロセスを繰り返す。

　このように認識すると，少子化に苦しむ日本においては，労働者と経営者のウィン－ウィン的自覚のもとで，既得権益の壁を取り去って WLB 施策は実現できる。女性労働を本格化させる制度的支援のもとで，ワークとライフは学びあう関係になって，仕事生活，家庭生活，地域生活も充実しあえる。このような固定的な枠のあり方から脱してこそ，男女ともに高度な知的創造性を発揮して，企業にとっても経営資源を動員していく組織的能力をより高めることになる。正社員中心主義の既得権益の壁に阻まれた閉鎖的な労働市場をいかに改革していくかである。男女が本格的に協働し合い組織的能力を高めていくには，今の歪な労働市場ではむずかしい。正規と非正規メンバーの間にも大きな格差があるのは，女性が非正規雇用の大半を占めることもあって，ジェンダーバイアスを是認していくことになる。労働市場を女性の正規，非正規を問わず，オープンな労働市場へと改革していかない限り，経済成長を軌道に乗せる成長戦略は実現しないといえよう[6]。

　3DIT の立体画像的にいえば，日本の労働市場は正規雇用市場と非正規雇用市場，男性市場と女性市場，そしてクローズド市場とオープン市場を軸にして論じられている。女性のパートタイマーはオープンな非正規女性市場であって，低賃金ゆえに転職しやすいが，女性へのバイアスもあって人材育成は手抜きされていて，男性以上に正規雇用への転換は難しい。しかもそれは社会的に当然と考えられていて，女性がそこで才能，能力を発揮しても評価されにくい。そこそこの知的労働はパソコン，IT 機器を用いて代替しうるようになったが，その機器を用いてやや高度の仕事を担う女性は，非正規雇用にとめおかれる。

大企業の男性正社員のように労働市場の内部組織化（終身雇用）によって転職に不自由はないけれども，彼女らは流動性は高くても，女性労働市場ということもあって，時給はなかなか上がらない。このオープンな労働市場は転職しやすくても，昇進とか待遇の改善は微々たる範囲に留まっている。

　他方，組織の論理からすれば，非正規の女性雇用者は組織の周辺メンバーとして一時的関係であって，共同体的な経営ではメンバー性も十分なものではないし，コア・メンバーからは排除されている。組織の置かれた状況が悪化すれば包摂されることなく，すぐに排除されてしまう。組織の境界のとり方では，組織メンバーとして規定されないが，組織の貢献者であることは間違いない。バーナードは組織の貢献者を顧客を含めて組織メンバーとして規定したが，行政組織では非正規雇用者の賃金は人件費ではなくて物件費から支払われている。これは身分社会の名残りともいえよう。そこに多くの女性非正規雇員が位置づけられている。固定的な性別役割分業をベースとした考え方がここにも及んでいる。

　これでは女性労働の本格化がむずかしく，正規の女性組織メンバーであっても，残業の常態化，頻繁な配置転換・転勤では，ワークとライフの両立がむずかしく子育てのために退職していく女性は今日でも多い。子育てを終えての正規の再就職となるときわめてむずかしく，非正規雇用での仕事をせざるをえない状況である。男女の仕事・労働時間や働く場所を主体的に選択できる法的権利を保障する代わりに，一定の要件で解雇を容認する考えとセットでない限り，女性の活用はさらに遅れよう。さらに女性の人的経営資源を磨き戦力化して，組織的能力を高める本来のあり方が，閉じ込められやすい。

5．ワークとライフの相互浸透

　われわれのジェンダー研究では，男女を無差別に画一化するものではない。むしろ「男文化」「女文化」がどのように成立したのか，企業にはなぜ男の仕事文化が根強く残っているのかなど，これからの男女協働参画経営にふさわしい取り組みをしていきたい。そのためにも暗黙知ではなくて，言語知，とくに

理解しやすい言葉で人格にも浸透するコミュニケーションで，男女の文化や思想的背景が異なる場合にも，違いをポジティブにとらえてバイアスを抜いて中和させる。ジェンダーは男女の誰もが相互に理解しやすいように，言語を通じて男文化，女文化を調整し整合し，そしてその画一的統一ではなく，異質の統合をめざす。女文化のために男文化を否定するのではなく，ジェンダーバイアスを克服しながら，男文化と女文化の統合をめざしている。これは M. P. フォレットの統合の論理にもとづいている。

ワーク・ライフ・バランス（WLB）は，主に女性が出産し子育てしても継続して仕事に取り組み，人材を育成していく仕事文化の施策といえる。仕事に厚みをもたせて，しかも男性とは異なる観点で能力を発揮し業績を上げる仕組みといえよう。仕事労働のみに時間を費やしていては人間として成長しないし，思考に生産性向上をもたらす要因が低下し，アイデアに富んだ知的創造性の発揮にはむしろマイナスに作用する。長時間労働を是正して時間の質を高め，仕事以外の時間は新しい発想や生産性を上げるのに欠かせない。

ワークとライフは日常生活経験上の連続線にあり，ワークとライフは二項対立のものではない。むしろワークとライフは M. P. フォレットの統合の論理を用いれば，両者は調整し整合して，統合的プロセスに至る。この意味で，ワーク・ライフ・バランスではなくて，ワーク・ライフの動態的な統合的プロセスであって，そのコンフリクト・プロセスをへて両方を利する統合に至る。

少なくとも両者の整合，融合は可能であって，仮に真の統合に至らなくても，ワークとライフを統合する精神があれば，それで十分なことも多い。理想の「ワーク・ライフ・バランス」ではなくても，現実的で可能な，そして実践的効力を持つ WLB を人材育成や組織的能力を高める施策として考えている。すでに顧客ニーズは多様化していて，ワンパターンな捉え方ではニーズを的確に読みとれず，そのためにも性別，年齢，人種，思考様式・行動様式にとらわれることなく，あるいは障害の有無にかかわらず，有効多様性のもとで多様，多塊的な人材が求められるし，WLB 施策があってこそ可能であり，男女の人材が育っていく[7]。

P. F. ドラッカーのいう非連続的変化というのは，既存の枠組みでは想定されないので，パラダイム変革も含まれる[8]。女性労働の本格化には枠組みそのも

のの変革を伴うのでパラダイム変革も求められる。専業主婦モデルは一つの選択肢に転じて，それをあたかも理想型とすることが偏見であることを示している。米国大企業の女性CEOに対しても，男性以上の優れた資質を求め，さらに良妻賢母ぶり，容貌・外見も求められているのが現状であって，「スーパーウーマン」でないと評価されないような風潮がある。それは女性CEOに対して過重な負担を与えることになって，女性の昇進意欲を減じてしまう。ジェンダーバイアスによって，あえて昇進を自制している女性も少なくないから，制度的，組織的な諸条件を変革するようなパラダイム変革が女性労働を本格化するために求められる。

はたして経営学は，ワークとライフの問題に無関心であったのであろうか。そうではない。H.ニックリッシュは良知概念の応用としての組織法則を論じ，本源的経営としての家政と派生的経営としての企業の関係性を企業社会の論理と逆転させている。企業には家政から提供された労働力を消費しながら商品生産を行うという側面があり，消費活動を行っているともいえる。家政も賃金によって将来の労働力を再生産する過程であると捉えるならば，生産過程とも理解できる。このようにニックリッシュは仕事と生活の調和を重視した労働環境を求めるのであって，今日で言うWLBと共通の考えになる。ニックリッシュは明確なWLB施策を論じなかったけれども，社会の生産的活動としての子育て支援施策は，最も本源的経営の趣旨に即しての本源的な活動と言える[9]。ニックリッシュ的に言えば，本源的経営をベースにしたWLBは将来展望を見据えて，洞察力に富んだ施策であって，目先にとらわれては体制の土台を崩壊させてしまう。WLB施策は崇高な経営理念やガバナンス理念に裏打ちされていないと，本物のWLBにならない。ニックリッシュのいう人本主義と良識・良知を兼備したリーダーがいてこそ，WLB施策は組織に根づき[10]，P.F.ドラッカーもリーダーの品性の高潔さを論じているのは，人間への愛情，優しさを欠く機構的機能主義のもとでは，WLB施策は形式的なものになってしまうからである。一時はWLB施策も不況の逆風によって，むしろ追い出す方向に向かったが，逆境にうちのめされないように，不撓不屈の精神をもって，真のWLBを求めて志を高めることである。

われわれの認識では，女性の潜在力は大きいのに，雇用慣行，制度の壁に

よって，その潜在力を有効活用する仕組みが形成されていない。正規雇用者と非正規雇用者を隔てる壁が厚くて，それが女性の協働意欲を減退させている。正規社員は長時間労働をこなすことがふつうになっていて，出産・育児の負担を背負う女性の本格的な活用を阻んでいる。子育てのために離職しても，円滑に転職が進むように職業訓練の充実や人材仲介サービスの強化や，とくに女性の労働市場の整備が不可欠である。就職規制にしても，判断基準や運用を明文化して透明性を高めてこそ，女性の潜在力は有効に活用される。企業の持続的イノベーションを促すのも男女の人材の力であって，女性も企業の競争力を高めるのに貢献するという認識が大切であって，社会の各界のリーダーへの女性の広範な登用こそ，女性の意識を変える起爆剤にもなる。

　女性の潜在力を活用する制度づくり，組織づくりをして，女性にとって不利にならないように，これまでの年功序列から職務内容や責任範囲に基づいた雇用・賃金体系への切り替えを進める。労働の質を問うて，短時間労働でも賃金，昇進，社会保障で区別されない仕組みの確立こそ，女性労働の本格化には欠かせない。状況に見合っての選択肢の多い雇用システムは，若者，高齢者，外国人雇用者にも働きやすく，正規，非正規の壁を薄くし，質的にも人材を有効に活用し，多くの領域において人材活用の有効多様性を高めてこそ，生産性の向上が期待できる[11]。

6. おわりに

　零細企業のような学究にとっては，その長期持続性を保つためには，行動科学的組織論，ジェンダー・コンフリクト，コンフリクト・マネジメント，そして交渉や調停に特化した。さらにこれらを活かして地方自治体の行政改革に伴うコンフリクトを論じ，行政経営へと研究領域をシフトした。もう能力的にこれで終わりになるであろうが，裁判所の調停委員や市の行政改革委員の経験知を活かしている。コンフリクト・マネジメントの視点から行政改革を論じ，さらに行政経営的立場から論考している。そのベースになるのがM. P. フォレットやC. I. バーナードなどであって，フォレットは明示的に論じている。

日本フォレット協会や日本バーナード協会の会員の先生方から学んだことが多いが，行政経営にも通じる経営の一般理論としてとらえている。それゆえ H. A. サイモンを含めて行政経営を論じるのに違和感はない。むしろサイモンは行政経営そのものであり，しかも論理的に精緻であって，いまさらながらサイモンの偉大さを感じている。

われわれは独自の理論や学説を打ち立てたわけではないが，実務をつうじて社会には若干の貢献をしてきた。理論の現実的適応に失敗したことも少なくないが，フォレットのようにつねに現実に適用して用いているものもある。「ダイナミック・アドミニストレーション」は，今日の「ダイナミック・ケイパビリティ」に通じるものがあり，そこに日本の人材システムを組み込みたい。ここではジェンダーバイアスがあり，組織的能力を高めるような人材育成から女性は排除されがちであったが，多様性，相違，異質性があってもフォレットの統合的プロセスのように寛容性のもとで包摂していきたい。女性労働の本格化にはこのような視点が必要であって，WLB 施策にしてもワークとライフを二項対立的にとらえるのではなくて，フォレットのようにワークとライフを相互浸透させて，ワークとライフの共通感覚をえたい。それがわれわれのワーク・ライフ統合であって，その統合的プロセスの研究が必要である。フォレットはすでに動態的統合プロセスを論じていて，むしろフォレットは二項対立的なバランスという言葉を嫌ったのである。ここにワーク・ライフ・バランスの問題点を指摘していることになる。こうしてフォレットに学ぶところが大であって，米国の Ph.D 論文やその他のフォレット研究を読んだが，そのことは他日論じたい。ただ何でもフォレットというように物神化しているわけではない。古典から謙虚に学び続ける姿勢は大切にしたい。今日も学んでいる。実践に関わっていることもあって，Organization in the books ではなくて，Organization in action というのが，われわれの目指す方向である[12]。

注
1) 「W の未来」『日本経済新聞』2013 年 5 月 10 日。
2) 山口一男「経済教室」『日本経済新聞』2012 年 7 月 16 日。
3) 吾妻鏡「大機小機」『日本経済新聞』2013 年 5 月 11 日。
4) ウォレム・アデマ「経済教室」『日本経済新聞』2013 年 4 月 26 日。
5) 上林憲雄「日本型ワーク・ライフ・バランスの実現に向けて」上林憲雄編『変貌する日本的経営』

中央経済社,2013 年,239-257 頁。
 6) 同稿,注 3。
 7) 松田謙悟「文化」『日本経済新聞』2012 年 5 月 7 日。
 8) P. F. ドラッカー『断絶の時代』(林雄二郎訳) ダイヤモンド社,1969 年。
 9) 西村剛「企業倫理とニックリッシュ―「家政」と「企業」のバランスを求めて―」田中照純編『ニックリッシュ』文眞堂,2012 年,166-200 頁。
10) H. ニックリッシュ『組織　向上への道』(鈴木辰治訳) 未来社,1975 年も参照のこと。
11) 岩田一政「経済教室」『日本経済新聞』2013 年 5 月 31 日。
12) C. I. バーナードに影響を与えたドイツ法社会学者 E. エールリッヒは,Law in the books ではなくて,Law in action に力を入れている。

あとがき

　われわれの研究はM. P. フォレットやC. I. バーナードなどの経営学の一般理論に基づいて，企業経営や行政経営を論じてきたが，それは物事の本質を見抜く力に立脚して，あえて時流に乗らずにコンフリクト・マネジメントや行政改革を論じてきた。沈潜して学ぶという手法であるが，そこで得たものを現実に活かそうとする姿勢を有している。時代の気分が変わって，何か前進しそうな希望や，あれもこれもという期待が入り混じって高揚感もあって，すぐに役立つこととか，実践あるのみというように理論，論理性を軽視して前のめりになる時流だが，今こそ本物を見抜くためにも古典を吟味したりして，周到さと慎重さが求められて，株価上昇に浮かれている場合ではない。しかし景気回復の予感もあって，それを先食いして株価が上昇し，さらに上昇を求めてアクセルをふかして，零細投資家，大衆まで気を大きくしている。

　はたして地方自治体が巨額の累積債務を抱えているのに，便乗してアクセルをふかして予算規模を拡大してよいものであろうか。U市では市立病院の新病棟が大きな金をかけて落成したが，はたして一般会計からの大きな繰入金なくしてやっていけるのであろうか。他にも，駅前道路拡幅など大きな事業が目白押しで，施設の耐震構造化にも金をかけて財政はフルに回転している。地域経済の活性化，攻めの姿勢の名のもとで，行政改革もずいぶん緩んできたが，優遇の合併特例期をへて数年後には地方交付税が大幅に減少するので，今こそ周到さや慎重さが必要なのに，株価の高揚感が伝染してきたのか，攻めの姿勢で行けと一方的にいわれているようなものである。もっと行政の方も現実についての周到な目配りをして，業者の挑戦精神，斬新なアイデアの実施などのリスクの大きいことに巻き込まれないように，歯止めをかけておく必要がある。

　住民もそのようなリスクを背負って積極果敢に生きられるものではないし，それらは自分らの将来負担になり，それができなければ，次世代への負担を限界的に大きくする。歳出は実質的には前のめりに肥大化しても，まだ攻めの姿

勢で行けと地域経済の活性化を最優先しているが，それらを論理的に考えてみれば経済合理性は少ない。業者，既得権益者に煽られて住民もアイデアを出してスピードアップせよという流れに組み込まれて，事業の肥大化に加担しているけれども，冷静沈着に考えれば，論拠の乏しいものである。

こうして行政改革の推進は地域経済の活性化を阻害するという既得権益者の声に賛同して改革を空洞化させようとする人が増えてきたが，地方交付税の大幅な削減の事実をあえて言わないのはアンフエアであって，学究としては大きな違和感を感じている。現実にはそのようなアイデアで勝負できるものではない。物事の本質を見抜く力をもたらす論理性が大切であって，それをもとに洞察力や想像力をフィードバックさせていけば，巨額の金をかけた新病棟の建設という失敗を恐れない大胆さには，失敗を恐れる細心さを伴う思考というようにバランス感覚をもつことこそ，われわれの行政改革に求められることである。斬新なアイデアで勝負には経験の蓄積，論理整合性，攻めの姿勢には慎重さというようにバランス感覚のもとで施策を考えないと，既得権益者に都合のよいように事実関係が解釈されて，歳出を大きくする施策，事業が実行されてしまう。情報宣伝活動も上手いから，住民もそれに迎合して攻めの姿勢の時流に載せられてしまうが，現実には借金を膨らましていくことが軽視されている。これからは巨額のインフラの更新投資を必要とするのに，その貯えはなく，良き企画があれば乗り切れるのだという安易な姿勢になっている。

フォレットはコンフリクトを調整し整合し統合していくプロセスを論じたが，それは相違，異質，対立があっても物事の本質を見抜く力をもっていたからであって，現象にとらわれた攻めの姿勢とか，底の浅い「斬新なアイデア」とかいうレベルの低いものではない。それは3DITの立体画像のように高度な知識の組み合わせを考えての統合であって，論理的思考を放置したような攻めの姿勢とか実行力ではない[1]。拙速とは対照的に考え考え抜いて基本的な原理を求めて，そこで「意味と意図の循環的応答」をつうじて調整し整合していくという現実的な応答をなしている。決して夢想して統合を言っているわけではない。フォレットにはあえて時流に乗らずに冷静沈着に考察している面がみられ，人間本来のバランス感覚を学問的に磨いて，全体的整合性をえられるように理論的整序を行っているのが特色である。われわれもフォレットを裁判所の

調停や市の行政改革に活かしている。
　われわれの研究の特色は行為主体的に市の行政改革を担い，改革に伴うコンフリクトを解決してきたことである。裁判所の民事調停委員として20年以上の歳月，紛争解決の調停を担い，コンフリクト・マネジメントを論じてきた知見を，市の行政改革委員・会長として改革に活かしている。M. P. フォレットや C. I. バーナードなどの経営学の一般理論を用いて，行政組織の研究を越えて行政経営的立場から地方自治体のガバナンスとマネジメントを論じている。まだ地方自治体では経営学的な行政経営には違和感がもたれているが，行政改革には必要な視点である。
　さらにわれわれはジェンダーの視点からも経営を論じていて，企業経営と行政経営を比較検討しながらも，その相互補完性にも注目している。官民の協議会を含めて連携の重要性を認識しており，このことが地方自治体の改革を促進する。そしてジェンダーの視点は女性労働の本格化にかかわるが，男が妻子を扶養するという世帯給の年功序列賃金にもジェンダーバイアスが潜んでいる。ジェンダーの視点から見ると，日本的システム全体に改革すべきことは多いし，その克服なくして女性労働は本格化しない。すでに年功序列賃金の賃金上昇カーブの大幅な鈍化によって，専業主婦モデルは崩壊しつつある。夫婦が共働きでないと生計が立てにくくなっていて，しかも夫婦がともに世帯給たる年功序列賃金に乗っかることが賃金体系的に無理があって，個別給，能力給へとシフトせざるをえない。これは公務員にもいえることであって，公務員夫婦が共に世帯給をもらっているところに住民の反発がある。性別に関係なく能力のある者を昇進・昇給して，その貢献意欲を高める必要があって，固定的性別役割分業は過去のものになりつつある。しかし女性労働を本格化させるにも組織や制度はそのようなものにはなっておらず，子育てしながら働くには難しい状況にある。WLB 施策が求められるが，仕事と生活の両立支援は実態を伴わず形式的な状況にある。
　われわれはワークとライフを二項対立的に捕らえて，それをシーソーのように対立したものをバランスをとるものとは考えていない。M. P. フォレットのようにワークとライフを相互浸透させて，ワークとライフの動態的な統合的プロセスを論じている。ライフの充実が知的創造性を発揮してワークにも良き影

響を与えるし，洞察力，想像力というのは教養をベースにしてライフから生じてくる。こうして男女協働参画経営の実現こそ，日本的システムに新たな成長戦略をもたらす。

注
1） 髙村薫「寸草便り」『読売新聞』2013 年 4 月 25 日夕刊。

事項索引

【アルファベット】

BATNA　63
NPM　36, 122, 123, 141
WLB 支援　211, 216
WLB 施策　16, 86, 225, 226, 228, 232, 234, 235, 237

【ア行】

家の論理　169, 174, 188
異文化間交渉　160, 165, 167
意味と意図の循環的応答　4, 7, 9, 10, 58, 60, 67, 70, 127, 139, 240
インフラの更新投資　240
ウィン―ウィン解決　57, 63
ウィン―ウィンの関係　208

【カ行】

改正男女均等雇用法　170
価格交渉　89
家事労働　4, 86, 169, 178-181, 185, 188, 196, 198, 201, 204, 206, 210, 217, 218, 229
　――の重要性　209, 216, 218
過疎債　48, 50, 51, 62, 107
合併交渉　41, 43-45, 47, 49, 54-56, 58, 59, 64, 65, 124
合併特例債　40, 52, 107, 140
家庭裁判所の家事調停　169, 182, 185, 188, 189, 191, 192
家庭の生産的機能　161
ガバナンス改革　23, 46, 69, 93, 96, 107, 108, 111, 113, 118, 120, 121, 126-128, 139, 141, 199, 200, 219
ガバナンスの担い手　13, 16, 71, 125, 137
官僚制組織　19, 22, 26, 30, 95, 197
官僚制的組織　18, 19, 25, 27, 29, 30, 95, 102, 117, 153, 173, 186, 199

官僚的組織　25
企業経営　ii, 2, 3, 5, 6, 23, 34, 96, 99, 195-197, 199, 211, 212, 239, 241
企業組織　ii, iii, 1, 3, 6, 17, 35, 73, 80, 145, 195, 209, 219
機構の機能主義　67, 73, 235
既得権益　2, 4, 12, 13, 42, 74, 80, 85, 124, 232
　――者　10, 11, 13, 42, 74, 121, 221, 240
機能的自律性　35
行財政改革　52, 74, 88
行政改革　i-iii, 2-4, 6, 7, 10-13, 17, 18, 20, 21, 25, 26, 28, 29, 31, 35, 36, 38, 40-43, 45, 46, 50, 51, 54, 57, 59, 64, 65, 67-69, 74-77, 81-83, 85-88, 90, 93-99, 101, 103-109, 111, 113-118, 120-128, 131, 132, 135, 137-141, 195, 196, 200, 214, 236, 239-241
行政改革委員　i, 1, 2, 4, 11-13, 17, 20, 25, 28, 29, 31, 33, 37, 38, 42, 45, 53, 59, 64, 67, 68, 77, 79, 83, 84, 93, 94, 97, 99-103, 105, 106, 109, 117, 120, 124-126, 128, 137, 138, 144, 145, 195, 236
行政改革大綱　98
行政学的行政管理　33, 96, 112, 113
　――論　35, 107, 120
行政管理　22-24, 32-34, 37, 38, 42, 59, 60, 93-96, 99, 102-104, 111, 120-122, 126-128
行政官僚制　3, 17, 23, 24, 31-35, 37, 38, 40, 41, 46, 59, 60, 65, 69, 70, 73, 80, 85, 120, 123, 125, 131, 139
　――的行政管理　41
行政管理論　102
行政経営　i-iii, 2, 3, 5, 6, 11, 12, 16, 18, 22-24, 32-37, 41, 55, 59, 60, 67, 69, 70, 77, 79, 84, 91, 93, 96, 97, 99, 102-108, 110-112, 114, 118, 120-123, 126-130, 132, 134-137, 141, 195, 196, 200, 211, 212, 214, 236, 239, 241
　――的手法　123

244 事項索引

行政職員　11-15, 20, 21, 26, 29, 31-34, 36, 38, 46, 51, 63, 64, 67-72, 74, 75, 77-80, 82-84, 88-90, 97, 99-102, 104, 106, 117, 124, 125, 127, 137, 139, 140, 199, 200, 215
行政組織　i-iii, 1-3, 6, 7, 12, 14, 15, 17-23, 25, 26, 28-38, 40, 46, 48, 54, 55, 57, 59, 60, 64, 67-78, 80-82, 84, 85, 88-91, 93-96, 99-103, 105-108, 111-114, 116, 117, 120-124, 126, 128, 133, 138, 139, 141, 145, 195, 200, 213, 219, 241
──体　6
──の委員　83
強制的協働　82
行政と住民の協働　10, 15, 17, 20, 46, 64, 69, 71-73, 79, 93, 111, 112, 114-116, 118, 120, 121, 125, 126, 127, 139, 141, 199, 200, 219
競争戦略　130
競争優位性　36, 109, 117, 130, 196, 219
協調的交渉　49, 54, 128
共通感覚　100, 102, 105, 112-116, 127, 128, 198, 237
協働意欲　8, 15, 78, 99, 101, 127, 135, 199, 210, 211, 236
共同幻想　76
共同主観　85
近代官僚制　30, 153
経営学的行政経営　42, 93, 120
経営学の一般理論　241
経営資源　5, 53, 115, 130, 132, 134, 141, 146, 147, 168, 186, 187, 225, 227, 231, 232
──の優位性　45
経営の一般理論　6
経済的自活　186, 197, 218
経済的報酬　90
経常収支比率　52
権限受容説　6
建設的コンフリクト　8, 94
限定合理性　147
権力統制　170, 190
──型組織　190
合意形成型組織　190
貢献意欲　90, 91
交渉相手　56
交渉技能　144, 154, 167, 168

交渉決裂　54
交渉者　145, 158, 160, 161, 165, 166, 168
交渉術　152, 156, 160, 168
交渉人　150, 162, 187
交渉戦術　151
交渉戦略　159, 162
交渉取引　149
交渉の達人　163
交渉不調　160
交渉力　3, 7, 45, 57, 59, 63, 83, 89, 90, 103, 109, 116, 133, 140, 146-148, 153, 161, 165, 182, 187-189, 197, 206, 216-218, 221
交渉理論　5, 41, 42, 51, 57, 59, 60, 65, 144, 152, 153, 162, 165-167, 189
構造生成的システム　128
国際交渉　157, 158, 161, 187
国際ビジネス交渉　41, 57, 145, 146, 152, 154, 156, 157, 159, 161, 162, 164, 166, 167, 221
個人間交渉　167
個人人格　153, 209
固定的性別役割分業　153, 241
固定的な性別役割分業　169, 176, 180, 196, 216, 219, 224, 227, 230, 233
コーポレート・ガバナンス　22, 108
コンフリクト解決　8, 10, 46, 71, 72, 141, 182, 203, 222
コンフリクト・マネジメント　i, ii, 3, 5, 26, 33, 35, 41, 46, 60, 63, 83, 85, 94, 96, 110, 116, 117, 120, 121, 124, 141, 170, 181, 184, 185, 187, 188, 189, 191, 195, 210, 213, 221, 222, 236, 239, 241
コンフリクト・モデル　184

【サ行】

財政改革　ii, 3, 40, 93, 99, 105
財政健全化団体　98, 117
財政再生団体　51, 98
財政破綻　74
裁判所の調停　i, ii, 3, 8, 9, 190
──委員　4, 46, 53, 59, 62, 126, 128, 155, 236
──制度　59, 180, 182
裁判所の民事調停委員　i, 11, 128, 145, 241
参画経営　196
ジェンダー　70

事項索引　　*245*

──・コンフリクト　4, 24, 84, 91, 96, 120, 121, 165, 169, 170, 175-179, 181, 182, 184, 185, 188-192, 195, 196, 203, 205, 211, 213, 215-217, 221, 223, 224, 236
──の問題　186, 192
──バイアス　4, 23, 115, 121, 153, 165, 166, 169-171, 175-179, 181, 183-185, 187, 188, 190, 191, 195-197, 202, 203, 208, 212, 216, 217, 221, 222, 224, 225, 227, 232, 234, 235, 241
──・バッシング　178, 179
──問題　85, 169, 177, 183-185, 189, 190, 191, 214
──・ロール　175
事業センス　96
資源依存モデル　45, 46, 57, 89, 147, 180, 216
自己成就的予言　226
自己組織系のシステム　70
自己組織的な自己変革　127
自己調整機能　72
自己統制のプロセス　84
仕事と家庭の両立支援　196, 204, 206, 208, 211, 212, 214
仕事と生活の調和　196, 204, 206, 207, 210, 212, 235
仕事と生活の両立支援　24, 241
仕事労働　4, 169, 178-181, 185, 196, 198, 201, 204, 206, 209, 210, 216, 219, 229, 234
自己変革　70, 127
実質赤字比率　110
実質公債費比率　40, 51, 54, 91, 98, 110, 131, 140
実質財政赤字比率　110
指定管理者　129
支配の正当性　198, 199
　　──信仰　153, 178
支配の正統性信仰　191
支配─服従型　73
　　──組織　198
支配─服従関係　69, 170, 171, 174, 177, 179, 180, 186, 187, 191
自発的協働　82
社会関係資本　161, 179, 197, 229
社会的関係性　175
社会的交換理論　164

社会的報酬　89, 90
自由裁量の幅　11, 89, 95, 101, 138
自由裁量の余地　35
集団浅慮　76, 77
住民サービス　74
主─客統合　70
状況の法則　9, 23, 70, 115, 116, 137, 167
条件適合理論　123, 167
承認欲求　88, 104, 208, 209
情報の非対称性　45, 83, 200
将来負担比率　50, 51, 54, 60, 94, 95, 110
職員の互助組織化　80, 81
女性交渉者　157
女性人的資源　227
女性調停人　189
女性的要素　202
女性の経済的自活　215, 216, 230
女性の人的経営資源　233
女性非正規雇員　233
女性非正規雇用者　227
女性非正規メンバー　230
女性労働　86, 165, 180, 191, 200, 212-214, 219, 229, 232, 235
　　──の本格化　ii, 165, 169, 181, 185, 195, 215, 217, 225-228, 230, 231, 233, 234, 236, 237, 241
　　──力　230
シングル・ループ　76, 93, 102
人的経営資源　84, 229
人的資源管理　79, 207-210, 226
人本主義　235
生活者の論理　4, 180
生活的自活　186, 197
政策官庁　73
性同一性障害　172, 174-177, 185, 192, 201
　　──者　176, 201-203
　　──者特別法　176
制約された合理性　45
世帯給　212, 213, 216, 217, 219, 222, 241
セルフ・コントロール　35, 78, 79, 206
専業主婦モデル　213, 218, 235, 241
専業主婦優遇制度　224
全体社会の社会的承認　181, 206
全体的状況　9, 115, 141

全体的整合性　2, 7, 11, 60, 85, 99, 123, 136, 137, 240
戦略的提携　54, 60, 187
前例踏襲主義　76
早期健全化団体　51, 74, 91, 98, 109, 141
総合知　231
創造的経験　1, 4, 9, 67, 72
創発的戦略　37, 214
組織一体化モデル　8, 23, 76, 77, 85, 169, 178, 187, 198, 203, 228, 229
組織改革　3, 105
組織間学習　197, 212
組織間関係システム　136
組織間結合のメリット　131, 132
組織間交渉　145, 150, 165, 167, 168, 187
組織間調整メカニズム　145, 146
組織間ネットワーク　146
組織間連携　131
組織経営　107
組織権力論　170
組織人格　8, 15, 153, 168, 209
組織体　5
組織的交渉力　189
組織的能力　24, 115, 146, 168, 186, 200, 225, 227, 231-234, 237
組織の慣性　75, 76, 80, 189
組織のセンス　72
組織の論理　224
組織文化　3, 24, 32, 33, 77, 99, 101, 103, 107, 117, 166
組織変革　20, 78
組織メンバー　87
組織ルーチン　14, 73, 80, 86

【タ行】

退職手当債　141
ダブル・ループ　76, 102, 105, 149
多様性管理　8, 24, 71, 166, 196, 202, 208, 214, 222, 226, 227
男女協働　190, 195, 196, 209, 210
男女協働参画型行政経営　198-200, 205, 213, 219
男女共同参画行政経営　18
男女共同参画経営　4, 195-201, 206, 211, 212, 218, 233, 242
男女共同参画経営　120, 121, 215, 219
男女共同参画社会　141, 196, 197, 199, 200, 219
男女共同参画社会基本法　170, 195-197, 211, 215, 219
男女雇用機会均等法　224
男女共働き　195, 196
男性的要素　202
知識労働　186
知的創造性　8, 149, 187, 189, 195, 200, 207, 225, 231, 232, 234, 241
知的労働　187, 222, 227, 232
地方交付税　11, 12, 43, 52, 59, 76, 77, 79, 80, 82, 91, 96, 98, 99, 105, 106, 109, 116, 122, 123, 135, 140, 200, 239, 240
　　――依存型　98
地方財政健全化法　ii, 31, 33, 35, 40, 42, 51, 52, 54, 55, 64, 74, 91, 97, 98, 101-103, 110, 117, 123, 134, 140
調整コスト　229
調整時間　229
調停委員　i
調停技能　180
調停者　59-63, 124
調停人　51-53, 180, 187-189
調停の理論　57, 59, 180
調停力　57, 83, 189, 221
敵対的交渉　43, 49, 128
統合的解決　7-9, 63, 112, 115, 149
統合的プロセス　241
洞察力　5, 21, 48, 229, 235
動態的な統合的プロセス　234
動態的プロセス　1, 3, 5, 7, 9, 10, 16, 67, 71-73
特定組織への全人格的没入　204
独立行政法人　78
トップ・リーダー　25
　　――シップ　13, 108
取引交渉　64
取引コスト　64, 147, 161, 197

【ナ行】

人間協働　7, 16, 71, 113-115, 183, 184, 209
　　――のシステム　79

事項索引　*247*

【ハ行】

排除の論理　77, 78, 202
派生的経営　16, 196, 235
ハーバード流交渉術　41, 57, 63, 154, 156
パラダイム変革　5, 111, 195, 234, 235
パワー交渉術　150
パワーバランス　149
ビジネス交渉　51, 144, 146, 154, 156, 163, 164, 166, 197
ビジネスモデル　73
非正規雇用　224, 232, 233
　　――者　226, 227, 230, 236
非正規メンバー　15, 213, 214, 217, 219, 224, 228, 232
病院経営　97, 98, 128-131, 133, 134
　　――戦略　132
非連続的変化　78, 234
夫婦共働き　185, 212, 229
　　――モデル　213
紛争解決　10, 188
　　――策　183
　　――力　187, 189
包摂の論理　78, 84
ポリティカル・マネジャー　2, 11, 21, 37
本格的な女性労働　201
本源的経営　4, 16, 181, 235

【マ行】

埋没費用　148

見えざる資産　214
民事調停委員　6
目的の置換　133, 153

【ヤ・ユ・ヨ】

誘因－貢献関係　16, 68, 73, 79, 84, 88-90, 114, 204
誘因－貢献理論　87
有効多様性　115
予算効率化　89

【ラ行】

利他主義　15
理念政略的視点　96, 107
累積債務　239
連結実質赤字比率　110
労働市場の内部組織化　81, 213, 231, 233
労働の人間化　214
　　――運動　207, 209

【ワ】

ワークとライフ　16, 86, 222, 233
　　――の調和　214
　　――の統合的プロセス　225
　　――のバランス　231
　　――の両立　224, 233
ワーク・ライフ・コンフリクト　211
ワーク・ライフ・バランス（WLB）　4, 70, 84, 165, 195, 196, 200, 204, 206-214, 217, 219, 231, 234, 235, 237

人名索引

【ア行】

アージリス, C.　102, 105, 112, 149
板垣英憲　55
猪木武徳　179
今村都南雄　21
ウィリアムソン, O. E.　147, 161
ウェーバー, M.　30, 69, 153, 178, 191, 198
宇南山卓　215
エチオーニ, A.　18, 191
太田肇　104
大村英昭　171
オルセン, J. P.　11, 26, 27, 31, 37

【カ行】

カッツ, D.　87, 167, 212
川村悦朗　160, 161
カーン, R. L.　87, 167, 212
北野利信　139
キッシンジャー, H. A.　160
グルドナー, A. W.　87
クロジェ, M.　30, 95, 153

【サ行】

サイモン, H. A.　5, 6, 15, 18, 22, 87, 94, 98, 99, 120, 127, 128, 147, 197, 211, 237
佐久間賢　61, 63, 151
佐藤博樹　211
佐藤慶幸　30
シェリング, T.　46
シャルマ, M. K.　55
ゼンゲ, P.　149

【タ行】

田尾雅夫　87
高杉尚孝　148, 151
長隆　135, 137

筒井真樹子　172, 173
テイラー, F. W.　204
デュルケム, E.　171
トーマス, J.　150
ドラッカー, P. F.　60, 67, 186, 234, 235

【ナ行】

中嶋洋介　147, 148
中野雅至　139, 140
中村雄二郎　112
西尾勝　20, 21, 22
ニックリッシュ, H.　181, 235
沼上幹　130
橋下徹　154, 156

【ハ行】

ハーシュマン, A. O.　188
ハーズバーグ, F.　149
パーソンズ, T.　87
バーナード, C. I.　ii, iii, 1, 3-6, 10, 16, 18, 46, 67, 71, 86-88, 93, 95, 99, 100, 111, 112, 114, 120, 126, 137, 138, 153, 167, 168, 178, 181, 198, 199, 205, 209, 239, 241
範雪寿　162
ヒクソン, D. J.　183
ピュー, D. S.　183
フィッシャー, R.　57
フェファー, J.　45, 89, 147, 216
フォレット, M. P.　ii, 1, 3-10, 16, 23, 67-73, 83-86, 93, 95, 99, 100, 111, 112, 115, 116, 120, 126, 137, 139, 149, 167, 205, 221, 225, 232, 234, 236, 237, 239-241
ブラウ, P. M.　18, 69, 164
プリンス, V.　172, 173
ブレット, J. M.　162, 166
ポーター, M. E.　130
ホフステード, H.　183

ポランニー，K.　38
堀栄三　160

【マ行】

マインツ，R.　19
マグレガー，D.　207
マーチ，J. G.　5, 7, 11, 22, 26, 27, 31, 37, 87, 118
マーチ，R. M.　156-158, 164
マートン，R.　87, 226
間宮陽介　198
三橋順子　172, 174, 175
三戸公　184, 188
ミヘルス，R.　133
ミンツバーグ，H.　37
森下哲朗　147
森田雅也　207

【ヤ・ユ・ヨ】

山岡熙子　197

山口一男　226
山倉健嗣　145
山本清　123
ユーリー，W.　57, 63
吉田孟司　170
米沢泉美　172, 173

【ラ行】

リースマン，D.　178
ローシュ，J. M.　37, 123, 137, 167
ローゼンバウム，A.　153
ローレンス，P. R.　37, 123, 137, 167

【ワ】

ワイク，K. E.　37
渡瀬浩　180, 184

初出一覧

序　章　　初出
第 1 章　　『大阪商業大学論集』151・152 号，2009 年。
第 2 章　　『大阪商業大学論集』153 号，2009 年。
第 3 章　　『大阪商業大学論集』168 号，2013 年。
第 4 章　　『大阪商業大学論集』149 号，2008 年。
第 5 章　　近畿大学『生駒経済論叢』第 7 巻 1 号，2009 年。
第 6 章　　『大阪商業大学論集』162 号，2011 年。
第 7 章　　『大阪商業大学論集』142 号，2006 年。
第 8 章　　『大阪商業大学論集』158 号，2010 年。
終　章　　初出

著者略歴

数家　鉄治（かずや　てつじ）

1944 年生まれ
大阪府立大学大学院経済学研究科博士課程を経て，ミシガン大学経営大学院留学。
1973 年　大阪商業大学商経学部専任講師，助教授，教授を経て，
現　在　同総合経営学部教授

著　書

『経営の組織理論』白桃書房，1980 年。
『現代経営の組織理論』文眞堂，1985 年（新増補補正版，1998 年）。
『日本的システムとジェンダー』白桃書房，1999 年。
『ジェンダー・組織・制度』白桃書房，2003 年。
『コンフリクト・マネジメント』晃洋書房，2005 年。
『組織の交渉と調停』文眞堂，2008 年。
その他，共著，分担執筆多数。

組織体経営の理論と技能

2013 年 9 月 25 日　第 1 版第 1 刷発行　　　　　検印省略

著　者　数　家　鉄　治

発行者　前　野　弘

発行所　㈱文眞堂
東京都新宿区早稲田鶴巻町 533
電　話　03（3202）8480
FAX　03（3203）2638
http://www.bunshin-do.co.jp/
〒162-0041 振替00120-2-96437

印刷・モリモト印刷　製本・イマヰ製本所
© 2013
定価はカバー裏に表示してあります
ISBN978-4-8309-4803-9　C3034